I0094304

HOMMES ET FEMMES ENTRE SPHÈRES PUBLIQUE ET PRIVÉE

MEN AND WOMEN BETWEEN THE PUBLIC AND PRIVATE SPHERES

**Sous la direction de / Edited by
Penda Mbow**

Série sur le Genre du CODESRIA 5

CODESRIA

CONSEIL POUR LE DÉVELOPPEMENT
DE LA RECHERCHE EN SCIENCES SOCIALES
EN AFRIQUE

© Conseil pour le développement de la recherche en sciences sociales en Afrique 2005
Avenue Cheikh Anta Diop Angle Canal IV, BP 3304 Dakar, 18524, Sénégal
Site web : http://www.codesria.org

Composition : Sériane Camara Ajavon

Impression : Lightning Source

ISBN-10 : 2-86978-141-5   ISBN-13: 978-2-86978-141-2

Le CODESRIA exprime sa gratitude à l'Agence suédoise de coopération pour le développement international (SIDA/SAREC), au Centre de recherches pour le développement international (CRDI), à la Fondation Ford, à la fondation Mac Arthur, Carnegie Corporation, au ministère norvégien des Affaires étrangères, à l'Agence danoise pour le développement international (DANIDA), au ministère français de la Coopération, au Programme des Nations Unies pour le développement (PNUD), au ministère des Affaires étrangères des Pays-bas, à la Fondation Rockefeller FINIDA, NORAD, CIDA, IIEP/ADEA, OCDE, IFS, OXFAM America, UN/UNICEF, et le gouvernement du Sénégal pour leur soutien généreux à ses programmes de recherche, de formation et de publication

CODESRIA would like to express its gratitude to the Swedish International Development Cooperation Agency (SIDA/SAREC), the International Development Research Centre (IDRC), Ford Foundation, Mac Arthur Foundation, Carnegie Corporation, the Norwegian Ministry of Foreign Affairs, the Danish Agency for International Development (DANIDA), the French Ministry of Cooperation, the United Nations Programme for Development (UNDP), the Netherlands Ministry of Foreign Affairs, Rockefeller Foundation, FINIDA, NORAD, CIDA, IIEP/ADEA, OECD, IFS, OXFAM America, UN/UNICEF and the Government of Senegal for supporting its research, training and publication programmes.

Sommaire / Contents

Preface

Over the years since its founding in 1973, gender research and training activities have assumed a progressively important role and place in the work of the Council for the Development of Social Science Research in Africa (CODESRIA). Within the framework of the Council's strategic plans for the period 2002–2007, a decision was made to carry the existing institutional commitment one step further by launching a *CODESRIA Gender Series* that would also serve the goal of creatively extending the frontiers of the institution's publications programme. The hope was that through the *Series*, not only would the Council take a lead role in showcasing the best in African gender research but also provide a platform for the emergence of new talents to flower. The thematic variety and analytic quality of contemporary debates and research in Africa around gender issues is testimony to the mileage that has been successfully covered since the early days when African feminists struggled hard to make their voices heard. Today, few are the social scientists who are not aware of the basic issues in gender research and the community of those who apply the gender approach is growing. But as several of the participants at the CODESRIA-sponsored April 2002 Cairo international symposium on new directions in African gender research also observed, the challenges that remain in engendering the social sciences and the policy process are numerous, and addressing them requires the mustering of the capacities and convening powers of institutions like CODESRIA. The Council stands ready to play its part in meeting these challenges and the new *Gender Series* is designed as a modest contribution which in full bloom will capture current debates and deepen the African contribution to reflections on the theme of gender, feminism and society.

As indicated earlier, CODESRIA's commitment to the goal of engendering the social sciences and humanities in Africa dates back a long time. Some of the early research which the Council supported was instrumental in the development of new perspectives in African gender research while an investment has also been made in recent years in the provision of opportunities for training younger scholars in gender methodologies. In this connection, the CODESRIA Gender

Institute has run every year since its inception in 1994, covering a variety of themes and gaining in respect and recognition among female and male scholars alike. The path-breaking 1991 international conference which the Council hosted on the theme of engendering the social sciences stimulated a series of initiatives and debates, and also generated some of CODESRIA's best-selling publications. The emergence of an active and networked community of gender researchers in Africa in which CODESRIA has played a frontline role underscores the point that a positive wind of change has blown across the social research community, and there is no turning back the clock of the struggle for gender equality. This notwithstanding, the term 'feminist' still generates fear among some male (and female) researchers, and as Fatou Sow observed in her keynote address at the CODESRIA 10th General Assembly, it is still not completely given that women can fully enjoy their rights without let or hindrance (*'les femmes ont le droit d'avoir les droits'*).

Through its gender-related scientific activities and the launching of its *Gender Series*, CODESRIA acknowledges the need to challenge the masculinities underpinning the structures of repression that target women. It is to be hoped that the *Series* will be kept alive and nourished with insightful research and debates that challenge conventional wisdom, structures and ideologies that are narrowly informed by caricatures of gender realities. While much research has been done in this regard by feminist scholars elsewhere, in Africa, sustained research remains to be initiated in ways that are sensitive to the predicaments of women at different levels of society within and across national and regional boundaries. CODESRIA is committed to encouraging research along these lines. However, the rigour with which such research is conducted is of utmost importance, if gender studies and feminist scholarship are not to fall prey to the same myopia that accounts for the insensitivities of mainstream male-centred perspectives or the irrelevancies of western approaches masquerading as a universalism that takes no cognisance of the African historical context or which is ill-adapted to African concerns.

Most of the papers that have been selected to launch the *CODESRIA Gender Series* were initially presented at the April 2002 Cairo symposium which was organised around five main objectives, namely, to: (a) provide a space/ platform for an exchange of ideas as well as a sharing of visions on gender-related themes and issues from pan-African perspectives; (b) prioritise areas of gender research that have a potentiality to transform social relations; (c) encourage gender-based knowledge production which is informed by African realities and give a 'voice' to younger African scholars; (d) identify ways and means of improving advocacy and consolidating linkages between knowledge production and activism for the advancement of women interests; and, (e) work towards a cross fertilisation of ideas, methodologies and epistemologies, as well as consider ideas for the creation of comparative research networks on issues affecting women and their livelihoods. The first four publications chosen to launch the

CODESRIA Gender Series bear testimony to the diversity of interests in the field of gender research, diversities which are necessary for a healthy debate that advances knowledge. The Council hopes that readers will be sufficiently stimulated as to consider contributing manuscripts for consideration for publication in the *Series.*

Adebayo Olukoshi   Francis B. Nyamnjoh
Executive Secretary   Head of Publications

Avant-propos

Depuis la création du Conseil pour le développement de la recherche en sciences sociales en Afrique (CODESRIA), en 1973, la recherche sur le genre et les activités de formation occupent une place de plus en plus importante dans ses programmes. Dans le cadre du plan stratégique du Conseil pour la période 2002-2007, il a été décidé de renforcer l'engagement institutionnel, en initiant une *Série sur le genre*, qui permettra d'élargir de manière créative le programme de publications de l'institution. Il est à espérer que cette *Série* permettra au Conseil de jouer un rôle d'avant-garde, en présentant ce qui se fait de mieux en matière de recherche sur le genre, mais aussi en fournissant une plate-forme pour l'émergence des jeunes chercheurs. La variété des thèmes, la qualité des débats et de la recherche contemporains sur les questions de genre témoignent du chemin parcouru depuis l'époque où les féministes africains avaient décidé de lutter pour se faire entendre. Aujourd'hui, un grand nombre de spécialistes des sciences sociales est conscient des principales questions d'actualité en matière de recherche sur le genre et ils sont de plus en plus nombreux à adhérer à l'approche genre. Mais, comme beaucoup l'ont observé lors du Symposium international du CODESRIA sur les nouvelles orientations en matière de recherche africaine sur le genre, organisé au Caire, en avril 2002, les défis qui se posent à l'application de ces orientations aux sciences sociales, ainsi qu'à l'élaboration d'un processus politique demeurent nombreux; pour les surmonter, il faudrait la capacité et le pouvoir fédérateur d'institutions telles que le CODESRIA. Le Conseil est prêt à apporter sa contribution afin que ces défis soient relevés, et la nouvelle Série sur le genre représente une modeste participation, qui, une fois à maturité, se devra de capturer l'essence des débats actuels et d'élargir la contribution africaine aux réflexions sur les thèmes portant sur le genre, le féminisme et la société en général.

Comme il a été évoqué plus haut, l'engagement du CODESRIA dans la production de sciences sociales et humaines en Afrique ne date pas d'aujourd'hui. Certains des premiers programmes de recherche ayant bénéficié de l'appui du Conseil ont joué un rôle déterminant dans l'élaboration de nouvelles perspectives en matière de recherche africaine sur le genre. De plus, ces dernières années, un certain nombre d'efforts a également été déployé pour former de jeunes universitaires aux méthodologies relatives au genre. Dans ce cadre, le CODESRIA tient chaque année un Institut sur le Genre, qui depuis sa création en 1994, aborde une variété de thèmes, et est de plus en plus respecté et reconnu par les universitaires, hommes et femmes. La première conférence internationale organisée par le CODESRIA en 1991 sur «Genre et sciences sociales» a conduit à une série d'initiatives et de débats, et a également engendré les meilleures ventes de publications du CODESRIA. L'émergence d'une communauté active de chercheurs sur le genre, organisée en réseaux, au sein de laquelle le CODESRIA a joué un rôle de premier-plan, prouve qu'un vent de changement est en train de souffler sur la recherche en sciences sociales, et que la lutte pour l'égalité de genre a résolument commencé. En dépit de tout cela, le terme «féministe» continue d'effrayer certains chercheurs (et chercheuses), et comme le faisait remarquer Fatou Sow, dans son allocution d'ouverture lors de la 10e Assemblée générale du CODESRIA, les droits des femmes ne sont toujours pas acquis («les femmes ont le droit d'avoir des droits»).

À travers ses activités scientifiques portant sur le genre, mais également à travers le lancement de la Série sur le genre, le CODESRIA souhaite montrer qu'il est nécessaire de remettre en cause la nature «masculine» des structures de répression qui oppriment les femmes. Il est à espérer que cette Série demeure vivante et qu'elle se nourrisse de recherches et de débats d'une grande finesse, qui bousculent les connaissances conventionnelles, ainsi que les structures et idéologies basées sur la caricature des réalités de genre. Même si les chercheurs féministes ont déjà mené diverses recherches dans ce domaine dans la Diaspora; en Afrique, il reste à entreprendre une forme de recherche qui prenne en compte les problèmes des femmes à différents niveaux de la société, aussi bien au niveau national que régional. Le CODESRIA s'engage à soutenir ce type de recherches. Cependant, recherche doit être menée de manière rigoureuse, si l'on ne veut pas voir les études sur le genre et le milieu universitaire féministe revêtir cet éternel manteau invisible, qui explique cette non-intégration du genre par les principales perspectives fortement «masculinisées», ou encore l'inadaptation des approches occidentales se réclamant de l'universalisme, qui ignorent le contexte historique africain ou sont très peu adaptées aux préoccupations des Africains.

La plupart des communications sélectionnées pour le lancement de la Série du CODESRIA sur le Genre avaient été initialement présentées lors du symposium sur le Genre, qui a eu lieu au Caire, en avril 2002, et qui avait pour principaux objectifs de: (a) servir d'espace / de plate-forme pour un échange d'idées et de vues sur des thèmes et des questions liés au genre, à partir de perspectives panafricaines; (b) privilégier certains domaines de la recherche sur le genre susceptibles de transformer les relations sociales: (c) encourager la production de connaissances basées sur le genre, qui s'inspirent des réalités africaines et font entendre la « voix » des jeunes universitaires africains; (d) identifier les moyens permettant de mieux faire la promotion du genre et de consolider les liens entre production de connaissances et activisme visant à faire avancer les intérêts des femmes; (e) tendre vers un échange d'idées, de méthodologies et d'épistémologies, et envisager la création de réseaux de recherche comparative sur des sujets concernant les femmes et leurs moyens de subsistance. Les quatre premières publications sélectionnées pour le lancement de la Série du CODESRIA sur le Genre sont un témoignage de la diversité d'intérêts que présente la recherche sur cette question; cette diversité est indispensable à un débat sain, susceptible de faire progresser la connaissance. Le Conseil espère que les lecteurs soumettront leurs contributions en vue de leur éventuelle publication dans cette *Série*.

Adebayo Olukoshi   Francis B. Nyamnjoh
Secrétaire exécutif   Directeur des Publications

1

Introduction

Penda Mbow

«Hommes et femmes entre sphères publique et privée», le thème de l'Institut sur le genre (été 1998) se situe au cœur d'une problématique qui cristallise les mutations en cours au sein des sociétés africaines en cette fin du deuxième millénaire et début du troisième. C'est ainsi qu'en saisissant cette occasion, l'Institut n'a pas manqué de déterminer la place des relations de genre dans le processus de démocratisation en Afrique et les transformations qui interviennent sous l'effet de la crise et de la mondialisation dans la dialectique sphère publique/sphère privée.

On peut d'ailleurs considérer cette réflexion comme le prolongement et l'approfondissement de celui de 1997—«portant sur Hommes/Femmes et violence»—qui nous avait permis d'étudier les fondements de la violence faite aux femmes, ses caractéristiques et la manière dont cette violence structure les relations de genre sur la longue durée. Seulement dans la tâche qui nous était assignée, les choix des lauréats et l'approche méthodologique ont largement contribué à poser le véritable débat.

C'est ainsi que la pertinence du thème a stimulé la réflexion collective s'appuyant sur une multidisciplinarité ayant pour finalité la recherche/action. Que peut signifier la production de connaissances si elle n'a pas pour finalité le fait de peser sur le cours des événements? On peut avancer en effet qu'aujourd'hui, le champ ouvert par le dynamisme des femmes africaines et leur centralité dans la quête d'une démocratie participative et citoyenne sont des thèmes suffisamment vastes pour permettre une réflexion à la fois féconde et militante.

La présence des lauréats de sexe masculin, au nombre de trois, est certes limitée mais de façon générale, leurs propositions ont présenté un intérêt certain. Seulement tout en regrettant le fait qu'ils aient été moins bien préparés à l'approche de la problématique genre, leur évolution pendant les six semaines fut, cependant, perceptible. La mixité demeure un atout de taille pour la transformation des mentalités.

L'autre innovation était d'ordre méthodologique. Pour éviter que l'animation de l'Institut ne se limite aux contributions des personnes ressources, nous avons estimé essentiel d'étudier des textes d'auteurs choisis en fonction du thème du jour pour combler certaines insuffisances. Les débats se sont articulés autour des thèmes suivants: sphères privée et publique ou la question de la citoyenneté chez la femme la dimension religieuse du débat enfin, la place de la femme dans la production culturelle comme enjeu.

Sphères privée et publique ou la question de la citoyenneté chez la femme

La définition même des pouvoirs féminins dans un contexte de sujétion et d'infériorité constituait l'enjeu central du thème. Fallait-il comprendre ces pouvoirs comme une autorité pleine et entière détenue par les femmes dans une sphère spécifique, une autorité d'ailleurs souvent exercée aux dépens d'autres femmes comme une participation limitée et minoritaire aux pouvoirs des hommes? comme des contre-pouvoirs ou alors séducteurs, secrets et illicites? ou encore comme une ré-appropriation et un détournement (qui est retournement contre le dominateur) des instruments symboliques qui instituent la domination masculine? La construction d'une périodisation propre de l'évolution du statut des femmes devait être envisagée pour mieux étudier les différentes modalités du pouvoir des femmes. C'est en démêlant les relations qu'elles entretiennent aussi bien avec les hommes que les unes avec les autres que l'on pouvait comprendre comment un pouvoir féminin [se construit à l'intérieur d'un système de rapports inégalitaires.

La réflexion doit aussi aider à comprendre pourquoi les femmes occupent plus ou moins d'espace au sein de la société, la *nature* de l'espace qu'elles peuvent occuper, la nature des titres au sein de cet espace car malgré les apparences, l'espace public est un espace où, sur le plan juridique, tous les membres de la communauté citoyenne ont les mêmes droits. Par conséquent, le tort fait aux femmes peut être pensé comme une contradiction du principe de l'égalité formelle de tous. De même, l'espace économique de la domination du salariat est l'espace où la femme, comme travailleuse, peut se séparer de son assignation domestique. Elle peut y construire une individualité autonome. Egalité démocratique et liberté salariale apparaissent donc comme la base de constitution du sujet féminin dans la sphère publique.

À ces données juridico-politiques et économiques, il fallait ajouter les modes de la sujétion et s'intéresser, surtout, à ce qui change, à ce qui rend pertinent un espoir en l'avenir des femmes, là où elles se révèlent, non comme des figurantes, mais comme des actrices du devenir de leurs sociétés. Ainsi, dans un but pédagogique, nous avons d'abord abordé les concepts suivants: patriarcat/matriarcat, division sociale des rôles, économie domestique, pour ensuite aborder l'histoire des partages des occupations, et des rôles et des statuts, bref, l'ordre sexuel domestique, économique, juridique, politique qui définit autant d'assignations d'identités dans un ordre symbolique. Il a fallu enfin introduire la notion de scène publique, et faire une critique des déclarations égalitaires ou tout au moins, des *apparences de l'égalité*. À ce niveau, les débats sur la discrimination positive ont été particulièrement importants.

Il était évident que cette partie devait tenir compte des aspects universels. Faut-il rappeler que la démocratie, née en France de la Révolution, est politiquement sexuée? De cette contradiction entre égalité universelle et division sexuelle des pouvoirs naît le féminisme, agent décisif de la modernité. Le mouvement contemporain des femmes le prolonge et l'actualise. La question du/des pouvoir(s) est au cœur des rapports de sexe. Toute leur histoire devrait être écrite en fonction de l'articulation changeante de leurs formes de pouvoir, symboliques et réelles, théoriques et pratiques.

Voici quelques-unes des interrogations formulées: dans les sphères politique, économique, culturelle, familiale, les femmes ont-elles exercé un pouvoir? et quel pouvoir? d'influence ou de décision? leur quasi-absence du pouvoir politique signifie-t-elle indifférence ou exclusion? pour les femmes, quelles expériences, quels changements se sont produits de l'Antiquité à nos jours? y a t-il une spécificité du politique?

Le contexte global de l'évolution des idées et de mouvements d'émancipation de la femme doit déboucher sur la conceptualisation de la place des femmes par les grandes théories politiques. Existe-t-il une connexion entre le socialisme et le féminisme? qu'en est-il du marxisme et de la contradiction secondaire posée par le féminisme? du libéralisme et des nouveaux droits? avec les personnes ressources, avons-nous réussi à appréhender la situation des femmes africaines? C'est à partir de cette série d'interrogations que quelques idées force ont été développées au cours de cet Institut.

Quelques sujets de réflexion

- *L'Africaine et la quête de la modernité.* Il s'agit là d'une conquête d'une position de sujet, la femme en tant qu'individu à part entière et citoyenne, la conquête d'une autonomie économique, juridique et symbolique par rapport aux pères et aux maris. Dans ce cadre l'attitude de la société dans sa globalité est passée au crible d'une réflexion critique. La séance sur les nouvelles théories a fait ressortir l'insuffisance des cultures africaines en démocratie, les survivances d'une stratification inégalitaire, des croyances archaïques qui ligotent les mentalités et les difficultés d'institutionnalisation de sociétés laïques et égalitaires. La tentation totalitaire ou le poids de la morale religieuse dans sa volonté de contrôler le ventre des femmes a suscité des débats passionnés.

- *Sphère privée et économie domestique.* Qu'est-ce que les utopies et les grandes théories politiques comme le socialisme, le marxisme ont légué aux gouvernements et sociétés africains? La question mérite d'être posée car beaucoup de partis politiques, gouvernements et leaders africains depuis les indépendances se sont réclamés du socialisme, du socialisme africain, du marxisme. Or, en comparant le contenu des discours et grandes théories politiques, l'on observe un déphasage avec les réalités que vivent les femmes africaines: les moins instruites, les plus faibles économiquement, ont rarement accès aux sphères de décisions, dans un espace public où leur présence est problématique. Elles sont victimes de violence dans la sphère privée, malgré leur rôle grandissant dans l'économie domestique. Aussi paradoxal que cela puisse être, c'est le libéralisme qui pousse l'Africaine à conquérir de nouveaux droits: politiques, économiques, et sociaux.

- *Crise de la masculinité et violence.* La crise économique, et celle des valeurs modifient profondément les rapports sociaux de genre sans remettre en question la division sexuelle du travail. Les hommes, en Afrique, ne sont pas prêts à assumer de nouvelles responsabilités dans l'espace domestique, malgré leur perte d'initiative. La fragilisation du statut des hommes est liée à une multiplicité des rôles et des identités. D'autre part, malgré les bonds prodigieux faits par la technologie et la science, l'Africaine n'est pas du tout libérée de la rudesse des tâches ménagères. Dans un environnement écologique de plus en plus hostile, la recherche de l'énergie, de l'eau potable lui prend énormément de temps. Devant ces contradictions, l'homme use et abuse de la violence dans la sphère privée comme dans la sphère publique (lieux de travail, par exemple). Pour l'émergence d'une éthique de la paix et de la justice sociale, les associations de femmes ont un rôle déterminant à jouer.

- *Du féminisme d'État.* Un bilan du féminisme d'État a été fait à partir des réformes légales et institutionnelles de plusieurs pays africains, mais aussi du rôle des organisations de femmes proches des cercles du pouvoir. Partout en Afrique, on a noté, à partir des années 70, l'émergence de mécanismes nationaux pour intégrer les femmes dans le processus de développement. On a beaucoup insisté sur le rôle des instruments juridiques ratifiés par nos États sur le plan international. On s'est, par ailleurs, interrogé sur l'impact de l'action des pouvoirs publics et des bailleurs de fonds. Il en est ressorti que la dispersion des lieux de décision, le manque de coordination des actions, les différences d'approches et de méthodologies expliquent la faiblesse des résultats et l'inefficacité des programmes en faveur des femmes.

Ces idées clé montrent toute la richesse du débat qui a eu lieu au cours de l'Institut sur le genre et qu'il est difficile de reproduire ici, dans sa totalité. Au-delà des rapports sociaux de genre, les discussions ont beaucoup porté sur l'apport du féminisme au monde des idées, à l'humanisme et à l'idéal d'un monde plus juste et épris de paix. Quel a été l'apport spécifique des lauréats en relation à cette réflexion?

Analyse des propositions des lauréats

Les moments les plus intéressants restent les discussions autour des propositions de recherche des lauréats qui comportaient des variables liées à:

• *La perspective historique.* Au moins quatre lauréats s'inscrivent dans une tranche chronologique remontant au XIXe, voire la période précoloniale (voir chapitres 3, 4 et 5).

Pour toutes ces propositions, nous n'avons pas manqué d'insister sur les ruptures chronologiques (période précoloniale, États coloniaux, la résistance, l'accession à l'indépendance...) en demandant aux lauréats de s'intéresser à ce qui change. En outre, il faut être attentif à l'ordre symbolique de la sujétion en cherchant à déconstruire les rapports entre l'ordre des discours et l'ordre des choses où les dominations prennent leur légitimité. Certaines propositions ont permis de saisir le caractère patriarcal de la colonisation comment l'ordre colonial a t-il contribué à subvertir les rapports sociaux de l'Afrique précoloniale qui a accordé à la femme, par le biais du matriarcat et du système matrilinéaire de transmission des droits, une place importante (voir chapitres 3 et 5). D'autres propositions ont suscité des discussions d'ordre sociologique très pertinentes (voir chapitre 1).

Ces différentes propositions tournent autour des mutations qu'on voit s'opérer sur le continent africain et qui se fondent sur des enquêtes de terrains et études de cas précis. Y apparaissent la problématique du travail des femmes, leur rôle dans l'économie domestique, l'impact de la dégradation de l'environnement sur leur devenir ainsi que la migration des hommes, les enjeux liés à l'éducation sexuelle en Afrique, le rôle des associations de femmes. Tous ces lauréats placent leur réflexion dans le contexte des années 80, lorsque la plupart des États africains ont commencé à expérimenter les politiques d'ajustement structurel, qui malheureusement n'ont eu comme conséquence à court et moyen termes qu'un approfondissement de la pauvreté, la disparition des classes moyennes, la précarisation de l'emploi, le recul de la scolarisation et le délabrement des infrastructures médico-sanitaires. Dans ces conditions, les femmes et les enfants demeurent les couches les plus défavorisées.

Les études politiques et juridiques ont permis de jauger le statut constitutionnel et juridique de la femme, ainsi que la participation à la gouvernance (voir chapitres 2 et 6).

Ibrahim Mouiche pose un problème très important, celui de l'absence des femmes dans le commandement territorial, là où le pouvoir est en contact direct avec les populations et où doit s'opérer le changement des mentalités. On s'est beaucoup interrogé sur le pourquoi de cette situation qui remonte à la période coloniale. La proposition de Ella sera élargie à l'étude de la violence au sein de l'espace domestique. Ella permet de voir toutes les limites du droit face à un problème très complexe, celui de la violence conjugale. La question des preuves est un obstacle objectif à toute action juridique dans ce cas. Les femmes ont du mal à ester en justice. Comment contourner la pression sociale et l'inaccessibilité du droit par les femmes totalement dépourvues d'instruction? C'est à ce niveau que doit intervenir le rôle des organisations et associations de femmes.

Après cette analyse de la dichotomie entre sphères privée et publique sur la longue durée, nous voudrions revenir sur deux aspects qui nous semblent essentiels parce que relevant du domaine de ce que les marxistes appellent la «superstructure»: la religion et la production culturelle et se situant au cœur du débat «Hommes/femmes entre sphère publique et sphère privée», deux éléments structurants de la violence symbolique.

La problématique de la religion: exemple de l'islam

L'importance de cette problématique est liée au contexte actuel de globalisation d'une part et l'actualité de la situation de la femme dans les religions d'autre part, particulièrement la religion musulmane. Nous ne reviendrons pas sur l'impact de l'islam sur les sociétés africaines marquées par son ancienneté et son expansion. L'actualité du débat réside dans la situation récente des femmes afghanes, mais aussi l'affaire dite «Safiya Hussayni», du nom de cette Nigériane condamnée à être lapidée pour «délit» d'adultère. Mais grâce à la mobilisation des organisations de droits humains et des associations de femmes, de la Communauté internationale tout entière, cette femme a pu être acquittée et échapper ainsi à une mort humiliante. Dès lors, la question des droits humains en islam devient plus que jamais cruciale. Qu'en disent le Coran et la Sunna? le droit musulman?

Depuis la révolution iranienne en 1979 et l'instauration de la République iranienne, commencent à s'affronter une vision avec «des schémas réducteurs de l'islam considéré par les Occidentaux comme un tout monolithique, immuable dans le temps et statique dans l'espace»[1] et des positions de fondamentalistes complètement hermétiques à toute concession à l'endroit des libertés individuelles. Dans ces conditions, la situation de la femme devient un enjeu de taille.

En réalité, la volonté des femmes musulmanes d'accéder à une liberté d'expression et une participation accrue dans la vie active ouvre la réflexion sur ses conditions d'existence. À ce sujet, on note des faits constituant une rupture véritable. La publication de l'ouvrage de Fatima Mernissi, *Le Harem politique. Le Prophète et les femmes*, reste un repère dans la nouvelle pensée féministe en pays musulmans. Même si l'origine du féminisme «d'essence musulmane» remonte, au XIXe siècle en Égypte,[2] il faut reconnaître que les lecteurs francophones découvrent avec Mernissi une théorie autre que celle qui marginalise la femme dans l'islam. Mais, depuis la crise des années 80, des évènements remettent au devant de la scène l'exigence d'une réflexion sur les droits humains dans l'islam car la réalité sociologique est telle qu'on n'arrive plus à dissocier ce qui relève des scripturaires, de la manipulation ou de l'interprétation tendancieuse. C'est cette situation de confusion qui donne un sens à l'exégèse féministe car il s'agit de forger les armes pouvant aider la femme musulmane à se libérer davantage. Parmi ces tenants de l'interprétation féministe, on peut citer Riffat Hassan qui a centré ses travaux sur le Coran ainsi, elle a traité des sujets tels que: «The Qur'an and Reproductive Health of Women The Qur'an and Sexuality The Qur'an and Care Responsabilities», etc.[3]

Il est évident que des musulmans, à travers une certaine lecture de leurs textes et de leur droit, organisent une dissymétrie entre l'homme et la femme. Le sort mineur de la femme en pays musulman est-il lié à cette dissymétrie ou à une modernisation anarchique de la société?

L'islam devient ainsi une religion où l'accent est mis sur la pudeur, la «couverture» de la femme, la ségrégation sexuelle pour des raisons qui ne sont pas toutes, à proprement parler, religieuses. Elles tiennent aussi à l'histoire des sociétés pré-islamiques, à la tradition tribale et patriarcale. La modernisation sociale et politique des pays musulmans a contribué à faire sauter cette cloison entre l'homme et la femme qui, à ce point, est typique à l'islam. L'un des premiers effets—et le plus spectaculaire—a été l'irruption des femmes dans un espace public exclusivement réservé et dominé par les hommes.

Cette irruption a été la source d'une double angoisse.[4] Celle des hommes, d'abord, pour qui cela équivaut à une castration. Ils craignent de voir des femmes venir leur faire concurrence dans un espace public qu'ils sont désormais obligés de partager avec elles. Mais c'est un phénomène angoissant aussi pour les femmes «traditionnelles», inquiètes de voir les femmes modernes dérober la légitimité de leur rôle ces femmes ont tout à perdre d'une désacralisation de ces rôles familiaux.

L'effet principal de la modernisation a été la désagrégation des structures communautaires traditionnelles, de la structure villageoise, en particulier, bouleversée par la réforme agraire ou par le petit capitalisme qui «individualise» la propriété. Le seul lieu de sécurité mentale qui demeure est la famille. Or ces femmes qui s'insurgent contre l'injustice de leur condition sont sœurs, épouses, cousines, amies. Elles revendiquent une émancipation, mais se sentent aussi comptables de l'avenir de ce dernier lieu de sécurité qu'est le noyau familial, l'ultime lieu où, dans la société musulmane, on ose encore se confier aux uns et aux autres. Comptables et aussi un peu coupables de défendre une vision émancipatrice de la société qui met en cause le modèle patriarcal, mais aussi un mode de stabilité familiale. De ce point de vue, la femme vit une certaine schizophrénie et c'est ce qui explique d'ailleurs la présence de femmes affirmant leur ancrage aux valeurs fondamentalistes.

Tant que l'islamisme est minoritaire dans un pays musulman, il rassure l'homme et la femme dans leur rôle traditionnel, dont la légitimité est religieusement renforcée. Il offre même une certaine possibilité aux jeunes femmes des couches populaires de sortir—voilées bien sûr—dans l'espace public, donc de concevoir un idéal de relative liberté et d'émancipation. Mais là où l'islamisme est en situation de pouvoir, l'une de ses premières mesures est d'étouffer ces velléités et d'imposer une régression—au moins au plan juridique—de la condition féminine, à des fins politiques, et au nom d'un islam qui imposerait la «soumission de la femme» à Dieu.

Ainsi aboutit-on, quand l'islamisme est au pouvoir, à cette sorte de bipolarisation: d'un côté une régression du statut juridique des femmes de l'autre une exacerbation de la prise de conscience de leur oppression. Cela crée un état de tension extrême, vite insupportable, entre les autorités religieuses, qui s'en tiennent à une interprétation littéraliste de textes et des femmes qui cherchent à s'émanciper. La situation de l'Afghanistan montre toute la confusion qui règne car il est difficile d'égrener tous les tabous machistes décrétés par le mollah Omar et ses affidés à partir de 1996. Mieux, il est quasiment impossible de démêler ce qui ressort d'une version dévoyée de l'islam et de la tradition patchoune la plus antique dans cet obscurantisme bien trempé.

Qu'en est t-il réellement? Peut-on fonder cette vision sur le droit musulman qui est la référence la plus évoquée lorsqu'il s'agit de la situation de la femme?[5] Venu de la Péninsule arabique, le droit musulman a été calqué sur le modèle de type tribal et patriarcal alors dominant, sur la prééminence du groupe de lignée agnatique, la parenté par le mâle et le privilège de la masculinité. Ce droit est issu à la fois de l'islam, de son texte et de tout ce qui fut alors emprunté, pour les besoins de la communauté naissante, aux coutumes pré-islamiques, à celles des groupes sémites et au groupe talmudique.

Son champ s'étendra à d'autres contrées et s'enrichira de l'apport culturel des peuples conquis et acquis à l'islam. La focalisation sur la Shari'a mérite que l'on s'y arrête.

Dans sa traduction, *Shar'ia de shar'* signifie la «Loi sacrée» le *fiqh* ou la science de la *shar'ia*. Selon un des plus grands spécialistes, Joseph Schacht auteur d'un ouvrage de référence intitulé *Introduction au droit musulman*, «La Loi islamique résulte de l'examen minutieux, entrepris du point de vue religieux, d'un champ juridique hétérogène, puisqu'il recouvrait les divers éléments des lois de l'Arabie et de nombreux apports des peuples des territoires conquis. L'ensemble fut unifié en étant soumis au même type d'examen, dont les conséquences variaient beaucoup, étant presque inexistantes dans certains domaines, et, dans d'autres créant de nouvelles institutions». Excellente approche de la *Shari'a*! Le Coran est une source de la *Shari'a* mais il n'existe pas un ouvrage intitulé *Shar'ia* ! Des livres de *fiqh* ont été produits au cours de l'histoire: la *Muddawana* de Sahnun, la *Muwatta* de son maître Malik, le *Kitab al Umm* ou la Somme de Shafi'i, le *Mukhtasar* de Khalil ou même plus près de nous, l'œuvre de Suyuti ou le Miraj as-Suud d'Ahmad Baba de Tombouctou…

La *Shari'a* est souvent mise au-dessus du dogme, même si elle n'est constituée que par l'ensemble des prescriptions de la Loi qu'étudient les *fuqaha* (*fiqh*
étant souvent traduit par jurisprudence). Cette situation prête souvent à confusion. Selon Sana Benachour, historienne tunisienne: «Cette complexe et progres-
sive construction de droit sera brutalement stoppée au IVe siècle de l'hégire (au
XIe)». Sur quelles bases scripturaires (Coran, Sunna) ou coutumières cette division sexuelle a t-elle pu s'établir? Le droit musulman est le droit des docteurs de
la loi et des savants exégètes. Il s'est mué en droit immuable et sacré, entretenant
par-là le mythe de son absolue identité aux prescriptions de sources sacrées.
C'est de cette construction que participe le droit du statut personnel, dont le
contenu est définitivement fixé, il y a mille ans. Les docteurs de la loi ont fait de
la polygamie, des châtiments corporels, de l'autorité de l'homme sur les femmes
et des inégalités des parts successorales la loi de Dieu et son prophète, la *Shari'a*.
Or ce modèle n'a pas résisté aux nécessités sociales de la régulation juridique.
En attestent les dérogations introduites par les pratiques et coutumes locales: les
waqf ou *habous*, au motif de la «fermeture de la porte de *l'ijtihadj*», autrement dit
de la clôture de l'effort législatif et de l'interprétation doctrinale. Le droit du
statut personnel—le droit de la famille—participe de cette logique. Il perpétue le
modèle traditionnel de la famille patriarcale, agnatique et polygame, au sein duquel les femmes représentent l'honneur de la tribu, le vecteur de la reproduction
du groupe et de son rayonnement social (les alliances matrimoniales). Les droits
et les devoirs sont donc conçus en fonction d'une division sexuelle des rôles,
donnant la prééminence au père, à l'époux, au frère, au fils et plaçant les femmes sous contrôle masculin.
Face à une vision devenue dogmatique, ce modèle a fini par se momifier et
se raidir. Il est appliqué encore aujourd'hui dans ses institutions et valeurs traditionnelles—polygamie, répudiation, tutelle matrimoniale, inégalité successorale,
devoir d'obéissance—à des sociétés dans lesquelles, malgré les changements de
tous ordres, la question féminine est érigée en domaine réservé où nul ne peut
entrer sans y être autorisé. Mieux, dans les sociétés africaines où la culture, en
raison des survivances fondées sur le matriarcat, avait accordé un statut enviable à la femme, les remises en cause se font au nom de la religion musulmane.
Les femmes restent assignées à un statut secondaire. Au mépris de la réalité et
des principes d'égalité citoyenne reconnus par les lois et les Constitutions, les
mécanismes de la discrimination ont été introduits.[6] Il reste un décalage profond
entre un droit traditionnel et les nouvelles réalités sociales, comme le partage des
responsabilités avec les hommes, la participation des femmes au développement
économique, leur contribution aux charges et à l'entretien de la famille. Ce dua-
lisme oppose enfin jusqu'à l'absurde, la sphère publique—droit au travail, libertés publiques, droit de vote—et la sphère privée—maintien du modèle traditionnel de la famille patriarcale.

Et pourtant tout n'est pas qu'arriération dans les sociétés musulmanes. À côté des expériences socio-historiques les plus marquantes de marginalisation et de soumission de la femme, il existe des expériences d'émancipation qui reposent sur une interprétation féministe des textes scripturaires. Dans ce sens, deux questions restent majeures: la problématique de l'interprétation et la vision islamique des droits de l'homme. Naturellement, l'enjeu majeur est celui de l'État laïque dans le monde musulman avec trois moments importants qui construisent la cohérence des approches à propos des droits humains. «L'enracinement et ses traditions, la modernité et sa conscience, l'éthique ou l'exigence d'un temps nouveau et ses impératifs dans le débat sur la liberté» pour reprendre la terminologie d'Emmanuel Hirsh[7] car il s'agit de relier la théorie des droits humains et la quête de la liberté chez la femme.

La production culturelle chez la femme comme enjeu de sa place dans l'espace public

Pour appréhender cette problématique de la femme dans la production culturelle, on peut évoquer sa relation avec l'image, par exemple. Dans des pays comme les nôtres, on commence seulement à remplir les conditions d'émergence d'une production culturelle chez les femmes. Comme les Européennes, les Africaines ont pu bénéficier des luttes féministes des années 60 et surtout des différentes conférences dédiées aux femmes sur le plan international. «Le Mouvement de libération des femmes (MLF) a surgi de la conjonction singulière de deux séries historiques: les mouvements de mai 68 (contexte sociopolitique immédiat) et la lente évolution le long du siècle du rôle des femmes dans la vie sociale et culturelle. Tout se passe comme si elles découvraient soudain et en même temps leur force et leur aliénation».[8]

Cette réflexion concernant les femmes occidentales demeure plus vraie en ce qui concerne la femme sous nos cieux d'Afrique. L'expression «l'espace public» est d'utilisation très récente. On a souvent tenté de réprimer la prise de la parole par une manipulation des traditions et religions. La femme, la grande absente de l'arbre à palabres a souvent été exclue des espaces où les décisions importantes se prenaient. Seulement, son corps lui a servi de site pour imprimer ses désirs, volontés et pulsions: ainsi la danse, l'habillement, la démarche, le regard mais aussi son univers ont souvent aidé la femme à extérioriser le fond de sa pensée par exemple, le coup de pilon, la chanson chez la mère berceuse ou la femme au moment des cérémonies familiales, etc.

Quant à sa rencontre avec l'image, au sens où nous l'entendons, il s'agit là d'un phénomène récent même si nos sociétés ne sont pas dénuées d'un sens esthétique. Ainsi la décoration des cases en argile, le tatouage sur les lèvres, gencives et différentes parties du corps, le henné sur la paume des mains ou aux pieds, les motifs des tissus teints et pagnes tissés témoignent de la diversité et de la richesse de l'inspiration au féminin.

La place de la femme dans l'expression artistique à l'instar du cinéma et des arts plastiques est surtout liée à un contexte où elle essaie de poser ses préoccupations. Même si en Afrique le taux d'analphabétisme chez les femmes sénégalaises est très important, néanmoins un pourcentage important parmi elles excelle dans tous les domaines d'études et servent de locomotive: si les aînées ont été institutrices, sages-femmes ou maîtresses d'économie familiale, aujourd'hui les plus jeunes assurent la relève de cette génération d'élites au féminin et font de brillantes carrières de juristes, de professeurs, d'ingénieurs, de médecins, de journalistes, d'entrepreneurs, etc. Elles sont écrivains, essayistes et capables d'élaborer une pensée structurée et tout à fait autonome avec souvent une reconnaissance internationale. Sur le plan politique, le Sénégalais reste très conservateur et n'est rassuré que par les femmes qu'il contrôle parfaitement et de différentes manières. Des efforts restent à faire car il suffit de jeter un coup d'œil sur ce qui se passe ailleurs.

Si on prend le cas d'un pays comme le Sénégal, malgré le discours religieux ambiant déjà évoqué, des changements sont en train de s'opérer aussi bien dans ce domaine que celui relevant du culturel (cf. tous les débats entretenus autour des rapports entre la femme et la religion et le refus de la manipulation: les femmes, en dépit de leur foi profonde, restent très lucides). Ensuite, le Sénégal, dès son accession à la souveraineté internationale en 1960, plaça la culture au cœur du développement. Ainsi pour le premier Président du Sénégal indépendant, Léopold Sédar Senghor: «la culture fut au début et à la fin du développement».[9] La dynamique culturelle de l'État du Sénégal connut son point culminant avec le 1er Festival mondial des arts nègres en avril 1966. Le Sénégal se détermina très vite comme un pays-phare dans le domaine du cinéma, du théâtre, des arts plastiques, etc. Comment les femmes ont vécu tout cela et quel est leur apport? C'est ce que nous allons essayer de voir maintenant en prenant l'exemple du cinéma et des arts plastiques.

En Afrique, l'art était surtout d'essence fonctionnelle. Les sociétés agraires où la femme, à travers le matriarcat,[10] joua un rôle déterminant, les sculptures et masques ont participé à traduire les croyances religieuses comme supports pendant les rituels. En Occident, dans le domaine artistique, le frein le plus spécifique était l'idée que le génie est exclusivement masculin. Développé progressivement depuis la Renaissance parallèlement à l'élaboration d'une hiérarchie entre les formes d'art, le concept de génie est censé expliquer la création artistique et sa qualité. On pensait qu'un artiste avait du génie dès sa naissance. Il s'agit là de la conception occidentale de l'art, alors qu'en Afrique l'art avait une autre fonction. La femme n'est pas totalement absente de l'imaginaire social.[11] Ce qui explique, lorsque les conditions le permettent, l'émergence et la consolidation de la créativité au féminin. Parmi ces conditions, on peut évoquer: l'éducation, l'existence d'un temps de loisirs et de moyens matériels, mais surtout une certaine rupture dans la manière de gérer ses rapports sociaux et son temps.

Ainsi après plus de 100 ans de cinéma mondial, 50 ans de cinéma africain et 30 ans de télévision en Afrique, si les femmes africaines aiment être vues au cinéma, si elles aiment être filmées, elles brillent encore par leur absence derrière la caméra. En effet, en Afrique plus que partout ailleurs, le cinéma est essentiellement un fait masculin. Hormis quelques pionnières comme Safi Faye du Sénégal, Sema Baccar de Tunisie, ainsi que quelques-unes de la nouvelle génération comme Anne Mugaï du Kenya et Ingrid Sinclair du Zimbabwe, les femmes africaines ne signent leur présence au grand écran qu'à travers les rôles de comédienne, de monteuse, de scripte, de maquilleuse, etc. Ce qui signifie que même dans le domaine du cinéma, la femme tient bien son rôle de «ménagère» et que son accès aux postes de décision et à la maîtrise de l'outil technologique pose problème.

Dans le domaine des arts plastiques, l'identité féminine semble plus marquée et des artistes peintres, parfois de renommée internationale, se détachent. C'est le cas de la plasticienne sénégalaise Anta Germaine Gaye qui a eu à participer à différents salons sur le plan international. Elle développe des initiatives fort intéressantes comme l'organisation de façon régulière d'ateliers de peinture pour initier à l'esthétique de jeunes enfants il faut souligner qu'elle exerce le métier de professeur d'éducation artistique. Elle affirme que c'est dans la création artistique qu'elle s'épanouit après de rudes batailles pour faire admettre son choix à ses proches «Je pense» dit-elle, «que les faits sont probablement les mêmes pour moi que pour d'autres artistes. Nous arrivons à des résultats il suffit de voir le niveau des artistes ils ont eu la force de créer, ils ont en plus de leur générosité, cette aptitude naturelle qui les pousse justement de créer»,[12] explique-t-elle. Mais il faut surtout souligner que la crise économique, la crise des vocations traditionnelles naguère dévolues aux femmes contribuent à faire estomper les barrières entre les métiers d'hommes et ceux des femmes. Qu'expriment les femmes à travers leurs œuvres?

Toute problématique d'une écriture, y compris féminine, en Afrique, devrait avoir pour ambition de répondre à une série de questions fondamentales. Comment s'opère le passage d'une narration orale ou écrite à une narration audiovisuelle? comment passe t-on de l'acte de raconter verbalement à celui de raconter en montrant? qu'est-ce que la visualisation d'un récit? quel est le statut des images et des sons dans un film narratif? S'agit-il d'une illustration objective? Qui voit les images? Il est évident qu'une femme a une manière particulière de traiter de la polygamie: exemples de «Puk Nini» de Fanta Régina Nacro du Burkina Faso ou «Femmes et Ménages» de Fabineta Diop du Sénégal, de la maternité ou de l'excision (tout le tollé soulevé par le documentaire d'une cinéaste tchadienne victime d'une *fatwa* la condamnant à mort dans son propre pays, il y a quelques années).

Dans le domaine des Arts plastiques, les mêmes préoccupations demeurent. Anta Germaine s'est illustrée par les portraits de femmes montrant toute leur splendeur, élégance et a remis en cause cette situation qui fait jusque-là que seuls les hommes sont capables de trouver en la femme sa muse et son sujet esthétique. La femme n'a pas seulement à revendiquer sa place ou à exprimer sa souffrance, elle doit aussi s'évertuer à valoriser ce qu'elle a de plus beau en elle.

Conclusion

À travers cette introduction, nous avons tenté d'évoquer, au-delà de la dichotomie sphères privée et publique, deux sujets qui illustrent parfaitement la dialectique «hommes et femmes» dans les deux espaces et toute la difficulté à fonder une égalité en droits: il s'agit de la religion et la production culturelle, à côté des thèmes abordés au cours de l'Institut sur le genre, 1998. Toute la passion que soulève une religion comme l'islam mais aussi sa place dans la psychologie collective justifient amplement la place qui lui est réservée. Pour ce qui concerne la créativité, la promotion de la femme passe par l'éclosion de son génie créateur et ses capacités à intégrer le domaine de l'abstraction à travers les images elle n'exprime pas seulement son angoisse existentielle mais sa vision de la beauté. Pour y arriver, elle a souvent besoin de convaincre ses proches en s'appuyant sur ses ressources intérieures. Elle finit par convaincre par la qualité de ses œuvres fondée sur une certaine générosité mais aussi la lucidité et le réalisme.

Notes

1. *L'Islam dans le Monde.* Dossier établi et présenté par Paul Balta. Collection la Mémoire du Monde, Paris, 1986. p. 10.
2. Cf. Margot Badran, 'The Origins of Feminism in Egypt' In *Current Issues in Women's History* by Arina Angerman, GeerteBinnenia, Annemiekerkennen, VetiePoets and Jacqueline Zirkzec, London Routledge 1989. Margot Badran, *Feminists, Islam, and Nation. Gender and the Making of Modern Egypt*, Princeton, 1984.
3. Il faut aussi signaler que le réseau *Femmes vivant sous loi musulmane* a procédé ces dernières années à un important travail de collecte de textes, de témoignages pour doter les activistes d'informations, à côté du travail de lobbying. Le travail de l'Américaine Amina Wudud est très novateur sur ce sujet (*Qur'an qnd Women: Reading the sacred Text from a Perspective of a Woman*, Oxford University Press, NY, 1999). Dans son introduction, Amina Wudud pose ainsi les termes de son projet et les objectifs qu'elle veut atteindre: «My objective in undertaking this research was to make a 'reading' of the Qur'an that would be meaningful to women living in the modern era. By 'reading', I mean the process by reviewing the words and their context in order to derive an understanding of the text.
4. Fatima Mernissi a consacré l'introduction de son ouvrage, *Le harem politique*, à l'analyse de cette problématique.
5. Cf, Benachour, S., «Un modèle patriarcal et polygame qui a fini par se momifier», *Le Monde*, L'islam et les femmes, 02 mars 2002.

6. Un des meilleurs exemples à ce sujet reste le «Code de la famille sénégalaise » voté en 1972 dans lequel par esprit de conciliation, des éléments discriminatoires largement dépassés par la réalité continuent encore à subsister.

7. Emmanuel Hirsh, 1984, I*slam et droits de l'homme*, Paris, p. 3.

8. Marcelle Marini, 1992, «La place de la femme dans la problématique culturelle. L'exemple de la France», in *Histoire des Femmes, le XXe siècle*, sous la direction de Françoise Thébaud, Paris, Plon, p. 275.

9. Penda Mbow, 2002, «La politique culturelle de Léopold Sédar Senghor à partir des années 1960», in *Léopold Sédar Senghor, Africanité-Universalité*, sous la direction de Jacques Girault et Bernard Lecherbonnier. L'Harmattan/Université Paris 13, p. 235-254.

10. En dépit des réserves suscitées par l'utilisation du concept «matriarcat», il reste très commode lorsqu'il s'agit de définir une certaine identité négro-africaine. Il est difficile de nier le rôle que la femme a joué dans la sédentarisation depuis le Néolithique, la sélection des plantes et dans notre système agraire.

11. Anne Hugonnet, 1992, «Femmes et image: apparence, loisirs, subsistance», in *Histoire des femmes, le XIXe siècle*, sous la direction de Geneviève Fraisse et Michèle Perrot, Paris, Plon, p.254.

12. «Couleurs éclatantes sur les cimaises», le quotidien *Le Soleil* du 23 août 2001.

2

Women Professional Associations: A Response to Gender Inequality Between the Private and Public spheres

Aderonke Adesola Adesanya

Men and women across racial and class divides have disparaged women's organisations at various times and places (Abdullah 1995; and Molyneux 1998). The literature is replete with the tendency to categorize and label women groups and as 'elitist, middle-class, academic' (Reddock 1991:19). Other descriptions have included 'militant', 'short term', and 'propagandist'. But a critical look at such categorization suggests that the rapidity in condemnation can be traced to an inadequate examination of women's organisations. Moreover, as Reddock (1991) opines, it is necessary for gender scholars to study all organisations, to find out who joins them and why such groups continue to be popular. This is even more important for this researcher, as there is little reference to women's participation in worker's organisations (Sokunbi et al. 1995) and especially little reference in existing literature to their involvement in professional associations. Despite the waves of new social movements (NSMs) in Western Europe, North America, Latin America and Africa, which include ecological associations, women's movements and indigenous movements that are independent of trade unions and political parties, reports on women's movements say little about women's participation in professional associations, or about the emergence of women's professional associations and their impact on a changing world. In Africa, Reddock (1991) notes that studies on women's movements and organisations have focused on the general areas of anti-colonial struggles (Van Allen 1972; Ifeka-Moller

1975; Rogers 1980; Mba 1982), nationalist movements and struggles (Denzer 1976), national liberation movements (Urdang 1979; Bie Nio Ong 1986); traditional women's associations (Amadiume 1987a, 1987b, 1990), and contemporary women's organisations (Ekejiuba 1985 and Amadiume 1990). The silence on women's professional associations calls for remedy, especially as their popularity seems likely to continue.

This paper focuses on women's professional associations in Nigeria. It examines the impact of these women's associations and highlights their relevance to the general quest for gender equality in the public and private spheres. The study investigates the various efforts that have helped to change the status and raise the profile of Nigerian women and improve the atmosphere in which they live. It places the efforts by Nigerian women within the context of three feminist theories: Liberal, Marxist and Radical Feminism. Among other things, it questions why women in Nigeria, still continue to face the old problems within both the public and the private spheres of activity, and thus undermining modern developments which have helped to advance equality between men and women. It tries to answer the questions why they experience discrimination in the work place, why they have to carry undue burdens as career women, wives and mothers, why they are constantly harassed by male colleagues, and exploited by their husbands, undermined by clients and subordinates, and intimidated by government policies. It is clear that educated women in Nigeria have to bear different burdens from those carried by uneducated women. Anand (1983) notes that education is the golden door to success and the equal participation of women in the development process. So how far educated Nigerian women (especially women professionals: lawyers, doctors, accountants, journalists, health-care workers, military professionals, academics, social workers and bureaucrats) have been able to negotiate higher standards and equal rights for themselves and for women in general in public and private spheres of activity.

The research for this paper was carried out between August 1998 and January 1999. Historical and survey research methods were used. They included documentary sources (institutional records, bulletins, official records, books, articles in journals, diaries and newspaper reports) and both structured and unstructured personal interviews. I adopted a quota sampling method for the interviews, as I could not interview all the leaders of existing women's professional associations and their parent associations. Interviews were conducted both formally and informally. Appointments for interview were booked with some members of the aforementioned associations, but informal interviews were also conducted at various seminars and workshops in Lagos, Ibadan, and Abuja, where some significant members of women's professional associations were found.

Gender Inequality in Nigeria: An overview

Research on gender indicates that women the world over suffer wide range of discriminatory practices in the cultural political, religious and social spheres (Ifeka-Moller 1975; Obbo 1980; Elshtain 1981; Ogunsheye 1982; Imam 1989; Abdullah 1991; Meena 1992; Kerr 1993; Alamu 1997; and Imam et al. 1997). From the perspective of some of these authors, women's lives and their status are primarily conditioned by culture. Women are usually regarded as inferior to men. They get less pay for the same work, and in some cases, they are treated far worse. Ogunsola Bandele (1996), citing Sartin (1978) and Sherma and Meighan (1980), observes that in Europe, the division of sex (gender) roles in the labour market is partly due to cultural assumptions about men's and women's work and their capabilities. In Africa, the situation is more glaring with the pressures of time-honoured traditional practices and vestiges of the colonial experience. These are the two 'monsters' that have placed women in subordinate roles in the public and private spheres of activity. Gender roles in Africa have always favoured men, partly because African society is patriarchal (even in matriarchal African societies, men still wield state power) and also because the sovereignty inherited by Africans from their colonial masters was not a liberal one. It was based on the use of force, which was typical of colonial rule and power. The male was seen as forceful, militant, authoritative and therefore, capable of ruling, while the female was seen as weak, passive and submissive, and thus only fit for being ruled. According to Rathgeber (1992), these antiquated notions about gender roles were entrenched during the colonial period. The distinction between the 'powerful' male and the 'powerless' female relates to what Steihn (1983) calls the ideological relations between male 'protectors' and female 'protected', and explains the continued subjugation of women by men.

Over time, women have been the victims of a threefold oppression: class, religion and gender (Ifeka-Moller 1975; Abdullah 1995; Imam 1991; Issa 1995 and Alamu 1997). They have had to struggle to win concessions from the patriarchal world in which they lived. The ideology of patriarchy dominates most societies, whether patrilineal or matrilineal. Patriarchy is defined as belief in the natural superiority of the male gender, which sufficiently justifies the dominance of the male sex. Everything in society is defined in relation to male interests, needs and concerns (WIN 1985). This is the prevailing ideology in Nigeria.

In traditional Nigerian societies, women were largely confined to domestic activities, such as taking care of children, the aged, the sick and other domestic chores (Onaeko 1995). As caregivers, they attended to the needs of their spouses and their relations. They were confined within the 'shut' private sphere. Although they were sometimes involved in farming and other communal activities, their inputs were usually undervalued. Ajayi Obe (1984), Imam (1985), Okonjo (1991) and Dennis (1998) illustrate how women's labour and their rights were and continue to be exploited within the agricultural and household economy

in traditional African societies. Male farmers usually secured the necessary labour for externally funded agricultural projects from their wives, while the latter
still had to perform all their household and domestic tasks as well. The most
appalling aspect of these male-female relations was that the yield of such agricultural projects was assimilated into the male economy. Another issue was that
women hardly had any access to land. Studies show that they cleared and har-
vested the land, weeded and transplanted crops, while the men prepared the
land for planting (Bohanna 1954; Fapounda 1983; WIN 1985). They were still
marginalized over access to land (Schapera 1943; Mathuba 1980; Ajayi-Obe
1984; Perchonok 1985; Marope 1996; and Mbanefo and Nyemuto Roberts
1996). Women had access to land only through their spouses and or their male
relatives (ILO 1989). This practice stemmed from the fact that in the various
cultures in Nigeria, women were hardly accorded any recognition. A woman was
usually (and arguably still is) only recognised as the daughter of a lineage, the
wife of a man, or the mother of a child (Aig-Imoukhuede 1990). Consequently,
when she married or divorced a man, she lost her right to own land. Quite apart
from this, even when farmlands were allotted to women, they received much
smaller allocations of such land than men did. In the past, the main source of
livelihood was land. Women's lack of access to land made their economic position very weak and their status very low.

This economic marginalisation was only one of many that women suffered
in traditional Nigerian society. The denial or the non-recognition of women's
reproductive rights and of their autonomy over their own sexuality was an equally
serious problem (see Ebijuwa 1995). Women also had to contend with a marked
disparity in access to education. In a culture that explicitly gives preference to
male children, tradition often denies education to girls or allows them only an
inferior one (Mbabefo and Nyemuto Roberts 1996). Those women who tried to
better their lot, before and during the colonial period in Nigeria, found themselves in typical female jobs, such as nursing, primary school teaching and secretarial work (Dennis 1998). Because so few of them were educated, the majority
remained as housewives, sewing mistresses, housemaids and subsistence farmers. They were alienated from centres of power.

Although women in pre-colonial and colonial Nigeria had little room to de-
velop outside the private sphere, it could be argued that even after some of
them were better educated in the early post-colonial period, which should have
raised their status in the public sphere of activity, their position was still not
particularly encouraging. Effah et al (1995) notes that very few women participated in the politics of the country during the period before independence. The
few that were prominent, however, remained so for some time. The late Funmilayo
Kuti was a significant figure. She was the only female delegate to Britain during
Nigeria's demand for independence. She earned her position in the Nigerian
contingent to Britain because of her education and activism for women. Kuti
came into the limelight when she led the Abeokuta women's confrontation with

the colonial government over the arbitrary taxation of women in 1947. But her opposition to the male universe around her cost her time, energy, property, and later on, her life. She died of injuries sustained during a federal government raid of her son's (Fela Anikulapo-Kuti, afro-beat musician and staunch critic of the ills of various post-colonial governments) 'Kalakuta Republic' residence. She was thrown from the top floor of the multi-storey building of the 'Kalakuta Republic'. The assault on her and her death marks one of the instances of violence perpetrated against women, especially women activists, during this period. Hajiya Sawaba Gambo was actively involved in the political struggles and the fight for universal adult suffrage for women in Northern Nigeria. Like Funmilayo Kuti, she also suffered much for her outspokenness and her challenge to the status quo. She was jailed sixteen times for her political activities. Mrs. Margaret Ekpo, who was elected member of the House of Representatives in the first Republic, and Janet Mokelu are other notable examples of women who challenged patriarchal structures and tried to ensure the public representation of women. Their education and activism turned a spotlight onto the awkward issue of gender equality. Nevertheless, in spite of the laudable efforts and sacrifices of these activists, women were still relegated to the background. The immediate post-colonial governments of Tafawa Balewa (October 1, 1960 – January 15, 1966), Ironsi (January 15 – July 29, 1966), and Gowon (July 29, 1966–1975) failed to give adequate recognition to women.

The limited achievements that emerged from the struggles of these leading Nigerian women, which I see as the first wave of feminism in Nigeria, can best be understood in the context of liberal feminism. The actions of liberal feminists are marked by their emphasis on the representation of women. Their approach consists of campaigning for changes in laws that discriminate against women as well as campaigning for rights for women that were previously enjoyed only by men, as in the women's suffrage movement (Etta 1998). What Nigerian women such as Funmilayo Kuti, Sawaba Gambo and Janet Mokelu did, from the pre-colonial to the early post-colonial period (Amadiume 1990; Mba 1982), was to fight for the representation of women, rather than for equal rights for them. Their actions were largely reactionary, and this explains their inability to achieve equal rights for women. It is not surprising that later struggles took a different form. With the advent of modernity, women began to see their problems as a consequence of their inferior access to education and the very small number of them who were in positions of power. They also perceived that it was their lack of power that made them invisible in the public domain. Women thus realised that reactionary movements were not enough to advance their quest for equality. They had to become educationally and economically empowered, in order to fight against a myriad of factors that kept them and their work invisible and blocked their access to positions of power.

The pattern of their subsequent struggles follows that of the Marxist feminist approach. Marxist feminism is the first theoretical position to provide an explanation for the differences between men and women (Etta 1998). Marxist feminists locate the cause of the dichotomy between the public and private spheres of activity and the mechanism for the entrenchment of inequality within a capitalist structure. Following the argument of Karl Marx, a capitalist system encourages and empowers the owners of the means of production to exploit their workers. Women and men are both class actors within a capitalist structure. Hutchful (1998) infers that men are the 'bourgeois' and women the proletariat in a class structure. It follows that men are the operators and determinants of production and, by implication, the dominant figures in the public sphere, where production takes place. Women are located within the domestic sphere and enjoy only relatively restricted access to paid work (Etta 1998). Marxist feminists argue that the rise of private property in societies brought about a strict division of labour, with men as public workers and women as private workers. They hold that women should endeavour to participate in the labour force, in order to become economically empowered and independent and consequently to participate effectively in society. From the Marxist feminist perspective, the public sector provides more opportunities for women, and they should, therefore, aspire to enter the public domain in order to achieve equality.

The approach adopted by Nigerian women both before and after the United Nations Decade Resolution for Women's Development (1975–1985) can be classified under Marxist feminism. The Resolutions made a tremendous impact on Nigerian society and encouraged women to question the status quo. Women increasingly demanded equal and fair rights as individuals and citizens. They were sensitised to compete with men and to participate in the body politic. From this period onwards, several women moved from the private to the public sphere of activity and rose to prominence in both formal and informal sectors. A 1985 Women in Nigeria (WIN) document shows that at least a small number of women who had received formal education were able to find employment, in both the public and private sectors, as clerical workers, secretaries, nurses and teachers. Women even began to enter what had previously been exclusively male professions, and become lawyers, university teachers, journalists and administrators (WIN 1985:15). Today, there is no profession or occupation that is the exclusive preserve of any gender, although women still predominate in the nursing and teaching professions.

The fact that women came to be better educated in this period enabled them to form such networks as the National Council of Women Society (NCWS),[1] the Federation of Muslim Women's Associations of Nigeria (FOMWAN), and Women in Nigeria (WIN), in order to advance their struggle for an equal participation with men in the public sphere. It was clear to women that they were not going to achieve any positive change, if they remained isolated from the

forces of change. The organisations they floated were structured to pose significant challenges to patriarchal structures. Abdullah (1995) observes that although
these organisations tackled many problems and obstacles raised by the relics of
traditional practices and other more contemporary encumbrances, they still operated cautiously within the traditional gender boundaries, articulating the theory
of complementary roles rather than competitive ones in gender relations
(Abdullah 1995:211). Operating within existing traditions[2] was not the only short-
fall of these organisations. The National Council for Women Societies (NCWS)
was criticised for being extremely elitist and irrelevant to the collective struggle
for Nigerian women, particularly those in the rural areas. Mba (1982) notes how
the women leaders of the NCWS were accused of being ignorant of the plight
of rural women and of propagating only the interests of a few professional
women. But this was inevitable. The council's concerns and activities depended
on educated women. According to one of its leaders (see Mba 1982:51), the
council was a discussion forum for women of diverse interests and professional
backgrounds who had to render national and international services and deal
with an assortment of people. The NCWS was also condemned for its interest
in preponderantly Christian concerns. This is what led to the creation of the
Federation of Muslim Women's Association of Nigeria (FOMWAN). It is on
record that FOMWAN also exhibited negative attitudes similar to those identified with NCWS. But the most significant criticism of the NCWS and FOMWAN
was their pro-establishment position. This too was inevitable, as the funding of
the groups came from the government, but it impeded the quest for equality for
women in the public domain.

The Women in Nigeria (WIN) organisation emerged from the academic world,
therefore, to counter the passive approach of the government-sponsored wom-
en's groups. But WIN also came under severe attack. Its relations with radical
anti-government groups and its opposition to government policies were a major
shortcoming. WIN is radical in its approach and is essentially anti-establishment.
It seems that this is the only way for WIN's campaigns for women's rights and
benefits to be articulated, particularly since it is the state that enacts the laws that
oppress women. As we shall see later in this paper, there is no doubt that WIN's
activities provided the impetus for women's professional associations to emerge.

It is significant that in spite of their educational attainment, their professional diversification and the existence of pockets of women's organisations,
women still remained alienated from power. Their prominence was limited to
what the men who controlled state power allowed. The Nigerian Government,
however, still fanned the embers of women's hopes. To show that government
was responsive to their needs and aspirations, a Federal Ministry of Women
Affairs was created. The Ministry serves as a cesspool, where all matters relating
to women that require government attention are directed. Women's commissions at both Federal and State level were also instituted to cater for the interests

of women in Nigeria. Quasi-governmental organisations such as the 'Better Life for Rural Women Programme' (BLP) and 'The Family Support Programme' (FSP), which were both pet projects of the spouses of Nigerian military heads of state, also emerged to encourage a better platform for action on women's issues. The BLP was floated by Mrs. Maryam Babangida, while the FSP was launched by Mrs. Maryam Abacha. Various criticisms greeted their inception. Critics regarded them as cosmetic, sectional and not suitable for bringing about any meaningful change in the status of Nigerian women in general. In its no-menclature, the BLP targeted a particular category of Nigerian women – the rural women – who had been marginalized in previous women's groups (NCWS, FOMWAN and WIN). The BLP specifically encouraged the formation of 'women only' cooperative societies, concerned with health, sanitation, agriculture, education, civics, social welfare and cottage industries. It catered for grass-roots women and largely excluded elite and middle-class women. Udegbe (1985) underscores its potential for bringing about a positive change to the advancement of women, but summarises its programme as a failure. The demise of the programme after its initiator left public office validates this view. The FSP's programme also did little to change the status of Nigerian women. Apart from providing 'visible support' for the women elites, including the wives of State Governors, female Commissioners, women leaders of state commissions and non-governmental organisations and others who used the umbrella of FSP to access wealth and traverse the country and some African and European coun-tries, the FSP did not leave any significant memorial. Although huge sums of money were expended on the programme, it is clear that working class and grassroots women did not feel much impact from it. The BLP and FSP pro-grammes were considered by many as counter-productive state projects. Ac-cording to Abdullah (1995): 'Ideologically, the BLP reinforced gender subordi-nation in the guise of women's activism. As a state-sponsored women's group, it mirrored the state's conservative image of women as wives, mothers and sec-ondary income earners'.

A common strand that runs through the literature on the activities of the BLP and FSP is that they were essentially state tools that were used by men to control and curtail the activities of women. The Nigerian government's focus on rural women, who are rarely brought into the public domain and their neglect of radical women's groups, was hardly likely to create the much-desired room for women in the public domain or even ease their travails in the domestic sphere. It comes as no surprise that women should later seek refuge and power in women's professional associations.

The Emergence and Impact of Women's Professional Associations

Given the few successes and the many failures of pioneering women's associations, both traditional and contemporary, it was imperative for a new current of feminism to emerge in Nigeria, which could adequately sensitise women about what they could achieve with the radical line adopted by organisations such as WIN. Feminists envisaged that radical ideology would bring about a meaningful change to the inequality between men and women that existed in the public and private domains. The approach they conceived was to form women's networks within the working-class groups, primarily in order to counter patriarchal structures, which denied women any appreciable visibility. From the precedents set by market women associations, credit cooperatives,[3] ethnic groups, peer-group associations,[4] and class-based middle-class unions[5] in Nigeria in the past, it was noted that women were best organised around definite economic, religious, professional, ethnic or class interests (Ogundipe-Leslie 1985). Groups with economic and professional concerns are often more successful and enduring than others in Nigeria. When groups of women began to organise themselves according to their professional interests, observers and feminists viewed their emergence and the increase in their numbers as an interesting and a long-awaited development. In view of divisions among women and the unfriendly social and political climate, the women's professional associations, which transcended ethnic and religious divides, were likely to be the safest refuge for women. But why create new women's professional associations created when various parent organisations existed already in Nigeria?

Although data on women's participation in trade, professional and other workers' organisations are limited, the available evidence shows that for many reasons, women do not generally do well in workers' organisations. The history of trade unions in Nigeria establishes that women have always been marginalized in them, primarily because unions were seen as a part of male culture and not an avenue for expressing women's interests. Jolaoso-Komolafe (1995:109) citing Elson and Pearson (1981) buttresses this argument

> Workers' organisations have failed to recognise and build into their structure the specificity of gender. [This] failure means that in practice they have tended to represent male workers. In addition, the specific problems that concern women as a subordinate gender are often problems which (are) not easy for conventional forms of trade unions to tackle.

Men organise and lead trades unions and use them as political machines and power bases, to perpetrate patriarchal ideology. Women are not given due recognition as equal members of the unions. Star positions are usually kept by incumbent male leaders, who strive at all cost to maintain the status quo. To date, the Nigerian Labour Congress (NLC) the umbrella body of all trade unions in Nigeria, has no woman on its executive. It was a man who used to head even the women's department of the NLC.

Women have not risen higher than the post of Assistant General Secretary In industrial unions. Only the National Union of Banks, Insurance and Financial Institution Employees (NUBIFIE) has seen a change at the National Executive level. It is in NUBIFIE that a female career trade unionist, Comrade Cecy Olajumoke, has risen to the post of Acting General Secretary (Jolaoso-Komolafe 1995). It has been observed that there is no record of a woman National President in the history of industrial unions in Nigeria, not even in such unions as the Nigeria Union of Teachers or the National Association of Civil Service Typists, Stenographers and Allied Staff, which are dominated by women (Ibid). Women have largely taken a passive role, and in most cases have remained ordinary members, whose union dues are continuously deducted from their monthly pay, but whose rights and needs are repeatedly ignored.

The economic superiority of men over women is another factor that enables men to maintain their strongholds in trade unions. Unions are in any case run in a way that allows the marginalisation of women. Milkman (1990) observes that unions are run in a pattern, which is culturally alien to women. Women find it difficult to attend union meetings, which are usually held in bars during nocturnal hours. Women are generally poor attendees at trade union meetings, especially those held during ungodly hours. Outside working hours, women normally have to attend to housework or childcare in their homes, and they are not easily persuaded to sacrifice these activities for union meetings. Even when women do attend meetings as union members, they are often voiceless, because the entire structure and discourse of unionism is built around the image of masculinity. Men set the agenda, maintain the leadership and negotiate standards for the unions. Often, they ignore the needs of women, who are usually not in the key positions needed to protest against their subordination. As Reene Pittin (1984) rightly observes.

> Women workers often find themselves alienated from their male co-workers, while the men fail altogether to understand women's reluctance to become involved with or participate actively in what women see as organisations catering for male interests, such as the union.

Women fail to participate actively in labour organisations, because they usually ignore their interests. This helps to increase the subjugation of women. Their professional interests are not adequately addressed and their status as women professionals is not considered. For instance, the Nigerian Bar Association (NBA) is a union for both male and female lawyers. It is expected that the representation of both genders within the union will help to ensure equal representation of the sexes before the law and remove laws that denigrate, subjugate and oppress the female gender. However, the NBA as a union has not been able to ensure the removal of the laws that discriminate against women in the Nigerian constitution.

In any case, the NBA leadership has been largely male-dominated, with the exception of the early 1990s, when Prof. Mrs. Priscilla Kuye took up the leadership of the NBA. The period of Kuye's leadership, which remains a rare case in the history of the nation's judiciary union, was a turbulent one. Most of the problems experienced were due to the existing patriarchal structures. After Kuye, no other female lawyer has occupied any active position in the NBA.

Another professional association, the Nigerian Union of Journalists (NUJ), has also marginalized women.

The NUJ is not only noted for the lopsided representation of women in its executive, but also for its discriminatory practices against women on matters concerning rights, professionalism and overall development. Not only does the NUJ marginalize women in its selection of executives to represent the union, it also fails to address issues, which would promote the representation of women in the media. The issue of what kind of media assignments women undertake has been the focus of some research (Odejide 1996; Saror 1996), which has called for the transformation of the professional roles of and the space given to women journalists. It has been observed that women do not generally feature in political stories or in investigative reporting. They usually write about bedroom, kitchen and fashion subjects. Women's political activities are under-reported. Even when they are reported, they appear in inconspicuous inside pages or at best in the woman's columns. This practice is what Epstein (1978) describes as the 'ghettoization' of news in the women's pages. Every newspaper editor and writer knows that how a story is featured makes the difference between prominence and obscurity. Thus:

> Placing news about women on the Women's pages even reinforces the view that the material is only appropriate for women and that it is less serious and important than news highlighted as general news. Even if men read the women's page they may decide it is outside their acknowledged sphere of competence. (Tseayo 1996).

It follows that keeping women in positions where their work, activities and contributions remain invisible helps to confirm inequality. By concentrating on the traditional roles of women in the media and ignoring those serious aspects of women's lives, e.g. their political and economic advancement, their educational attainment and their relevance to a changing world, a whole series of generations is persuaded to accept stereotypes about women, which relegate them to an inferior and non-serious position in society. In spite of the fact that women in the Third World make a major contribution to their national economies, they are virtually unnoticed in the media. When they are mentioned, they are presented in stereotyped images as wives and mothers, subservient to men, or engaged in traditional singing and dancing. At other times, they are portrayed as fancy mistresses of young achievers, who wear the latest clothes and hair styles, and promote a lifestyle of consumption. The implication of this is that little effort has been made by the media to provide women with the information necessary for liberating themselves and harnessing their resources for optimal development (Ogbodu 1996:83). There is so far no evidence that the NUJ has made any serious efforts to help alleviate the problems of professional and gender inequality suffered by women in that sector.

The NBA and the NUJ are not the only unions or professional associations that are giving little or no help to women in their quest for gender equality. Women seem to face myriad challenges on all professional fronts. This means that they need to organise themselves into a force, which their male colleagues cannot ignore.

Women's professional associations that have risen to the challenges of the present age include:

- Nigerian Association of University Women
- Medical Women Association of Nigeria Association of Professional Women Engineers
- Nigerian Association of Media Women (NAMW)
- Society of Women Accountants
- Association of Professional Women Bankers
- Association of Women Industrialists
- Nigerian Association of Women in Business
- Business and Professional Women's Association
- Association of Lady Pharmacists
- Professional Insurance Ladies Association
- Nigerian Association of Women in Science and Technology
- Nigerian Association of Women Journalists (NAWOJ)
- Female Architects of Nigeria (FAN).

The list presented here is based on information obtained during the research for this paper, and may not be exhaustive. The increasing number of these women's associations raises other questions apart from that of their raison d'être. We tried hard, for instance, to find out whether the existence of women's professional associations would be able to guarantee equality for Nigerian women in general. We also sought to determine what some women professional associations had been able to achieve since they broke off from their parent associations. Our findings indicate that the idea of creating the NAWOJ was mooted by both men and women. Some ex-student union leaders, namely Owei Lakemfa, (now of Vanguard Media), Lanre Arogundade (*Vanguard*), Ladi Lawal (Africa's Independent Television, AIT), Richard Akinola (Centre for Free Speech), Funmi Komolafe (Labour Editor, *Vanguard*), Agatha Edu (*New Nigerian*) and Judith Okpeki (News Editor, *Vanguard*), who had been members of WIN, deliberated between 1988 and 1989, and decided to float an organisation to cater for the needs of women journalists. The association was formed in response to the exigencies of the period. There was a marked disparity between male and female journalists. Men dominated the top echelon of the journalism industry. There was an urgent need to enhance the professional status of women who occupied the lower cadre of the media. There was also the need to advance the visibility of women in society. We have noted that the NUJ was insensitive to the needs of women and women were always playing passive roles within the union. By 1989, a national body of Nigerian Association of Women Journalists was instituted, with representatives in every state of the federation. NAWOJ operates a similar constitution to that of NUJ and Brenda Akpan was its first chairperson. The specific aims of NAWOJ are:

1. To address the needs of women in journalism

2. To change the low or inferior representation of women. The argument is that if women do not assume leadership roles it is difficult for them to influence laws, agenda, programmes that could benefit them.

3. To provide immense support for women in politics by giving comprehensive coverage of their political activities such that they also attain prominence like men. Supportive roles, which they render, include, organisation of campaigns, publicity in the media and production of posters and handbills.

Since its inception, NAWOJ has been making a tremendous impact on women and in promoting their interests. Various awareness programmes in the form of seminars and workshops are conducted on a regular basis for women, to ensure that they aspire to get to managerial positions. Surveys are also carried out to indicate the positions of women in the industry. Part of the gain of the sensitisation exercise is the appointment of women to positions that were hitherto male preserves. Raheemat Momodu became the Political Editor of Concord Press and Funmi Komolafe became the Labour Editor of Vanguard Media, Mrs. Remi Ojo was elected President, Guild of Editors Nigeria, and Mrs Bosede Adediran, ex-chairperson NAWOJ, was made Deputy Sunday Editor. The Chairperson of Abia State was also made a board member of a federal parastatal. Before them, the trio of Amma Ogan, Doyin Abiola and Victoria Ezeokoli had risen to top editorial and managerial positions in the print and electronic media and were reference points for younger female journalists. Today, although women still contribute significantly to women's pages in the print media and to women-oriented programmes in the electronic media, they are also prominent in news and investigative reporting. To facilitate the rapid development and promotion of women in journalism, NAWOJ seeks support from organisations that help to fund programmes designed by the union. Notable among these funding organisations are the Johns Hopkins University, United Nations Children's Educational Fund (UNICEF) and the Friedrich Ebert Foundation. Through the collaborations of NAWOJ and funding agencies, women's political empowerment has acquired a greater voice. In various parts of Nigeria, such as Enugu, Lagos, Kano and Oyo, workshops and conferences on specific programmes for the political empowerment of women have been held. Johns Hopkins University provided the funds for the inauguration of 'Democracy and Governance Programme'. This programme was designed to know how many women are political reporters; and whether women present themselves for election, and participate in elections. Another programme sponsored by Johns Hopkins is the political awareness workshops for NAWOJ women in Oyo State and for women in general. Apart from external sponsorship, NAWOJ also gets sponsorship from various state governments. The Oyo State Government gave NAWOJ, Oyo chapter, a Peugeot station wagon to help members to establish contacts with grassroots women. Other State Governments sponsor travel for NAWOJ members. It is worth noting that NAWOJ does not concentrate on programmes for women journalists and the elite alone, it also engages in the mobilisation of women in political activities. The union organises political awareness rallies at various locations and sponsors political enlightenment programmes on radio and television. NAWOJ has intervened in cases of discrimination against women in politics, as exemplified by the annulment of the primary elections in Ondo State, where Chief Mrs. Alice Mobolaji Osomo was alleged to have polled 11,653 votes and her opponent, Chief Ade Adefarati, only 2,765 votes. More important, NAWOJ has been involved in campaigns beyond women's rights as voters and politicians, but also advocates for equality and justice. It successfully fought the end of a law, instituted by the media owners, which stipulated that women could not get pregnant until after 18 months of employment. This law infringes the reproductive rights of women, and NAWOJ sees it as gender discrimination and has made moves to have it annulled. To date, these efforts have forced many media owners to rescind the application of this gender-blind law. As of the time of writing this report, only Channels Television Corporation still upholds such a practice.

The tremendous achievements of NAWOJ have generated some conflict between the body and the NUJ, the parent union for journalists in Nigeria NUJ). The success of NAWOJ in raising funds for its projects and in making in-roads within the government has generated hostility with the NUJ, which now views NAWOJ's increased visibility as a threat. The NUJ even led a failed attempt at scrapping NAWOJ, but did succeed in rejecting NAWOJ's request for autonomy. However, NAWOJ continues to redefine women's positions within the public and private spheres of activity.

The International Federation of Women Lawyers (FIDA) is another women's professional association to have made an impact in Nigeria. Unlike NAWOJ, which is indigenous, FIDA, Nigeria is affiliated to FIDA, the International Federation of Women Lawyers. FIDA International was founded in 1944 by a group of women lawyers from Cuba, El Salvador, Mexico, Puerto Rico and the USA, who met in Mexico and formed themselves into an Association for the purpose of promoting women's rights through their legal training. FIDA is now active in 79 countries of the world. It came to Nigeria in 1963, three years after independence. FIDA has spread to different states of the federation and has been involved in gender specific and broad-based activities. Its continue to conform to the objectives of FIDA International, whose main thrust is to protect, promote and advance the cause of women, especially in relation to their rights and responsibilities within society.

A close look at one of its chapters – the Oyo State chapter – shows that FIDA makes pragmatic interventions through advocacy, counselling, participation in decision-making at various levels of governance and judicial activism. Female lawyers enlist in the association and are integrated into its activities immediately they graduate from law school. FIDA organises symposia, which deal with aspects of law that affect women, including the age of marriage, wife battering, female circumcision, abortion, new reproductive practices (in-vitro fertilisation and embryo transfer and surrogate motherhood). For example, FIDA works on the practice that denies women (widows) the opportunity to obtain letters of administration from the law courts, in order to become administrators or executors of the property of their husband's (who have died intestate). The association has discovered that no existing law supports the practice, whose perpetuation is evidence of gender discrimination. FIDA also identifies and denounces discriminatory practices such as (1) shelter discrimination, whereby landlords discriminate against women in Nigeria, and (2) position discrimination. FIDA notes that women continue to be short-changed over access to top-level positions. They account for only one or two percent of high-level executive business positions worldwide. In government, they rarely attain ministerial or sub-ministerial positions. This gap hinders women's impact on important policies, formulated by the state, which affect their lives. Keeping women in purdah and the restriction of movement of women in the daytime, during certain fetish celebrations, are also identified as gender discrimination. FIDA advocates the implementation of laws that promote the cause of women and the annulment of those that depreciate womanhood. FIDA's main strength is advocacy. It collaborates with other women's professional groups and non-governmental organisations, in order to bring about gender equality in Nigeria. Although most of its demands have not yet been met, FIDA is resolved to ensure that women achieve equality and justice in Nigeria. Notable figures in FIDA include Chief Mrs. Folake Solanke (SAN), a life patron, P. C. Ajayi-Obe, Prof. Priscilla Kuye, a former chairperson of the Nigerian Bar Association (NBA), and Ayo Obe of the Civil Liberty Organisation (CLO).

Prof. Toun Ogunseye, one of the first few women to study at the University of Ibadan, founded the Nigerian Association of University Women (NAUW) in the early 1950s. After her studentship, she started working in the University and later ventured into activism. NAUW did not actually emerge in opposition to the existing parent union, the Academic Staff Union of Universities (ASUU), but as a forum for the actualisation of the aims and aspirations of women in society. ASUU stands out as one union in which women have played active roles in the executive of their domestic unit. Women such as Dr. Bene Madunagu of University of Calabar (UNICAL), Prof. (Mrs.) Sowunmi of the University of Ibadan and late Comrade Ingrid Essien-Obot (UNICAL) have been chairpersons or secretaries of their local chapters.

NAUW started at University of Ibadan and later spread to other universities in Nigeria. At the beginning, it was politically oriented and had immense influence on the government. This was to be expected, as most of its members also belonged to the government-sponsored NCWS. The incumbent president of NAUW, Ibadan chapter, Prof. Mosun Omibiyi-Obidike, informs us that in the past, NAUW used to get a lot of government support and funding. NAUW was often commissioned to carry out studies on women, and the recommendations of such research were often implemented. The proliferation of women's nongovernmental organisations has considerably diminished the relevance of NAUW. The shifts of its leadership from the southern zone of the country to the northern parts have also reduced its national activities in the southern parts. This shows how ethnic concerns have started to create invisible divisions between the ranks of NAUW.

Conclusion

Although this study does not cover all the women's professional associations found in Nigeria today, suffice it to say that all of them, including the nongovernmental organisations that collaborate with women-led organisations, operate very similar agenda. The most popular item on their agenda is the need to ensure equality for women in society. The primary objective of women's professional associations is to ensure better working conditions and positions for their members, but the need to achieve equality for women in general in both public and private domains is important on their agenda.

The common strand that runs through their activities is the way they have included in their programmes all categories of women, irrespective of class and religion. I noted at the beginning of this paper that women bear different kinds of burdens, according to their socio-economic, religious and educational situations, and they are divided in their struggles because of these factors. However, the examples set by some women's professional associations, NAWOJ, FIDA and NAUW, shows that a symbiotic relationship can be achieved by women of different class and religious background in the quest for gender equality. Divisions by class, ethnic and religious factors have not helped women very much in the past, but collaborative efforts by more contemporary women's professional groups have helped women to advance the frontiers of gender equality. The working class women who have access to public activities have realised that the subjugation of a section of women in society is the subjugation of all women. They have also realised that the best way to tackle patriarchal structures that foster the denigration of women and tend to make them invisible in their place of work is to forge networks that will pose significant challenges that men cannot ignore. The radical approach of women's networks like the NAWOJ, which threatened the fabric of male dominance in the journalism industry in Nigeria, and ensured to a large extent that women did not remain inferior to men, are possible avenues that evolving women's groups could explore. These networks have been used to challenge the status quo, and to demand better working conditions and positions for women in their respective professions and positions.

It is clear from this study that women professionals who break away from parent unions, because of their lopsided representation and positioning of women, tend to actualise their goals once they have become independent. It is also evident from our report on the development of women's movements that modernity has laid the foundation for the achievement of equality between men and women in the public and private domains in Nigeria. Women are now building on this, using different approaches. How far the structure built by women will remain and become permanent will depend on the commitment of women and on the approaches they use to eschew inequality and to demand their rights in both the public and private domains.

Notes

1. The Council was founded in 1958.
2. The Council encouraged and reminded women of their important role as homemakers and nation builders.
3. The associations are noted for providing avenues to administrative power and support for the generals, in cases of mishaps in urban situations, where members need the women's society to act in place of their own more distant families. See Ogundipe-Leslie 1985 (127–128).
4. According to Ogundipe-Leslie (1985), the ethnic and peer-group associations help to maintain cultural continuity among members in places where they live.
5. Class-based middle-class unions also help to forge a link, but they are the most unstable, because there are no concrete objectives, strategies or gains in view. See Ogundipe-Leslie (1985) for further notes.

References

Abdullah, Hussaina, 1993, 'Transition Politics and the Challenge of Gender in Nigeria', *Review of African Political Economy*, Vol. 56, pp. 27–37.

Abdullah, Hussaina, 1995, 'Wifeism and Activism: The Nigeria Women's Movement' in Amrita Basu, ed., *The Challenge of Local Feminism: The Women's Movements in Global Perspective*. Oxford: Westview Press.

Aig-Imoukhuede, Emily, 1990, 'Nigerian Family Structures and Its Effect on Women's Participation in National Development "Paper presented at a National Workshop on Women in Development, Mokola, Ibadan Jan 28 – Feb 2.

Ajayi-Obe, P. C., 1984, 'Legal Rights of Women to Agricultural Land'. Paper for Workshop on Women in Agriculture in West Africa. Ibadan: IITA.

Albert, I. O., 1996, *Women and Urban Violence in Kano, Nigeria.* Ibadan: Spectrum Books.

Alvarez, Sonia, 1990, *Engendering Democracy in Brazil: Women's Movements in Transition Politics.* New Jersey, Princeton: Princeton University Press.

Amadiume, Ify, 1990, 'Contemporary Women's Organisations: Contradictions and Irrelevance in the Struggle for Grassroots Participatory Democracy in Nigeria'. CODESRIA Project on Social Movements, Social Transformations and the Struggle for Democracy in Africa, Tunis, May, pp. 21-23.

Anand, Anita, 1983, 'Rethinking Women and Development; In Women in development: A Resource Guide for Organisation and Action'. ISIS, The Women's International Information and Communication Service.

Awe, Bolanle, 1982, 'Formal Education and the Status of Women in Nigeria: An Historical Perspective'. In F. A. Ogunsheye, et al (eds). *Nigerian Women in Development,* Ford Foundation, Ibadan, pp. 404-424.

Barnes, S. T., 1975, 'Voluntary Associations in a Metropolis: The case of Lagos Nigerian' *African Studies Review.* September, Vol. 18 (2), pp. 75–87.

Brock-Utne, Birgit, 1989, 'Women and Third World Countries: What Do we Have in Common?' In Women Studies International Forum. USA: Pergamon Press PLC., Vol. 12, No. 5, pp. 495-503.

Bystydzienski, Jill, 1993, 'Women in Groups and Organisations: Implications for the Use of Force'. In Ruth Howes & M. R. Stevenson (eds) *Women and the Use of Military Force,* Boulder Colorado USA: Lynne Rienner Publishers.

Callaway, B. and Enid Schildkrout, 1986, 'Law, Education and Social Change: Implication for Hausa Muslim Women in Nigeria'. In Lynne B. Iglitzin and Ruth Ross (eds), *Women in the World: 1975–1985, The Women's Decade.* Santa Barbara Ca. ABC-Clio Inc., pp. 181-205.

Dadirep, M. E., 1995, 'A Preview of Women Participation in the Modern Sector of the Labour Force'. In Sokunbi et al. (eds) *Women and Trade Unionism in Nigeria.* Ibadan: NPS Educational Publishers Ltd.

Dennis, Carolyne, 1983, 'Capitalist Development and Women's Work: A Nigerian Case'. *Review of African Political Economy.* Vol. 10, No. 27/28, pp 109-119.

Dennis, Carolyne, 1984, 'The concept of a "Career" in Nigeria: Individual Perceptions of the Relationship Between the Formal and Informal Sectors'. Paper presented to the Development Studies Association Conference, University of Bradford.

Dennis, Carolyne, 1988, 'Women in African Labour History'. *Journal of Asian and African Studies* Vol. 23 Nos. 1 & 2, pp 125-140.

Ebijuwa, T., 1995, 'Views of Women in Yoruba Culture and Their Impact on the Abortion Decision'. *Women and Health* Vol. 22 (3).

Elshtain, Jean Bethke, 1981, *Public Man, Private Women.* Princeton New Jersey: Princeton University Press.

Enabulele, Arlene, 1985, 'The Role of Women's Association in Nigeria's Development: Social Welfare Perspective'. In *Women in Nigeria Today*. London: Zed Books.

Epstein, C., 1978, 'The Women's Movement and the Women's Pages' In Gaye Tuchman et al (eds) *Hearth and Home: Images of Women in the Mass Media*. New York: Oxford University Press.

Fadipe, N. A., 1970, *The Sociology of the Yorubas*. Ibadan: Ibadan University Press.

Fapounda, E. R., 1983, 'Female and Male Work Profiles'. In C. Oppong (ed) *Female and Male in West Africa*. London: Allen and Unwin.

Hann, N. D., 1982, 'Women's Access to Land'. *Land Reform, Land Settlement and Cooperatives* Nos 1 & 2, pp. 1-11.

Hirschmann, David, 1991, 'Women and Political Participation in Africa: Broadening the scope of Research'. *World Development* Vol. 19, No.12, pp. 1679-1694.

Ifeka-Moller, Caroline, 1975, 'Female Militancy and Revolt: The Women's War of 1929. Eastern Nigeria'. In S. Ardener (ed) *Perceiving Women*. New York: John Wiley and Sons.

ILO, 1989, 'Women and Land, Programme on Rural Women, Rural Employment Policies Branch'. Geneva: International Labour Office.

Imam, Ayesha, 1985, 'The Role of Women in Rural Economy in Nigeria'. Paper presented at the International Conference on the status of Arab and African women Cairo Egypt.

Imam, Ayesha, 1989, *Women and the Family in Nigeria*. Dakar, Senegal: CODESRIA, pp. 119-129.

Imam, Ayesha, 1993, 'The Dynamics of Winning: An Analysis of Women in Nigeria (WIN). In Chandra Mohanty and Jacqui Alexander (eds) *Third World Feminism*. London: Basil Blackwell.

Issa, Aremu, 1995, 'Trade Union Structure in Nigeria: Implications for Women Participation'. In Sokunbi et al (eds) *Women and Trade*. pp. 58-77.

Jayawardena, Kumar, 1986, *Feminism and Nationalism in the Third World*. London: Zed Books.

Jolaosho-Komolafe, Funmi, 1985, 'Problems and Prospects for Effective Participation of women in Trade Unionism' in Sokunbi et al (eds) *Women and Trade,* pp. 108-117.

Kerr, Joanna, 1993, *Ours by Right: Women's Rights as Human Rights*. New Jersey: Zed Books.

Kisekka, Mere, 1992, Women's Organised Health Struggles: The challenge to Women's Associations in Mere Kisseka (ed) *Women Health Issues in Nigeria*. Zaria: Tamaza Press. pp. 105-121.

Leis, N. B., 1974, 'Women in Groups: Ijaw Women's Associations'. In M. Z. Rosaldo and L. Lamphere (eds) *Women, Culture and Society*. California: Stanford University Press.

Luckham, Robin, 1998, 'The Military, Militarisation and Democratisation in Africa: A survey of Literature and Issues' in Eboe Hutchful and Abdoulaye Bathily, eds., *The Military and Militarism in Africa*. Dakar Senegal: CODESRIA

Marope, P.T.M., 1996, 'Botswana's Land Tenure System and Access to Land: Do women have real or symbolic Access.

Mba, Nina. E., 1982, *Nigerian Women Mobilized: Women's Political Activity in Southern Nigeria 1900-1965*. Berkeley: Institute of International Studies.

Mbanefo, Nkechi, 1991, 'Female Participation in Decision making in the Home: A Basis for Equality of the sexes'. Research Report for the social science Council of Nigeria.

Mbanefo, Nkechi and F. O. Nyemuto Roberts, 1996, 'Women, culture and Palm Oil Production in Rural Southern Nigeria'. UNESCO: Africa No. 13 (September) pp. 77-91.

Molyneux, Maxine, 1998, 'Analysing Women's Movement.' *Development and Change*, Vol. 29, No. 2, pp. 219-246.

Obbo, Christine, 1980, *African Women: Their Struggle for Economic Independence*, London: Zed Books.

Ogundipe-Leslie, M., 1984, 'African Women, Culture and Another Development" *Journal of African Marxists*, 5 , pp. 77-92.

Ogundipe-Leslie, M., 1984b, 'Women in Nigeria' in *Women in Nigeria Today*, London: Zed Books, pp. 119-131.

Ogunseye, F. A., 1982, 'Formal Education and the Status of Women in Nigeria' In Ogunseye et al. (eds) *Nigerian Women and Development*. Ibadan: Ford Foundation.

Ogunsola-Bandele, Mercy, 1996, 'Women Under Representation in Administrative Positions in the University, UNESCO: Africa No. 13, pp. 42-49.

Okonjo, K., 1976, 'The Dual–Sex Political System in Operation: Igbo Women and Community Politics in Mid-Western Nigeria. In Hafkin and Bay (eds) Women in Africa, California: Stanford Press.

Olabisi, Araoye, M., 1995, ' Health, Safety and Welfare at Work and Impact on Women Workers in Sokunbi et al, eds., *Women and Trade Unionism*, pp. 88-107.

Onaeko, F. B., 1995, 'Women Employment and Trade Unionism in Nigeria'. In Sokunbi et al. (eds), *Women and Trade*, pp. 30-43.

Oyajobi, Ayo V., 1991, 'Gender Discrimination and Fundamental Rights of Women in Nigeria'. *Human Rights Law and Practice*. Vol. 1, No. 1, pp. 76-96.

Pyke, Karen D., 1994, 'Women's Employment As a Gift or Burden: In Marital Power Across Marriage, Divorce and Remarriage'. *Gender and Society*, Vol. 8, No. 1, pp. 73-91.

Rathgeber, Eva M., 1992, 'Integrating Gender into Development Research and Action Agendas for the 1990s'. *Journal of Developing Societies*. Vol. 8.

Richardson, J O. and Ruth H. Howes, 1993, 'How Three Female National Leaders Have. Used the Military' In *Women and The use of Military Force*.

Reddock, Rhoda, 1991, 'Towards a Framework for the study of Women, Gender and Social Movements in Africa'. Working paper prepared for the CODESRIA Workshop on Gender Analysis and African social science Dakar, September, pp. 16-21.

Roberts, Pepe, 1989, 'The Sexual Politics of Labour in Western Nigeria and Hausa Niger'. In Kate Young (ed) *Serving Two Masters: Third World Women in Development*. Calcutta: Allied Publishers Limited.

Sokunbi et al, 1995, *Women and Trade Unionism in Nigeria*. Ibadan: NPS Educational Publishers Limited.

Spiro, H. M., 1980, 'The Role of women Farmers in Oyo State Nigeria: A case study in Two Rural communities' *Agricultural Economics Discussion Paper* 7 / 80, IITA Ibadan.

Sudarkasa, Miara, 1973, 'Where Women Work: A Study of Yoruba Women in the Market, Place and the Home', *Anthropological Paper No. 53 Museum of Anthropology.* Ann Arbor: University of Michigan.

Thorne-Finch, Ron, 1992, *Ending Silence: The Origin and Treatment of Male Violence Against Women,* Toronto: University of Toronto Press.

WIN (Women in Nigeria), 1973, Women in Nigeria Today. London: Zed Press/WIN.

WIN, 1985, The WIN Document: Conditions of Women in Nigeria and Policy Recommendations to 2000 AD, Zaria: Ahmadu Bello University.

Udegbe, I. B., 1995, 'Better Life for Rural Women Programme: An Agenda for Positive Change?'. *Africa Development* XX (4), pp. 69-84.

UNECA, 1974, The Changing and Contemporary Roles of Women in African Development.

UN, United Nations Report of World Conference of the United Nations Decade for Women. New York: A/Conf. 94/35 1980.

Yawa, P. M., 1995, 'Government Policies, Equal opportunities and the Rights of Women in Nigeria's Work Wetting' in Sokunbi et *al,* eds, *Women and Trade Unionism*, pp. 78-87.

Young Kate, 1989, *Serving Two Masters: Third World Women in Development,* Calcutta: Allied Publishers Limited.

3

Droit et violence conjugale

Lydie Chantal N. Ella-Meye

Les relations hommes/femmes ont toujours été des relations de domination aussi bien dans la sphère privée que dans la sphère publique. Cette domination a, le plus souvent, comme instrument de mesure, la violence physique ou symbolique. Dès lors, dans le cadre de l'Institut sur le genre dont le thème est: «Hommes et femmes, entre sphères publique et privée», il serait difficile de ne pas s'appesantir sur la question de la violence conjugale.

Initiée dans le cadre du foyer, elle a des répercussions inévitables sur la vie publique. Parce qu'elle fragilise la santé physique et mentale de ses victimes, les femmes en l'occurrence, et constitue un frein à leur promotion.

Nul doute en effet que le privé est politique. La frontière entre les deux est parfois fluide.

Considérée comme tabou, au nom de l'intégrité familiale, banalisée ou même normalisée, la violence conjugale est un fléau universel. Elle a cours dans toutes les sociétés et dans toutes les classes sociales et reflète les rapports de domination qui existent à l'intérieur de l'institution du mariage. Dès lors, dans une société patriarcale, les femmes sont les principales victimes de la violence au sein du foyer, et les hommes sont ceux qui la perpétuent. Une enquête réalisée par l'Association camerounaise des femmes juristes (ACAFEJ) en 1995, dans la province du Centre, montre que sur 100 femmes mariées, 88 attestent être victimes de violences conjugales. En 1996, l'Association de lutte contre les violences faites aux femmes (ALVF) a reçu 92 cas de plaintes de violences conjugales qui vont du ligotage, de la bastonnade, des morsures, des brûlures, de la coupure de langue, du viol, aux violences morales (refus d'accomplir l'acte sexuel, interdiction d'utiliser les contraceptifs, interdiction de mener des activités génératrices de revenus, injures…). En 1997, cette association en a reçu 98.

Toutefois, il serait inexact de croire que la violence conjugale ne s'exerce que sur les femmes. Les hommes en sont également victimes même si c'est dans une moindre mesure. Certains sont battus par leurs épouses, assassinés ou subissent des violences symboliques (adultère, abandon du domicile conjugal, refus d'accomplir l'acte sexuel, …).

Quoiqu'il en soit, la violence conjugale en tant qu'atteinte à l'intégrité physique, sexuelle ou psychologique du conjoint, est un frein à la promotion des droits humains et au développement et à la paix.

De ce fait, le droit qui inscrit un ordre: un ordre à bâtir, à maintenir, à rétablir (Koubi 1997:201) n'est pas resté indifférent face à ces comportements déviants. Seulement, dans une société qui semble normaliser la violence conjugale, la pertinence du droit pose problème car, si des normes juridiques réprimant ce fléau existent, leur effectivité et leur efficacité restent à démontrer. En effet, permettent-elles d'assurer la protection des victimes; de sanctionner réellement les délinquants; d'asseoir une stratégie de dissuasion de toute velléité de recours à la force physique ou psychologique?

Il s'agira dans cette étude de voir comment le droit peut être une réponse à la violence conjugale, mais aussi de souligner les limites de cette réponse dans un contexte patriarcal comme celui de la société camerounaise.

Le droit, code de stigmatisation de la violence conjugale

La violence conjugale est un problème fondamental qui requiert une solution légale. Il s'agit, soit d'appliquer les lois prévues pour les délits et crimes aux situations de violence dans le couple, soit tout simplement d'adopter des textes propres à ce fléau. Au Cameroun, c'est la première solution qui a été retenue. Ainsi, la répression de la violence conjugale se fait par voie pénale et par voie civile.

Le droit pénal à l'épreuve de la violence conjugale

La violence loin d'être le symptôme d'un malaise dû à la tradition, comme le pensent ceux qui la banalisent, est un comportement inacceptable qui doit tomber sous le coup de la loi. On peut ainsi justifier la répression pénale de la violence conjugale par les arguments suivants :

• La procédure de l'arrestation, l'enquête, le jugement et la sanction véhiculent un message clair: la société condamne celui qui perpétue la violence. Il est alors personnellement responsable de ses actions et considéré comme un délinquant.

• La procédure criminelle indique qu'un crime entre les conjoints est un crime comme un autre et ne confère pas à son auteur une certaine impunité.

- La procédure criminelle fait comprendre que la victime est sous la protection de l'état. Ses intérêts sont placés en premier plan, avant le souci de préserver sa relation avec le conjoint violent ou de maintenir l'unité familiale.
- La criminalisation de la violence conjugale a un effet dissuasif pour ceux qui usent de la force physique. Elle permet ainsi de modeler et de changer les attitudes (*Strategies for Confronting Domestic Violence* 1993:16).

Fondée sur la protection de l'intégrité physique, sexuelle et morale de la personne humaine, la législation camerounaise considère certaines violences qui se déroulent dans le foyer comme des crimes et délits. Il en est ainsi des atteintes à l'intégrité physique, du mariage forcé, de l'adultère, de l'abandon du domicile conjugal et sur un point discutable du viol marital.

La répression des atteintes à l'intégrité physique

Il s'agit d'infractions courantes dont les victimes sont les femmes pour la majorité des cas. En effet, si la violence conjugale existe dans l'ensemble des pays ou des cultures, elle est parallèle à une autre constance transculturelle: la domination des hommes sur les femmes. Au-delà du dimorphisme sexuel, l'usage de la force par l'homme dans le couple est la plupart du temps la forme individualisée que prend dans chaque foyer la domination collective des hommes sur les femmes Welzer-Lang 1992:40).

Les atteintes à l'intégrité physique revêtent plusieurs formes dont les bastonnades, les brûlures (eau et huile chaudes, acide), les morsures, les étranglements, les coupures de langues, les jets de projectiles, les meurtres… Les articles 275 à 281 du Code pénal retiennent surtout le meurtre, l'assassinat, les blessures graves (celles qui causent la privation d'un membre, d'un organe ou d'un sens), les coups mortels (ceux qui entraînent involontairement la mort), les coups avec blessures graves (ceux qui causent involontairement la privation d'un membre, d'un organe ou d'un sens), les blessures (celles qui causent des incapacités temporaires de travail supérieures à 30 jours), les blessures légères (celles qui causent une incapacité temporaire de travail de 8 à 30 jours).

Le conjoint qui a subi des violences physiques peut porter plainte contre le partenaire violent. Pour ce faire, il doit faire établir un certificat médical attestant les blessures.

Dans la pratique, les plaintes, même acceptées par les services de police, ne sont pas souvent suivies d'effets réels surtout quand la compagne reste au domicile conjugal. De plus, ces cas de violence ne sont pas portées devant les juridictions répressives de façon générale et donnent plutôt lieu à des procédures civiles (ACAFEJ 1998:59). Cela est fort compréhensible car il est difficile pour une femme, par amour ou par dépendance économique, de laisser son mari, le père de ses enfants, aller en prison. Quand elle jouit d'une certaine autonomie financière, elle préférera la séparation ou le divorce à la solution pénale.

Les atteintes à l'intégrité physique de la femme et dans une moindre mesure de l'homme, sauf en cas de décès, donnent lieu à des peines dérisoires: peine d'amende (80%); emprisonnement avec sursis (15%); emprisonnement ferme (5%). Ainsi, notre législation autorise des limites «raisonnables» d'exercice de la violence. Tout se passe comme si on avait le droit de battre sa femme, à condition de ne pas taper trop fort.

Sanction en cas de mariage forcé

L'article 356 du Code pénal qui prévoit cette infraction dispose que :

1. *Est puni d'un emprisonnement de 1 à 5 ans et d'une amende de 20 000   à   200 000   francs celui qui contraint une personne au mariage.*

2. *Lorsque la victime est mineure de 18 ans, la peine d'emprisonnement, en cas de circonstances atténuantes, ne peut être inférieure à 2 ans.*

3. *Est puni des peines prévues aux deux alinéas précédents, celui qui donne en mariage une fille mineure de 14 ans ou un garçon mineur de 16 ans.*

Nous avons noté, surtout dans les provinces de l'extrême-nord et de l'Adamaoua, que les mariages précoces sont monnaie courante au Cameroun: des jeunes filles de 10 à 13 ans sont contraintes au mariage par leurs parents.

La répression du mariage forcé vise à protéger le consentement des époux, condition de fond du mariage, tel qu'il est posé par l'article 64 de l'ordonnance N° 81-02 du 29 juin 1982. Ce consentement doit être exempt de tout vice.

Force est de constater que les procédures répressives s'y rapportant sont pratiquement inexistantes. Cette infraction intervient surtout en matière d'annulation du mariage.

La criminalisation de l'adultère

Est punie d'un emprisonnement de 2 à 6 mois ou d'une amende de 25 000 à 100 000 francs, la femme mariée qui a des rapports sexuels avec un autre que son mari (article 361 du Code pénal).

Est puni des mêmes peines, le mari qui, au domicile conjugal, a des relations sexuelles avec d'autres femmes que son (ou ses) épouse (s) ou qui, hors du domicile conjugal, a des relations sexuelles habituelles avec une autre femme.

Il importe de souligner ici les discriminations contenues dans la qualification de l'adultère de l'homme et celui de la femme qui rendent la preuve de l'infraction plus difficile en ce qui concerne l'époux que lorsqu'il s'agit de la femme. Cette disposition est contraire à la Convention sur l'élimination de toutes les formes de discrimination à l'égard des femmes de 1979, qui prescrit l'égalité de l'homme et de la femme devant la loi. De même elle viole la Constitution camerounaise qui pose ce principe.

En réalité, les différences de qualification de l'adultère féminin et de l'adultère masculin ne sont que les symptômes d'un problème de fond: le strict contrôle de la sexualité féminine dans une société patriarcale. En effet, l'adultère féminin est la hantise des hommes. La fidélité de l'épouse a, pour finalité première, la protection de l'héritage de l'homme. Par la filiation masculine, le fils doit succéder au père; il doit être le fils du père et non celui de la mère. En conséquence, l'époux peut avoir des aventures extraconjugales sans dommage pour la lignée, mais le contraire serait la négation de cette filiation (Badinter 1986:144). Cette terrible angoisse de la trahison des femmes est propre à toutes les communautés humaines, mais les sociétés patriarcales ont inventé de multiples ruses pour rester maître du ventre de l'épouse: le mari peut la tenir à l'écart de tous les autres hommes, et c'est le système de harem - (pratique qui a cours au Nord Cameroun); il peut inventer un système mécanique empêchant les rapports sexuels, et c'est la ceinture de chasteté; il peut lui enlever le clitoris pour atténuer ses pulsions érotiques, c'est la clitoridectomie[1].

Dès lors, la sacralisation de la fidélité féminine et la banalisation de l'infidélité masculine font que cette infraction est régulièrement commise dans notre pays et que les victimes en sont les femmes dans la majorité des cas. Ainsi selon l'Association camerounaise des femmes juristes (ACAFEJ), sur les cas relatifs aux problèmes conjugaux qui constituent 90% des problèmes traités dans ses «cliniques», 88% se rapportent à ce délit. L'Association de lutte contre les violences faites aux femmes (ALVF) a été saisie de 21 cas de dénonciations (1994-1995). En 1997, 19 cas ont été recensés dans les sections correctionnelles du Tribunal de Première instance de Yaoundé.

Il importe de noter ici que peu de cas d'adultère font l'objet d'une procédure pénale, les victimes préférant passer par la voie civile. Les affaires portées devant les juridictions pénales se soldent en général par une relaxe: la preuve de l'habitude est difficile à rapporter (88% des situations). En cas de condamnation, la juridiction prononce une peine d'amende dérisoire de 50 000 francs dans 99% des hypothèses et une peine d'emprisonnement avec sursis pour le reste des litiges (ACAFEJ 1998:58).

L'abandon du domicile conjugal
Cette infraction est fondée sur l'obligation de vie commune qui incombe aux conjoints. La séparation des résidences des époux n'entache en rien cette obligation, du moment où leurs rencontres et les périodes de vie commune présentent une régularité montrant leur volonté de respecter cette règle.

Conformément au Code pénal, le conjoint qui abandonne sans motifs valables pendant plus de deux mois la résidence familiale; qui se soustrait à tout ou partie des obligations d'ordre moral ou matériel résultant de l'autorité parentale, encourt une peine d'amende et/ou d'emprisonnement.

Toutefois, il faut préciser que c'est une infraction rarement retenue, le mari ou l'épouse hésitant souvent à mettre en prison le père ou la mère de ses enfants. Les victimes ont plutôt recours à la procédure civile.

L'abandon de domicile conjugal est une infraction courante dans nos sociétés. Si celui commis par les femmes est généralement justifiée par les sévices corporels, chez les hommes il s'agit habituellement de la fuite devant les responsabilités familiales et du désir de «s'évader» dans des relations extraconjugales. Dans tous les cas, il s'agit d'une violence psychologique, qui à défaut d'être punie par le juge pénal, doit l'être par le juge civil.

La problématique du viol marital

Du fait de la privatisation du sexe, de la sexualité et du corps de la femme, à travers l'institution du mariage qui consolide la famille patriarcale telle qu'elle fonctionne depuis des millénaires, le problème du viol marital est demeuré tabou. Autant le viol qui se déroule hors du foyer est admis comme catégorie juridique, autant celui commis par le mari reste problématique.

Le viol qui est intégré dans le terme générique de «violences sexuelles» ou «violences sexuées» (Welzer-Lang 1992:30), est une réalité dans les relations conjugales. C'est un moyen de domination de l'homme sur la femme; un acte visant à lui rappeler qu'elle est un être inférieur et par conséquent, elle ne peut disposer de son corps. C'est une atteinte à la dignité et aux droits fondamentaux de la femme. Garder sous silence ou faire semblant d'aimer cet acte est un dangereux compromis que feraient les femmes victimes de cette pratique.

Pourtant, la question demeure: les hommes peuvent-ils violer leurs femmes à partir du moment où celles-ci sont astreintes à l'obligation de cohabitation charnelle?

Le devoir de cohabitation inclut le devoir conjugal, ainsi que le disait Loysel dans une formule très imagée: «boire, manger, coucher ensemble, se marier se ressemblent». Aussi d'après une jurisprudence constante, le refus de consommer le mariage avec son conjoint pendant le mariage est constitutif d'une faute pouvant motiver le divorce, la séparation de corps ou bien l'octroi de dommages intérêts à l'époux offensé. Seuls les motifs légaux comme par exemple la force majeure ou la crainte de nuire à la santé du conjoint pourrait justifier le refus d'exécuter son devoir conjugal. Toutefois, cette obligation doit s'exécuter normalement, sans excès, sans violence. Et le fait d'être une épouse n'oblige pas à accepter docilement les «assauts» d'un partenaire qui ne se préoccupe pas de votre consentement. C'est pourquoi, certaines législations ont commencé à considérer le viol marital comme un crime.

Il peut y avoir viol entre époux lorsque la femme n'est pas consentante durant une conjonction sexuelle. À ce sujet, l'article 296 du Code pénal précité, ne déterminant pas un lieu précis de la commission du viol, n'exclut pas explicitement celui qui a cours au sein du foyer. Il serait donc hasardeux de conclure de façon péremptoire comme le font certains juristes que la législation méconnaît le viol entre époux (ACAFEJ 1998:61). Tout est question ici de l'audace du juge et des problèmes de preuve.

De ce qui précède, force est de constater que la criminalisation de la violence conjugale est encore au stade des balbutiements. La sanction de cette infraction se fait surtout par voie civile.

Le droit civil à l'épreuve de la violence conjugale

De façon générale, les victimes évitent d'entamer une procédure pénale contre les conjoints violents, de peur de leur faire subir une peine privative de liberté. Au-delà de l'affection ou de la dépendance économique, la culpabilisation exacerbée par la pression sociale est souvent très forte pour le partenaire qui a causé l'emprisonnement de l'autre, à moins qu'il ne s'agisse d'un meurtre, d'un assassinat, de blessures graves ou de coups mortels.

Ainsi, les violentés (es) ont tendance à recourir aux procédures de divorce, séparation de corps ou de dommages et intérêts.

1°) En ce qui concerne les atteintes à l'intégrité physique, il est reconnu aux époux un droit à l'intégrité corporelle et mentale. L'atteinte à celle-ci est constitutive d'une faute pouvant motiver le divorce, la séparation de corps ou le paiement de dommages et intérêts.

Cependant, il s'est posé en droit camerounais le problème de savoir si conformément à certaines coutumes, le mari avait un «droit de correction» sur son épouse. Une certaine jurisprudence a proclamé sans équivoque ce droit. Il s'agit de «l'arrêt N° 42/4 de la Cour suprême du 4 janvier 1972». Dans cette affaire, la femme demandait le divorce pour sévices. Son action fut rejetée au motif que la coutume des époux donnait au mari un droit de correction sur sa femme, alors que dans d'autres décisions, cette même Cour préconisait d'écarter la coutume contraire à l'ordre public. L'arrêt précité a donné lieu à une normalisation, une légitimation du «droit de boxer sa femme» (Nkouendjin 1977).

Il importe de souligner que conformément au Code civil, l'épouse est considérée comme une personne majeure, qu'elle cesse d'être incapable même si elle n'a pas encore acquis la majorité effective. Cessant d'être incapable, elle ne peut être assimilée à un mineur. Sur cette base et en vertu du respect de la dignité humaine et des droits de l'homme, toute coutume qui affirmerait un droit de correction que posséderait le mari doit être considérée comme contraire à l'ordre public. On peut donc considérer comme un moment d'aberration, cette jurisprudence qui fort heureusement n'est pas constante.

Dans l'affaire Angoa Parfait contre Beyidi Pauline (CS Arrêté n° 28/CC du 10 décembre 1981), le juge souligne que le Code civil prévoit les excès et sévices corporels comme causes de divorce. De même qu'il précise que «la coutume béti, évolutive comme toute coutume, admet aujourd'hui comme cause de divorce, tout fait d'un des conjoints, constitutif d'excès, injure, sévices ou menace grave à l'encontre de l'autre conjoint d'une gravité telle qu'il rende intolérable le maintien du lien conjugal».

Il convient de remarquer que les droits de la femme sont mieux défendus par les juridictions modernes que celles traditionnelles.

2°) En matière civile, la sanction qui frappe le mariage forcé est son annulation. Le consentement des époux est une condition de fond dans la formation du mariage. Aux termes de l'article 52 de l'Ordonnance n° 81-02 du 28 juin 1981, aucun mariage ne peut être célébré... si les futurs époux n'y consentent pas. L'article 65 dudit texte précise que le mariage n'est pas célébré si le consentement a été obtenu par violence. Il y a violence lorsque des sévices ou des menaces sont exercés sur la personne de l'un des futurs époux, de son père, de sa mère, du tuteur légal, du responsable coutumier ou de ses enfants en vue d'obtenir son consentement ou le refus de celui-ci. Dans l'affaire Ngo Nolga Annette contre Libog Emmanuel TPD Douala (jugement n° 206 du 13 mars 1976), le juge souligne que si le consentement des parents est une cause de nullité relative qui se prescrit un an après la connaissance de l'existence du mariage par l'ascendant dont le consentement n'a pas été obtenu, le défaut de consentement de l'un des époux constitue par contre une cause de nullité absolue qui ne s'éteint pas par une prescription et qui peut être invoquée par toute personne intéressée.

3°) L'adultère en droit civil est une cause péremptoire de divorce. La jurisprudence, au même titre que le Code civil, considère l'adultère et la condamnation à une cause afflictive et infamante, comme cause péremptoire de divorce. L'adultère est une violence psychologique grave exercée sur l'autre conjoint par son partenaire. Il peut rendre le lien de mariage intolérable et constitue une violation du devoir de fidélité entre époux. L'interdiction d'avoir des relations sexuelles avec une personne autre que son conjoint s'impose, quelque soit le sexe du partenaire. Mais le devoir de fidélité doit s'entendre dans un sens beaucoup plus large. La violation de cette obligation est en effet réalisée en cas d'adultère consommé, comme en cas de tentative d'adultère ou même de conduite légère ou licencieuse, voire simplement suspecte.

L'interdiction de l'adultère est en outre généralement considérée comme d'ordre public de sorte que le pacte conclu entre époux qui conviendraient de s'autoriser réciproquement la liberté sexuelle serait nul. Chaque époux pourrait exiger à tout moment de l'autre le respect du devoir de fidélité sans que celui-ci puisse lui opposer son adhésion au pacte. En revanche en l'absence d'une volonté de commettre un adultère, il ne peut y avoir violation de fidélité. Il en est ainsi du viol et de l'adultère commis par un irresponsable mental.

Le problème qui se pose en droit civil camerounais est celui de la qualification de l'adultère. Le juge civil emprunte souvent la définition du Code pénal, laquelle est discriminatoire à l'égard de la femme. Ainsi, l'adultère de la femme est consommé quelque soit l'endroit, tandis que celui de l'homme ne se conçoit qu'au domicile conjugal (affaire Mbouck Firmin contre Ngoune Nitendeu Louise

CSA N°20/L du 5 janvier 1984) et s'il est prouvé l'entretien de relations sexuelles habituelles avec une autre femme, chose difficile à démontrer.

L'adultère de l'homme polygame est très ambigu. Le professeur Melone (1971:421) pose le problème en ces termes: «Est-ce le fait d'avoir des relations coupables avec une autre femme que ses épouses? [...] Est-ce que sociologiquement il est contraire aux bonnes mœurs d'avoir des relations d'homme à femme avant le mariage, le polygame pouvant toujours se marier avec toutes les femmes qu'il fréquente? Il est donc difficile de poser en principe que l'adultère du polygame est une cause de divorce».

Un arrêt de la Cour suprême du Cameroun semble donner raison à l'auteur en décidant que si l'adultère est une cause de divorce en cas de monogamie, il ne l'est plus dans le cadre de la polygamie (CSCO, 2 décembre 1969).

4°) L'abandon du domicile conjugal est la violation du devoir de cohabitation auquel sont astreints les époux. De ce fait, il constitue une faute pouvant motiver le divorce ou des dommages et intérêts. Aux termes de l'article 76 de l'Ordonnance du 29 juin 1981, «l'épouse abandonnée par son mari peut saisir la juridiction compétente aux fins d'obtenir une pension alimentaire tant pour les enfants laissés à sa charge que pour elle-même... Le tribunal statue selon les besoins et la faculté de l'une ou de l'autre partie, et le cas échéant, autorise la femme à saisir-arrêter telle part du salaire, du produit du travail ou des revenus du mari».

Dans la réalité, les femmes ont plus tendance à réclamer une pension alimentaire plutôt qu'à demander le divorce pour abandon de domicile conjugal.

5°) S'agissant du viol marital, ce délit est souvent qualifié de sévice sexuel dans les procédures de divorce. Or les sévices constituent des causes facultatives de divorce au regard du Code civil. Ils ne peuvent motiver le divorce que s'ils sont graves et répétés rendant ainsi le lien matrimonial intolérable. Le problème qui se pose le plus souvent est celui de la preuve du viol entre époux.

La violence conjugale est désormais considérée comme une aberration et ceux qui la pratiquent comme des délinquants. Malheureusement, la sanction juridique de ce fléau rencontre beaucoup de limites.

Le recours au droit, une solution aux limites avérées

La législation camerounaise réprimant la violence conjugale n'est pas appliquée de manière à assurer une sanction effective des délinquants et une protection réelle des victimes. La solution juridique de ladite violence rencontre diverses limites qui vont de la loi du silence aux barrières juridiques et socioculturelles.

La dissimulation sociale de la violence conjugale

De par le monde, la violence conjugale est un problème caché à l'intérieur du cercle sacré de la famille. On dit alors que le couple doit laver son linge sale en famille. Autrement dit, rien ne doit transparaître à l'extérieur. Ainsi, une femme pourra s'horrifier d'un œil au beurre noir, car il sera une trace visible de son état de femme battue alors qu'elle aura accepté auparavant, après moult excuses de son mari, des blessures bien plus mutilantes (Welzer-Lang 1992:98). Le silence ne sert qu'à enfoncer la femme dans la spirale infernale de la violence. Benoîte Groult, dans sa préface au livre d'Erin Pizzey (1975) souligne que vingt siècles d'abus de pouvoir ont pris force de loi, grâce à un silence complice et généralisé et ont fini par créer chez les uns une telle résignation à leur sort que les intéressés osent à peine se plaindre et les témoins à peine s'indigner.

Si la loi du silence exige de la femme battue qu'elle crie moins fort de peur que les voisins ne l'entendent, elle lui interdit également d'étaler sur la place publique ses souffrances de femme violentée. La conception de la dignité implique au sein de nos sociétés la capacité de la femme à supporter stoïquement les excès et sévices exercés contre elle.

Pourtant, le droit à une vie familiale privée ne signifie pas le droit d'abuser des membres de la famille. Certes, les instruments juridiques internationaux et nationaux des droits de l'homme garantissent le droit à une vie privée et protègent la famille, lieu privé, source de confort et d'épanouissement de ses membres. Mais, dès lors que ceux-ci ne sont plus en sécurité dans cette cellule sociale, il importe de protéger d'abord leurs droits, au lieu de s'atteler à préserver intacte une cellule familiale coercitive. Il faut briser le mur du silence qui entoure les violences et qui ne permet pas leur réelle répression.

Au-delà de la dissimulation sociale de la violence conjugale, le droit comporte en lui-même des limites qui l'empêchent de pouvoir redresser les comportements déviants.

Les limites de l'entendement juridique de la violence conjugale

Ces limites tiennent à plusieurs raisons. D'une part, les textes existants sont inadaptés à la nature des violences conjugales vécues dans notre pays, et d'autre part, l'inexistence de stratégies de réhabilitation des époux violents et de leurs victimes limite l'efficacité de la protection juridique.

L'inadaptation des textes existants à toutes les formes de violence conjugale

Certaines violences physiques et psychologiques telles que la répudiation, les sévices corporels qui n'entraînent pas une incapacité temporaire de travail sont méconnues de la législation camerounaise.

La répudiation qui est une décision unilatérale de renvoi de la femme par son époux est pratiquée dans les régions de l'extrême-nord et de l'Adamaoua où l'on retrouve une importante population d'obédience islamique. Selon la législation coranique, l'époux qui répudie sa femme peut prendre immédiatement une nouvelle épouse tandis que la conjointe répudiée doit observer une retraite de continence de trois mois (*edda*) sous la surveillance de son mari, avant d'être autorisée à contacter un nouveau mariage (Quechon 1985:303).

Dans la réalité, l'edda représente en fait pour les jeunes femmes une période privilégiée d'indépendance et de liberté. La société tolère autour d'elles une véritable cour masculine; elles reçoivent de leurs prétendants visites et cadeaux et participent à des fêtes nocturnes dont les jeunes filles et les femmes mariées sont en général exclues. De même, la répudiation surtout chez les Foulbé du Diamaré n'est le plus souvent que la reconnaissance par l'époux de l'abandon du domicile conjugal par sa femme (Quechon 1985:306).

L'ordre social dont la justice coutumière n'est qu'un instrument de maintien, donne tous les pouvoirs à l'époux dans le cadre des liens conjugaux. C'est lui qui décide ou non de rester avec sa femme. S'il ne la trouve plus désirable, il peut trouver un prétexte quelconque (le caractère acariâtre de l'épouse est souvent invoqué) pour mettre fin au lien matrimonial. Le tribunal coutumier n'intervient pas ici pour défendre les intérêts de la femme, mais plutôt pour exécuter les désirs du mari (Quechon 1985:306).

Cette pratique qui accorde des pouvoirs exorbitants au mari et qui constitue une violence psychologique ne fait malheureusement pas l'objet d'une sanction pénale propre. Il est urgent qu'une clarification juridique soit faite sur ce point, de façon à ce que les femmes qui en sont les principales victimes puissent être protégées.

En ne réprimant que les sévices corporels qui causent une incapacité d'au moins 8 jours, la législation camerounaise reconnaît implicitement le droit de correction du mari. En droit civil, il faut que les bastonnades revêtent un caractère grave et répété pour motiver une demande de divorce. En somme, on peut battre sa femme, à condition de ne pas taper très fort, ni tous les jours.

Or, pour sortir du cercle infernal de la violence, il faut systématiquement sanctionner tout comportement déviant des conjoints. Il ne s'agit certes pas ici de prôner des solutions extrémistes consistant à emprisonner toute personne qui porte la main sur son partenaire, mais de sanctionner tout excès, toute tendance à l'utilisation de la violence. Il ne faut pas négliger des violences qu'on estime mineures. Comme le précise Welzer Lang (1992:63), la violence physique n'est que la continuation des autres violences souvent passées inaperçues auprès des proches : le regard en coin, la bouderie, l'insulte, la dévalorisation des actions ou des pensées de l'autre. Quand le contrôle «*soft*» du regard, de la voix ne suffit pas et que l'insatisfaction grandit, alors commencent la colère et la pseudo-perte du contrôle qui conduisent aux bastonnades, aux bavures, aux morsures, bref à l'horreur. Loin d'être en perte de contrôle, les hommes violents au contraire sont dans le contrôle permanent de leurs proches et d'eux-mêmes. Tout doit être fait selon leurs désirs. Ils épient tout, vérifient tout. La violence n'est alors que la pointe immergée de l'iceberg. C'est pourquoi leur sanction doit être suivie d'une réhabilitation.

De la sanction à la réhabilitation

La criminalisation de la violence conjugale donne lieu à un vif débat. Si certaines personnes militent pour une approche protectrice et dissuasive du droit et mettent de ce fait l'accent sur la sanction, d'autres prônent la prise en compte du rôle éducateur du droit et demandent que les procédures de réhabilitation des époux violents et de leurs victimes soient intégrées dans les textes juridiques. Les systèmes de justice criminelle fournissent en effet rarement des programmes de soutien et de traitement qui peuvent réconforter la femme et apprendre au mari à ne plus utiliser la violence. De plus, l'emprisonnement du mari pénalise non seulement l'auteur des violences, mais également la victime et sa famille. Ainsi, la criminalisation de la violence conduit souvent à l'exclusion de la victime de sa famille et de sa communauté, qui lui reprochent d'avoir causé l'emprisonnement de son époux.

Il importe de relever également que si l'emprisonnement du mari accorde à l'épouse un moment de répit, celui-ci prend fin dès la libération du bourreau qui aura tendance à se venger et deviendra plus violent encore. La réhabilitation des époux violents doit donc être le leitmotiv de toutes les stratégies de lutte contre les violences maritales.

Les atteintes à l'intégrité physique ou psychologique sont les symptômes d'un problème de fond: celui des relations hommes/femmes. Les maris violents sont persuadés que leurs actes sont légitimes du fait de leur supériorité et de l'infériorité de la femme. Mettre fin aux violences suppose au préalable accepter l'idée que les femmes ont des droits, qu'elles sont des êtres humains à part entière et qu'à ce titre aucun motif sérieux ne permet leur domination par les hommes. Pour ce faire, il y a lieu de procéder à une réformation des rapports sociaux de genre qui légitiment la violence conjugale.

La légitimation socioculturelle de la violence conjugale

La violence conjugale, comme nous l'avons souligné plus haut, n'est que le reflet d'un problème plus profond, celui de la domination de la femme par l'homme dans les sociétés patriarcales; domination que l'on retrouve dans le discours qu'entretiennent entre elles l'idéologie et les pratiques symboliques et sociales (Copet-Rougier 1985:153). Ainsi, par exemple, les rapports conjugaux sont empreints d'une domination masculine et d'un manque d'intimité chez les Mkako de l'Est du Cameroun. Une femme doit être soumise à son mari qui se réserve le droit de la battre s'il est mécontent. Jamais elle ne doit dominer son mari et surtout pas du point de vue de la force physique.

La violence conjugale découle de comportements culturels, en particulier la littérature orale et la religion, qui la légitiment.

Les normes et les valeurs sont préservées et se propagent de génération en génération à travers différentes formes d'oralité: légendes, proverbes, chants, mythe et rituels (Ayanga 1996:13). La culture que transmettent les proverbes est le plus souvent sexiste. Elle véhicule l'idée d'infériorité de la femme. Un proverbe arabe dira: «bats ta femme tous les matins; si tu ne sais pas pourquoi, elle le sait». L'essence d'une devinette russe est celle-ci: «question: qu'est-ce que les ânes et les femmes ont en commun, réponse: une bonne bastonnade les rend meilleurs». Chez les béti, au centre-sud du Cameroun, on fait dire aux femmes cet hymne à la violence: «j'aime quand mon mari me bat, là je sens que mon lion a encore toutes ses forces». L'imagerie populaire va jusqu'à les taxer de masochistes, en véhiculant le message selon lequel, la femme béti associe bastonnade et amour. La légitimation de la violence conjugale prend également sa source dans la chosification de la femme. Toujours chez les bétis et plus particulièrement dans le sous-groupe ethnique bulu, un proverbe dit: «la femme est comme le maïs sec, celui qui a les dents la croque». Ceci sous-entend qu'on peut en disposer comme en veut.

De plus, les chants populaires sont très souvent des hymnes à la violence. Le rythme musical bikutsi au Cameroun constitue dans plusieurs cas un vecteur de chosification de la femme et de normalisation de la violence maritale. On a ainsi coutume d'entendre des mélodies qui distillent un discours de domination.

Les religions quant à elles restent les meilleurs instruments de l'oppression des femmes par les hommes. En effet, toutes les grandes religions sont patriarcales. Elles ont été fondées pour affirmer ou renforcer la suprématie masculine (French 1992:65). Elles prônent la soumission de la femme et reconnaissent au mari un «droit de correction» sur celle-ci. Le Coran par exemple dans la sourate 4, verset 34 dit: *les femmes vertueuses sont obéissantes (à leur mari) et protègent ce qui doit être protégé avec la protection d'Allah et quant à celles dont vous craignez la désobéissance, exhortez-les, éloignez-vous d'elles dans leurs lits et frappez-les.* Le même Coran méconnaît implicitement le viol entre époux, puisqu'il souligne dans la sourate 3, verset 223 que: vos épouses sont pour vous un champ de labour; allez à votre champ comme et quand vous voulez, œuvrez pour vous-même à l'avance ! En d'autres termes, les femmes sont de simples objets sexuels au service des hommes. Ce qui tend à rejoindre la pensée du brillant mais misogyne philosophe Friedrich Nietzsche qui disait: «l'homme doit être élevé pour la guerre et la femme pour le délassement du guerrier. Tout le reste est folie» !

La religion chrétienne qui tire ses origines de la religion juive est par excellence celle des patriarches. La famille biblique est «endogamique, patrilinéaire, patriarcale, patrilocale, élargie et polygame... Le père, comme le Dieu qu'il adore, a tous les droits sur les hommes et les femmes de sa maison. Dans certaines circonstances, il peut vendre ses enfants ou les offrir en sacrifices» (Badinter 1986:116). Pourtant, le message du Christ, tout en prônant la soumission de la femme, exige de l'homme qu'il la respecte. Seulement, la pression du milieu patriarcal est bien trop forte pour que soit introduit le moindre changement dans la condition féminine et même que soit seulement admise une amélioration de l'image de la femme. Saint Augustin, quand il évoquait les mauvaises conditions de la femme disait: «une bête qui n'est pas ferme, ni stable, haineuse, nourrissante de mauvaiseté... elle est source de toutes les discussions, querelles et injustices» (Badinter 1986:118). La femme est non seulement un être inférieur, mais représente plus ou moins le mal, la tentation, le pêché. Il est donc normal qu'elle soit «redressée» par le mâle, plus vertueux et maître de son corps!

Conclusion

Le droit dans une société patriarcale comme la société camerounaise ne sanctionne que de manière imparfaite la violence conjugale. La solution juridique de ce fléau rencontre des barrières diverses qui sont juridiques, socioculturelles, mais aussi économiques.

Combattre la violence conjugale signifie éduquer, resocialiser, sensibiliser et libérer économiquement les femmes.

La première stratégie de lutte contre la violence conjugale est l'éducation et la formation qui s'adresseraient à toutes les composantes de la société et notamment aux femmes. Elles toucheraient tant les droits de la personne humaine que la culture de la paix. Il ne saurait en effet avoir de droits de l'homme sans droits de la femme. Une sensibilisation particulière doit être faite au niveau des autorités chargées de réprimer les violences conjugales: officiers de police judiciaire, magistrats, de façon à mettre fin à la banalisation de ce phénomène.

La seconde stratégie est l'action des médias pour dénoncer les violences faites aux femmes dans le cadre du foyer, mais également pour mettre un terme à l'image qu'ils donnent habituellement de la femme: un objet sexuel, un être inférieur...

La troisième stratégie passe par la réforme législative: combler les lacunes existantes en créant des infractions spécifiques aux violences faites aux femmes en général, et aux violences conjugales en particulier. Il faut renforcer la répression et élargir le champ des lois en permettant les dénonciations des tiers.

La quatrième stratégie consiste à libérer la femme des contraintes économiques, mais également sociales. En effet, une femme qui jouit d'une autonomie financière est moins encline à assumer éternellement le statut de victime. De même, la femme doit se libérer de la pression sociale qui l'oblige à rester dans une institution maritale coercitive, au motif qu'une femme célibataire ou divorcée n'est pas une femme digne.

La cinquième stratégie, et certainement la plus importante doit être axée sur la resocialisation de nos enfants dans le sens de l'égalité des sexes. L'éducation doit mettre l'accent sur le traitement égal des filles et des garçons. De même, il faut que des centres pour hommes violents soient mis sur pied tout comme des centres d'accueil de femmes battues. Il serait question ici de redonner confiance à l'homme dont la violence est le plus souvent signe d'une crise de la masculinité et à la femme qui aura tendance à se culpabiliser face au déchaînement de colère de son partenaire.

Références

ACAFEJ, 1998, «Violences faites aux femmes, l'état du droit au Cameroun», *Violence faites aux femmes: l'état du droit*, Dakar, Bureau régional de l'UNIFEM.

Ayanga, Hazel O., 1996, «Violences Against Women in African Oral Literature as Portrayed in Proverbs», *Violence Against Women*, Nairobi, Eds Grace Wamue and Mary Getui, Acton Publisher.

Badinter, Elisabeth, 1986, *L'un est l'autre: des relations entre hommes et femmes*, Paris, Editions Odile Jacob, 361p.

Copet-Rougier, Elisabeth, 1985, «Contrôle masculin, exclusivité féminine dans une société patrilinéaire», in *Femmes du Cameroun, mères pacifiques, femmes rebelles* (sous la direction de Jean Claude Barbier), Paris, Khartala.

French, Marilyn, 1992, *La guerre contre les femmes*, Paris, l'Archipel, 295p.

Koubi, Geneviève, 1997, «Des-ordres juridiques», in *Désordres*, Paris, CURAPP, PUF.

Melone, Stanislas, 1971, «Le poids de la tradition dans le droit africain contemporain: à propos du phénomène polygamique au Cameroun et de ses prolongements juridiques», *Penant*.

Michaud, Yves, 1985, «La violence», *Encyclopaedia Universalis*, Paris, pp. 115-132.

Nanitelamo, Jeanne, 1997, «Relations de genre et relations conjugales», *Afrique et Développement*, vol XXII, p. 115-132.

Nkouendjin 1975, «Le droit de boxer sa femme», *Penant* N° 755, janvier-mars, pp. 5-9.

Perroyt, Michelle, 1995, «Public, privé et rapports de sexes», *Public, Privé*, Paris, CURAPP, PUF, pp. 65-72.

Pizzey Erin, 1975, *Crie moins fort, les voisins vont t'entendre*, Paris, Éditions des femmes, 1975.

Quechon, Martine, 1985, L'instabilité matrimoniale chez les Foulbé du Diamaré, in *Femmes du Cameroun, mère pacifiques, femmes rebelles*, Paris, Karthala, pp. 299-312.

Rangeon, François, 1989, Réflexions sur l'effectivité du droit», *Les usages sociaux du droit*, Paris, CURAPP, PUF, pp. 126-149.

Strategies for Confronting Domestic Violence: A Resource manual, New-york, UN 1993.

Welzer-Lang, Daniel, 1992, *Arrête ! Tu me fais mal! la violence domestique 60 questions, 59 réponses*, Louisville, VLB éditeur, collection changements, 235 p.

Wexter, Sandra, 1982, «Battered Woman and Public Policy», *Woman, Power and Policy*, Edited by Ellen Boneparth, New York, Pergamon Press, pp. 184-204.

4

Economic Empowerment of Women in Contemporary Uganda: The Case of Income-Generating Projects among Women in Kireka, Kampala, Uganda

Peace Habomugisha

Introduction

Throughout history, different feminist researchers, scholars and academicians have argued that women have been socially, politically and economically subordinate to men. Their subordination can be traced back to the Industrial Revolution era. From the perspective of liberal feminists, it can be argued that women's economic subordination began when industrial capitalism forced men to move from the home to the workplace, leaving women in the private sphere of activity.

Women's economic subordination in Uganda as a whole and in semi-rural areas in particular is believed to have began with the coming of colonial rule through the introduction of cash crops, hut tax and formal education. The colonial rulers wanted cash crops to be grown with the cheap labour of male natives. They imposed a hut tax, payable in cash, on every adult male. This forced men to seek employment in the white plantations. Women were left behind to take care of the home (Rutabajuka 1994). Although men were forced to go and work in white plantations, this enabled them to obtain cash, which gave them economic power over their wives.

The colonialists also introduced cash crops and placed them in the hands of men and neglected the women, even though women were the farmers (Boserup 1970). Women provided free labour on men's farms. Men sold the crops and kept the cash. Men thus became the breadwinners. Women, in their turn, depended entirely on their husbands for cash. This gave economic power to men in both the private and the public domains. The introduction of formal education in Uganda also contributed to gender inequality in both the private and the public economic spheres. Colonial officials collaborated with male chiefs and encouraged parents to send their sons to school (Nakanyike 1992), while the daughters were left at home with their mothers. At school, boys were offered science and administrative subjects, in preparation for their future careers as administrators, doctors and so forth. When some girls later went to school, their education did not go beyond that of domestic science. Their curriculum included cultivation, 'needlework, home management, bakery, cookery, bed making, washing, general home work as well as Christian doctrine' (Nakanyike 1992:177). Because of their domestic and agricultural activities, many girls dropped out of school in order to help their mothers at home or to get married (Katahweire 1989). The girls that remained in school were offered courses such as nursing, teaching and secretarial studies, which later kept them under the control of their male bosses. Whether girls went to school or not, they remained economically disempowered.

The governments after independence from 1962 to 1985 did not differ from the colonial rule. Boys continued to go to school in greater numbers than girls. Men continued to use modern technology in crop production, while women still used the hoe to produce subsistence crops. As workers and holders of cash, men maintained their position as breadwinners. There was no change in the patriarchal relations that maintained women's subordination in the home and in the work place, as well as in politics, education and agriculture. Most women in Uganda remained exploited and economically marginalised, just as they had been in the colonial period.

The National Resistance Movement/Army (NRM/A) guerrilla war was a turning point in the history of women. For the first time, Ugandan women became integrated in the army and together with men liberated the country. Ordinary women 'supplied food and provided key intelligence information essential for strategic planning' (Boyd 1994:309). During the five years of guerrilla war (1981–1986), the question of women began to be consciously addressed by NRM/A. The words and the actions of the leadership of the NRM/A continued to reflect a consciousness of gender-based inequality. The new leaders started by reconstituting 'the state with the institutionalised support and participation of women' (Boyd 1994:309).

During his first days in power, President Museveni pointed out how women had been subordinated. He made sympathetic and realistic speeches about women, basing himself on the historical background of Uganda. 'He would always echo the fact that women in Uganda have been tractors in the fields, the pumps in the water, the wheel barrows, bicycles and other beasts of burden' (Ahikire 1994:78). Museveni asserted that the backbreaking hoe would be replaced by modern technology, stagnant wells with purified 'tap water, the grinding stone with grinding mills, and smoking kitchens with electric power' (Ahikire 1994:78). Only then would women be relieved from domestic chores and participate fully in the public realm – a sphere that was denied them for ages. Yoweri Museveni encouraged women to move away from traditional handicrafts and turn to more productive small-scale industrial activities, and also join socio-economic groups that were trying to generate income. He also encouraged women, especially those with little or no income, to get loans from banks, so that they could start their own small businesses.

As Uganda became more stable, the NRM government encouraged investors and non-governmental organisations (NGOs) to carry out different activities. Many NGOs that came were interested in uplifting the economic standards of women. Through NGOs, many women without much income became involved in income-generating projects. This gave them the opportunity to move from the private to the public domain. For the first time, women started to earn their own income.

The research problem

The majority of women in Uganda still deal with dual challenges and inequalities in both domestic and public spheres of activity, despite efforts by the NRM government and the NGOs to raise the economic well being of most women by bringing them out of the home into the public domain. Why has women's involvement in economic activities in the public sphere not brought gender equality? Using income-generating projects among women in Kireka, a semi-rural district of Kampala, Uganda, this study investigates the factors that have persistently maintained gender inequality in both public and private spheres of activity, even after women have become involved in economic activities outside their homes.

Research questions

This study will try to answer the following questions:

a) What type of activities are women involved in? Have the government, banking institutions and NGOs provided women an atmosphere conducive to obtaining loans, without involving their husbands?

b) Do women use the money they acquire from income-generating activities to achieve economic and political bargaining power in both private and public spheres of activity?

c) Does the participation of women in income-generating activities in the public domain challenge traditional gender-based power relations in the home and the work place?

d) Do women encounter problems in the private sphere as a result of being integrated in economic activities in the public domain? How can these problems be solved?

Objectives of the study

To identify causal factors which have persistently influenced gender inequality in private and public spheres in Uganda. Specific objectives are as follows:

a) To investigate whether women's involvement in income-generating activities outside the home has led to their economic empowerment in both private and public spheres.

b) To find out whether women's involvement in income-generating activities has led them to face two kinds of work every day and why.

c) To suggest possible solutions to persistent gender inequality in both private and public domains, even after women have become engaged in income-generating activities outside the home.

The significance of the study

This study is designed to unearth inherent gender inequality in both private and public spheres that has persisted, even when women have moved from the home to economic activity in the public domain. This study is designed to contribute to the struggle to eliminate gender inequality in both private and public domains. The study also adds to existing literature on gender relations. It attempts to increase understanding of the mechanisms through which such relations exist, that is, other aspects than economic participation and development. These are equally important in understanding the plight of women, with a view to proposing possible solutions. Those concerned with making and carrying out policies could use the results of this study to formulate a meaningful policy to bring about gender equality in both public and private spheres.

On economic empowerment

Economic empowerment is not only an economic matter. It also involves the demands on women's labour made in the home and in the work place, the allocation of time and the traditional expectations that sabotage women's bargaining power in the household and in society. Economic empowerment is not limited to tangible objects but concerns unseen things as well (Moser 1989:1815). 'Empowerment endorses a redistribution of power in all its manifestations', says Eerdewijk (1998:30). In my study, economic empowerment means women's capacity to have access to resources and the power to control income – an income big enough to make a difference to women's lives in social and political terms as well as economic ones.

Literature Review

There is substantial literature on this subject. Quantitative material is relatively abundant and still increasing, even though its coverage is uneven. Yet despite its abundance, this literature is in many ways disappointing. First, there is a problem of bias in the perception of 'fact'. Particularly in Uganda, there are no published research works on NGOs and women's economic empowerment. The only study that might be regarded as relevant is that of Boyd on Empowerment of Women in the Contemporary Uganda: Is it Real or Symbolic? (1989). However important the questions posed by this study, it cannot answer them, because of its lack of actual field investigation.

The other major problem is that the forms of participation that have been studied are largely confined to economic subjects, narrowly and conventionally defined. Grassroots economic behaviour has only been studied in the formal sector. This has left a whole range of economic behaviour, which influences economic bargaining power in society largely uncharted. It therefore provides a misleading view of women's economic power in the public and private spheres.

Studies elsewhere have indicated that women who enter the public domain as workers are given less skilled and low paid jobs, without any security, while men have jobs that are labelled skilled with very high pay (Bradley 1986). This leaves women dependent on men and gives them little or no economic bargaining power in the home.

A study done in East Hosiery Industry, on the other hand, showed that whatever form women's contribution took, it was not 'marginal' but economically vital, because in some cases women were the breadwinners. These practices evolved in a patriarchal epoch, however, when the male head of the house had unquestioned power in co-ordinating all the efforts of the household. In this industry, the woman worked as assistant to her husband; and 'however economically crucial her contribution, in terms of authority relation in the family, she and her work were seen as subordinate' (Bradley 1986:99).

Sticher and Parpart (1990) in their study noted that when both men and women participate in domestic work, there is an internal division of labour. In the case of production, men are associated with heavy physical work and women with domestic service; and on the consumption side, women are in charge of child-rearing, food preparation and cleanliness in the home, while men are engaged in large-scale domestic purchases, building and so forth. Men's participation in consumption in this case is subordinated to that of production, while for women the opposite is the case. All these affect women, because they are restricted to less remunerative jobs. This limits their bargaining power to family savings for productive purposes. This division of labour results in an unequal distribution of resources between men and women, with women on the losing side.

Socialist feminists like Joan Kelly (1986:52) argue that a woman does not increase her bargaining power in the home by moving into a public sphere, such as the labour force. She argues that whether women move into the public domain or not, they continue to undertake all the domestic work and childcare alone.

Socialists argue that women's subordination is rooted in the home and in the separation of the public from the private sphere. They focus on the connections between the family and the organisation of both the political and economic domains, in order to understand how gender subordination has been sustained by the capitalist system. They argue that the sexual division of labour prevails because it is profitable for capital and they also argue that both capitalism and men have benefited from unpaid women's labour in the home (Mackintosh 1984). They continue to say that the household is a place for reproductive work, where women look after the children, men and the elderly. They see the household as the primary location for the control by men of women's sexuality and reproduction.

This unpaid and unrecognised labour maintains women's inferiority, because they remain dependent on men. As Joan McFarland puts it, socialists argue that 'the impact of development policies felt by women cannot be explained only, or even mainly by male attitudes' (1988:302). They call for a theoretical framework to examine the reproductive sphere, using gender and class analysis, which examines 'the changes in the division of labour in the process of capital accumulation' through 'the examination of current world economic crisis and their impact on women' (McFarland 1988:304).

O'Connell looks at a family as a place of considerable authority for women, because they manage the home and guide the children. She notes, however, that this household authority has a limited influence when it comes to relations with men. She argues that when women earn cash income, men often contribute less to the household. Accordingly, 'the strength of a woman's negotiating position is related to the level of support from her natal family, her education and income' (1994:55–56).

Rosald (1994:19) argues that traditionally men's work, whether at home or in the work place, is highly valued by the society. 'Male as opposed to female activities are always recognised as predominantly important and cultural systems give authority and value to the roles and activities of men'.

O'Connell also contends that 'gender ideologies commonly accept that men have a right to personal spending money, which they are perceived to need or deserve, and that women's income is for collective purposes' (1994:56). Women who live in such societies, whether they join the workforce or not, are unlikely to attain equality in either sphere.

A study of families with low income, which was done in Cairo in 1983–1984, found that women had financial problems with their husbands. In most of the households visited, the family income only just covered basic and immediate needs, and therefore the women's primary concern was with budgeting rather than with access to or control over household cash. Women wanted access to financial information, as this was seen to militate against excessive expenditure by husbands. The more information women got, the less strife there was in the household. There were household and family items, for example, which men refused to buy. They were more likely to buy a television set or a cassette recorder than a gas cooker. As a result, women were forced to join local savings schemes with friends and neighbours, so that they could buy small items for the house, such as clothes for the children, or even pay for children's school fees. In homes where women had incomes of their own, husbands contributed little money for food and rent. Some did not contribute anything at all. Women had to do all.

They identify women's economic and political powerlessness as part of the cause of these imbalances. They have observed this as evident in gender relations in the private and public spheres. They maintain that women lack access to resources and the skills to manage income-generating activities, even where such opportunities may exist.

In Uganda, there are contradictory views about women's economic empowerment. Whereas the NRM government encouraged women to get loans from banks, it did not create the right atmosphere for women to get those loans. In order to get a loan, one had to have an asset (like land or a house) to pledge as security. Uganda being a patriarchal society, custom and cultural practices ensure that it is men who own and control land (Kenyangi 1996). As most women do not have any asset to pledge, they find it practically impossible to get a loan without involving their husbands. As a result, men control the money women get from these projects. For a woman to obtain a loan from the bank in this way does not lead to her empowerment in any sphere of activity.

In addition to the above, Uganda men are traditionally not supposed to do any domestic work. Women alone do it, besides also participating in the most strenuous activities in agricultural production. Women are required to perform such labour-intensive tasks as planting, weeding and harvesting (Obbo 1980). Such gender-biased sexual divisions of labour dictate that women's duty schedules are heavy and tight, implying a high opportunity cost for their labour time. And yet most credit institutions follow lengthy bureaucratic procedures that are extremely time-consuming. Unequal gender relations tend to undermine women's relations with basic agricultural resources (land and labour), and impose crucial obstacles to their access to agricultural credit.

Other studies reveal that the NRM government's efforts to reduce poverty among women have created other sources of economic power for women. This has been done through various non-governmental organisations (NGOs), whose major objectives have included the raising of women's economic standards (Mukama 1995). Whether this has been achieved needs more research.

A number of scholars and researchers have written about non-governmental organisations (NGOs) from different angles. Worldwide, NGOs are reported to have been characterised by rapid, complex and often unpredictable political, institutional, demographic and economic changes. NGOs possess a number of characteristics that make them appear efficient in their work of eradicating economic gender imbalance. They appear also to be non-profit making and non-political, because of their approach as charity organisations that aim to improve the lives of the poor and particularly the lives of women by making the latter equal participants with men in economic development in both private and public spheres. These characteristics give them a comparative advantage over government and other international donors. Gradual shifts of NGO attention from relief aid to development activities have been observed. It has been argued that relief only attacks the symptoms of poverty and makes women more dependent in both the private and public spheres of activity. To attack deprivation itself involves helping the poor – especially women – to increase their capacity to meet their own needs with the resources they own and control (ACFODE 1995; Kwesiga 1994).

NAWOU (1995) points out the role played by NGOs, in partnership with the National Resistance Government of Uganda. NGOs have started to participate in formulating policy as well as putting it into practice. Irrespective of the growing reputation that NGOs in Uganda have won for themselves, their contribution to development remains limited. They have obtained some small successes, but the structures that determine the distribution of power and resources within and between societies remain largely unchanged. This has also influenced the impact the NGOs have had on the lives of the poor and particularly of poor women. This analysis is, however, very general in character, because it fails to point out how both men and women in society have benefited from NGO services. One can argue that whatever the special concern for the poor that NGOs show, the delivery of services is much the same, whatever the source. This promotes economic inequality, because of differences in gender power relations in both the private and public spheres.

The Church of Uganda Planning, Development and Rehabilitation (COU-PDR) looked at women as a disadvantaged group in Ugandan society. The mission of this organisation was to empower women economically. It tried to tackle the situation by re-addressing the status of women (ACFODE 1995:17–24). In 1991, the COU-PDR adopted a grassroots approach to development. Communities were asked to identify their needs, plan their projects and implement them by themselves, while COU-PDR gave them technical help. These projects however, did not aim to bring about gender equality in public and private spheres.

Instead they aimed at economic development, with women still occupying a low status in their societies and homes.

Akiika Embuga Women's Self-Help Association was another NGO whose aims included the development of skills among women for their economic benefit and the creation of economic activities to help their economic development. Although this association was intended to improve the economic situation of women, it did not aim to change gender relations in either the private or the public sphere. Kagimu buttresses the point:

> Members have learnt to make women's products like bed covers, thus combining an artistic outlet with an income-generating activity. This is in addition to the traditional crafts members make on their own. They are encouraged to produce high quality items. This activity helps women to spend their leisure time gainfully (1995:19).

Thus women's involvement in income-generating activities outside their homes does not aim to reduce gender inequality in the private or public domains.

Theoretical Framework

This study was conceived within the framework of socialist feminist theory. This theory developed from the critique of Marxist feminist theory, which accepts that women workers face a double daily workload, which opens with unpaid work in the private sphere, carries on with paid work in the public domain, only to end with additional unpaid and unrecognised work in the home (Tong 1989:54). Feminist Marxists believe that this inequality could end, if women were paid wages for the work they do in the home.

Socialist feminist theory goes beyond Marxist feminist theory. It argues that women's subordination is centred in patriarchy, but that neither patriarchy nor capitalism by itself can explain gender inequality. In order to explain these gender relations, one needs to understand the mechanism of patriarchal relations and the division of labour between men and women in the home and in the workplace (Tong 1989:183–184).

Methodology

This study was conducted among women living in Kireka, a semi-rural area of Kampala district, who had received loans from NGOs (the Christian Children's Fund and FINCA) or banks (the Co-operative Bank). The Co-operative Bank was chosen, as it was the only bank that gave loans to women in Kireka. The study asked why there was gender economic imbalance in both private and public spheres, even when women were engaged in income-generating activities outside their homes.

Out of a total number of 60 female respondents who had received loans from the NGOs and the bank, 20 were sampled randomly from each group. Some NGO Managers/Project Co-ordinators acted as key informants and also assisted the researcher to locate the respondents. They also provided information on the background of these projects, what they had so far achieved and their limitations. This helped the researcher to identify the selected projects aimed at the economic empowerment of women in the private and public spheres.

Data Collection

Data was obtained from both primary (personal interviews) and secondary sources (research papers, official documents etc.) that were considered relevant. The data was collected through structured and unstructured questionnaires, observation guides as well as group discussions were organised, to help bring out the different characteristics of the respondents and provide base-line information for the study.

Both quantitative and qualitative methods were used in data collection. The questionnaire included both open-ended and ended questions. Open-ended questions were used to give the respondents a chance to air their views without any constraints. The interviews were conducted in the respondents' homes and places of work by the researcher herself and by research assistants. Taping and coding were used where necessary. Personal observation was also used to get information that could not be obtained through interviews.

A systematic content analysis of all sections of the interview was made at the end of each day. This enabled the researcher to identify emerging themes from the data and also to fill in any gaps that had been identified. The answers to open-ended questions were analysed as the respondents were responding to questions. Frequencies and percentages were used to analyse the data from the ended questions.

Results and discussions

In this section, we look closely at personal characteristics, loan requirements, activities, problems faced by respondents and other recommendations. These will help us to understand whether and if so, how these factors affect gender equality in the private and public spheres.

Personal characteristics

Personal characteristics of the people usually have many indicators. For the purpose of this study, they are limited to marital status, age, educational level, occupation and the number of respondents. This was intended to bring out the information required for the study. The personal characteristics of the respondents are shown in Table 1.

Marital status

The high proportion of married women (46.7 percent) could be attributed to cultural obligations attached to marriage, or to the degree of responsibility, including financial responsibility, which married women may have. The widows

(15 percent) and the single women (38.3 percent), all with children, had to survive and meet family responsibilities. To do this, they had to turn to various economic ventures.

Table 1: Personal characteristics

Personal Indicators	N	%
Marital status		
Married	28	46.7
Single	23	38.3
Windowed	9	15.0
Age		
20-24	5	8.3
25-29	8	13.3
30-34	12	20.0
35-39	13	21.7
40-44	12	20.0
45-49	6	10.0
50-54	3	5.0
55 and above	1	1.7
Educational level		
P.7	8	13.3
Dropped out before P.7	9	15.0
Senior 4	20	33.3
Dropped out before S.4	15	25.0
Senior 5 and above	1	1.7
Adult Education	7	11.7
Occupation		
House-wife	12	20.0
Peasant	4	6.8
Teacher	6	10.0
Petty Trader	25	11.7
Other	13	21.6
No. of dependants		
1-4	16	26.7
5-8	32	53.3
9-12	11	18.3
13 and above	1	1.7

Individual reports revealed that women from polygamous marriages had to find ways of supplementing household income and also meet daily family and personal needs. Most polygamous families are very large and the husband may not manage to meet the demands of his wives and children. The World Bank country study report (1993) produced similar findings, which indicated that only rich males could afford to provide financial help to polygamous families. Most women in poor families struggle to cater for their own needs and those of their children. Women with such heavy responsibilities and demands on them may not be able to achieve economic empowerment, even when they are involved in income-generating activities. Such activities anyway often lead to heavy work. It can be concluded that household demands have forced women into income-generating activities, which increased their workload, rather than alleviate culturally foisted roles as homemakers (UNICEF 1998).

Age

The respondents were classified into eight major age groups as indicated in Table 1. From the findings, it is apparent that the women who were most involved in income-generating activities were those between the ages of 30 and 44 years. Those between 20 and 29 years and those of 45 years and over were relatively less involved. Discussions with the women showed that middle-aged women had more responsibility for family capital resources and were more exposed to opportunities for investment in income-generating activities. The younger and older women had fewer family responsibilities and financial demands on them. On the other hand, group discussions revealed that the elderly beneficiaries had the responsibility of looking after grandchildren because of the AIDS scourge. This in turn has increased their workload, even though they need someone to look after them. A sixty-year-old respondent noted that:

> In the past old people were looked after by their children and grandchildren and this would make the elderly remain strong. Now our children die and even leave us with the responsibility of looking after their offspring and yet we also need other people to take care of us. As I speak, I am looking after my four grand children who are still very young.

Level of education

The findings showed how the level of education influenced people's way of life and therefore their access to loans and their participation in income-generating activities. The level of education could also have an effect on power status, gender roles and the level of perception and ability to innovate. It could in addition facilitate training. It is important in determining the level of empowerment of a woman in the public and private spheres of activity.

Occupation

The results show that a large number of women (41.7 percent) who received loans were already involved in petty trading, while a few others were primary school teachers, who earned very little and had to find ways of supplementing their incomes to meet their family needs. According to the findings in Table 1, 20 percent were housewives and 6.7 percent peasants. Women in these two groups were economically handicapped and depended heavily on their husbands for cash. They sought loans because they wanted to be independent.

Number of dependants

The findings showed that every respondent had from one to thirteen dependants. All the respondents had to look after other people and therefore had need of loans. Group discussions indicated that in addition to their own children, some dependants are from the western and northern war zones of Uganda, while others had to look after orphans whose relatives had died of AIDS. Some of their relatives, mostly young girls, came to help women with domestic chores, without receiving any salary.

Although extended families can be useful to women up to a point in providing labour, they can also be a hindrance by creating extra expenses for women, whose income is already limited. This may force women to look for work or else to take out a loan in order to start a business, which itself adds to their workload. Kiwemba (1998) notes:

> Extended families sometimes are helpful but on the other hand they are usually an added expenses in terms of providing for their welfare such as feeding, medical, and clothing. This has an implication on women's income due to lack of enough material and financial resources.... The women have to struggle hard for their survival and the survival of their big families. The higher number of ...dependants may to a certain extent indicate the degree of childcare, workload and responsibilities for women, which may affect their levels of empowerment.

This quotation indicates that extended families not only increase women's workload but also hinder their development. Being involved in income-generating activities may not necessarily contribute to women's economic empowerment.

Property/business owned by women

Table 2 shows that a large number of respondents (50.0 percent) had been able to acquire household utensils, while 21.7 percent had acquired land, 8.3 percent owned a house, 5.0 percent had acquired sewing machines, 5.0 percent had set up shops, 3.3 percent owned weigh scales and 1.7 percent had set up clinics. In other words, the majority of women (50 percent) own small possessions that have not been legally valued. Women are likely to find it hard to acquire loans from the bank with this type of property, which are not regarded as tangible collateral by banks, which then finds it hard to lend them money (see also Clones 1992 cited in Hilhorst and Oppenoorth 1992). Of the 21.7 percent of the women who owned land, they had inherited it from their fathers without any legal title. It was only intended to help them to bring up their children. Buganda tradition allows women to own land, but its cultivation is a marital obligation, and more important, could not be used by women as a security for bank loans. The land is meant to be used specifically to provide for looking after the children, and for nothing else. Therefore, the women turn to NGOs for small loans, which hardly make much difference to their lives, let alone empower them in their homes or work places.

Secondly, the group discussions also revealed that although 8.3 percent of women owned houses, most of these houses were temporary structures. No woman had a permanent house that could be used as security for a bank loan. A thirty-year-old respondent explained:

> After being encouraged by the President of Uganda Museveni, I went to the bank to ask for loan requirements. So the bank people asked me whether I had a house that was permanent on land with a title. Although my house was on land, which had a title, what put me off was the nature of the house. The house was supposed to be permanent.

Furthermore, those women who owned shops (5 percent) and clinics (1.7 percent) operated in rented houses. Such properties cannot be used to acquire a substantial sum from financial lending institutions, nor can they create enough income to provide for household requirements.

Table 2: Property/business owned by women as a consequence of being economically empowered

Property	Number of response	%
Household utensils	30	50.0
Land	13	21.7
House	5	8.3
Sewing machine	3	5.0
Shop	3	5.0
Weigh scale	2	3.3
Clinic	1	1.7

Year of acquisition of property/business

Table 3 illustrates that 28.3 percent of the respondents had acquired property before 1986, while the rest (71.7 percent) had acquired it after the National Resistance had come into power. This fact is hardly surprising. Traditionally, property ownership and inheritance was a male domain. Women would also usually be regarded as men's property, especially after the man had paid the bride-price (Katahweire 1989; Habomugisha 1997). Although Kateregga-Kibuuka (1997), however, notes that women do owned land, in Buganda for example, traditionally they could make only limited use of it to achieve economic empowerment.

Table 3: The year of acquisition of property/business

Period	Number	%
Pre-1986	17	28.3
1986-1990	11	18.3
1991-1995	16	26.7
1996-Present	16	26.7

Bank account

The findings in Table 4 reflect that the majority of the respondents did not have money to keep in the bank (58.3%), because of the small size of the loans they obtained, especially from NGOs, as is indicated in Table 5. Group discussions revealed that the little money they make from their businesses is spent at once. There is no need to keep it in the bank. One of the respondents said: 'I was given 50,000 UShs to start a small business. Since I did not have any other source of income, I used the money to buy food and other necessities in the home and the little that remained was put back in my business.'

Table 4: Places where respondents keep money

Variables	Responses	Number	%
On bank account	No	35	58.3
	Yes	25	46.7
Who made you open	Myself	10	16.7
a bank account?	Financial institutions	6	10.0
	Group ownership	3	5.0
	Late brother	3	5.0
	Ministry of Education	1	1.7
	My brother-in-law	1	1.7
	My sister	1	1.7
Variables	Responses	Number	%
If you don't have a	House	25	41.7
bank account where	Invest in business	6	10.0
do you keep the money?	Served groups	2	3.3

The finding that 16.7 percent of the women had opened a bank account on their own shows that some women were aware of the danger of keeping money at home. Focus group discussions revealed that when women kept money at home, they spent it on small items, but were more likely to save it when in a group. Some respondents were forced by institutions to open bank accounts. This was one of the pre-requisites of obtaining a loan. Relatives also played a big role in encouraging women to open a bank account. Some women however, did keep their money in the house. Focus group discussions revealed that these women kept the money in a place unknown to their husbands, so that the latter did not know how much they had. Even this may be dangerous for the women, especially when their husbands know that they have sold some things. One respondent lamented that: 'One time my husband after seeing me selling the local beer, asked me to give him some money and when I refused he threatened to beat me and I gave him the money'. For women to keep money at home may cause family problems and sour relationships between wife and husband, instead of empowering women.

Banks and NGOs where women obtained loans and how much

Tables 5 shows that women (75 percent) obtained loans from the NGOs to be found in this area (Kireka Christian Child Fund and FINCA) or from the Co-operative Bank (25 percent), which is the only banking institution in Uganda to give such loans. It was realised that these institutions give loans that are too small to make a big change to the women's income and way of life. The majority of respondents (56.6 percent) received 50,000 shillings or less, 27.7 percent between 50,001 and 100,001, 10% from 200,001 to 300,000, and 5 percent from 300,001 or more. Large sums are not available because the women cannot provide the security demanded by other banking institutions. The only respondent who revealed she had got over one million shillings had problems with her husband, who had allowed her to use his house as security. Hence, the importance of NGOs for loans because women can cope with their more flexible and less complicated rules (see also Hurley 1990).

Table 5: Lending institutions and the amount of money given

	Number	%
Institution		
Kireka Christian Child Fund (NGO)	23	38.3
FINCA (NGO)	22	36.7
Co-operative Bank	15	25.0
Rate of loans		
50,000 and below	34	56.6
50,001 and 100,000	13	27.7
100,001 and 2000,000	6	10.0
200,001 and 300,000	4	5.7
300,001 and above	3	5.0

Guarantee/Requirements to loan eligibility

Respondents were asked about the requirements and guarantees demanded for a loan. All said that they were required fulfil some obligations before getting the loan. Those obtaining loans from NGOs were required to attend a training course in business skills, to form a group, to sign the agreement, to commit 10,000 USh as a deposit, to accept the re-payment terms, to provide a letter from the local council, and to submit a project proposal.

Out of 60 respondents, 15 (25 percent) said that they also had to open a bank account and have their personal property valued. It was noted that this group was the one that obtained a loan from the bank. Analysis of the above data reveals that the majority of the women (75 percent) did not opt to get a loan from the bank, because of these two extra conditions (opening a bank account and having their personal property valued), which they could not easily meet.

The findings show that all those respondents (75 percent) who obtained loans from NGOs were required to form a group of five people as a condition of obtaining the loan. Although this requirement was imposed for security reasons, it could present dangers to the other group members. All the respondents confirmed this during the focus group discussion. They revealed that a woman who was given 100,000Ush failed to repay the debt, and the NGO concerned then forced the other members of her group to repay the money. One respondent from this group said, 'We suffered with this woman'. Although women can get the loan, they sometimes run into problems from being in a group. In this affair, one respondent said, 'If we were not put in a group, this NGO would not have got the money back'. This confirms how the lending institutions can only lend money safely, by making the formation of a group a prerequisite for obtaining a loan.

Group discussions also revealed that some women had problems over paying a commitment fund deposit of 10,000 USh. One respondent narrated her experience:

> In order to get the loan of 300,000Ush I was told that I should have put a deposit of 10,000 USh. I did not have the money so I went to my friend who gave me the money. When she saw that I had began a business she continuously asked me her money, which I did not have at that time. One day she even reported me to my husband. Luckily enough my husband was very understanding. He borrowed money from his friend and gave it to me to pay

Projects started by women out of loans

The respondents were asked to describe the projects they started with their loans from the NGOs and the bank. The answers are presented in Table 6. Women run retail shops (16.7 percent) and the same proportion sell soft drinks and beer (16.7 percent), sell foodstuffs (13.3 percent), and the same proportion engage in stone quarrying (13.3 percent). Ten percent sell charcoal and 10 percent sell second hand clothes. About 6.7 percent have piggery projects; 5.0% are involved in handicraft making, and 3.3% are each involved in petty trade, selling drugs and in tailoring. All the respondents said that they started their businesses because of their loans.

Table 6: Projects started by women out of loans

Project	Number	%
Retail shop	10	16.7
Selling soft drinks and beers	10	16.7
Selling food stuffs	8	13.3
Stone quarrying	8	13.3
Selling charcoal	6	10.0
Selling second-hand clothes	6	10.0
Piggery	4	6.7
Handcraft making	3	5.0
Petty trade	2	3.3
Drug shop	2	3.3
Tailoring	2	3.3
Brick making	2	3.3
Constructed rooms for renting	1	1.7
Poultry keeping	1	1.7
Zero grazing (cattle)	1	1.7
Clinic	1	1.7
Eating joint	1	1.7

Choice and assistance in activities

The respondents were asked whether their business activities were ones they chose themselves, whether they had someone to help them with garden and housework, whether their husbands helped them to carry out their projects, and if they are not helped, how they coped with their daily activities. Their replies are given in Table 7.

Table 7 shows that the majority of the respondents (96.7 percent) chose their own activities, and only 3.3 percent undertook activities that were not of their own choice. The majority of the respondents had no one to assist them in housework and gardening (63.3 percent and 68.3 percent of the relevant answers), while only 36.7 percent received help with housework and 31.7 percent with project work. About 43.3 percent of the respondents said their husbands did not help them with their projects, and only 15 percent said their husbands gave such help. On the question of how the respondents coped with their other daily activities, 43.3 percent said that they programmed their activities well, and 11.7 percent said that their children, friends and workers helped them.

Table 7: Choice and assistance in activities

Choice	Response	Number	%
Activities own choice	Yes	58	96.7
	No	2	3.3
Help with housework	Yes	22	36.7
	No	38	63.3
Help with project work	Yes	19	31.7
	No	41	68.3
Does husband help	Yes	9	15.0
with project work?	No	26	43.3
If no one helps you,	* Plan my activities well	26	43.3
how do you cope	* My children help	7	11.7
with your daily activities?	* My brothers and sisters help	1	1.7
	* Friends	1	1.7
	* Workers	1.7	1.7

The findings in Table 7 reveal that 96.7 percent of the women had chosen the business they wanted, while only 3.3 percent began activities that were not of their choice. This freedom of choice is a sign of women's empowerment. But women remained over-burdened with domestic chores and gardening work. This was confirmed by the 63.3 percent of the respondents, who said that they had no other people to assist them with housework, and by the 68.3 percent, who said that they had no one to help them with their other activities outside their businesses. Carrying on a business may, therefore, impose an additional burden on women. Habomugisha (1997) found similar results. In her study about functional literacy-programmes in Mbarara, she found that when women went to functional literacy classes, they did not leave anyone at home to do domestic work. They had to do their housework when they came back from their classes. They still had to get up just as early, in order to resume their daily activities. Work outside the home without anyone to assist them in other activities may endanger women's health.

In response to the question about how do you cope with your daily activities, without anyone to help you, many respondents (43.3 percent) said that they programme their activities well, 11.7 percent put the burden onto their children, especially girls, and 1.7 percent said they had relatives and friends to assist them. Only 1.7 percent had workers to help them. As already mentioned in the first pages of this chapter, the fact that women have many dependants may hinder their development, since they spend too much money on them. In group discussions, it was noted that in addition to participating in their businesses, women also had to cater for their husbands' needs. As H.M. K. Tadria comments, in Uganda, not only are women 'embedded in the household subsistence economy with primary responsibilities for tasks also associated with food production and preparation, and for household and health maintenance ...[it is also] considered as a sign of negligence for a woman to serve her husband such a meal without sauce' (1987). Domestic chores combined with cultural obligations might hinder women from participating fully in their businesses. In turn, this might hinder their empowerment, not only in the private sphere but in the public domain as well.

Hours women spent on project work

The responses shown in this Table 8 show that 20 percent of women spend 1–4 hours on project work, 33.3 percent, 5–8 hours; 30 percent, 9–12 hours; and 16.7 percent, 13 hours and above. These findings tell us clearly that women spend many hours doing project work, and yet 48.3 percent of them have other work to do, as shown in Table 9. The study by Victoria Mwaka, Mary Mugyenyi and G. Banyas (1993) on women's involvement in activities outside their home produced similar results. They found that women worked between 15 and 18 hours per day. They argued that income-generating activities or any other business meant an extra burden for a woman, which might put an undue strain on her health.

Women's involvement in businesses outside their homes sours relationships with their family members, women may find it difficult to be fully empowered economically. 'Empowerment in relation to economic resources is also enhanced if women's power within the household increases' (Eerdewijk 1998:34).

Problems encountered as a result of being in the project

Table 8 shows that some expectations of high profits were not fulfilled. Twenty-seven percent reported that their profits were too low for their loan to have made any difference to their businesses. The researcher was able to observe that one woman's shop was small and not well stocked. This may have been due to the small amount of money obtained from the financial institutions. One woman complained in group discussions that too little money had hindered her progress.

It was also noted that 13.3 percent had no market for their products. Women that sell 'matooke' (bananas), for example, lose money due to delays in locating customers in time, because their bananas ripen before being sold. Another woman complained of her tomatoes perishing because there was no one to buy them.

Table 8: Problems encountered

Problems encountered	Number	%
Low profit	16	26.7
No markets	8	13.3
Heavy work load	7	11.7
No competition due to little capital	6	10.0
Rent and taxation to high	2	3.3
Lack of independence	1	1.7
Thieves	1	1.7
Risks	1	1.7
Ill-health	1	1.7

Another problem identified was a heavy workload. Women found it very tiring to be involved in businesses without anyone to help them with domestic chores. A busy schedule prevents them from participating in income-generating activities, which becomes an extra burden. A 40-year-old respondent recounts of her experience:

> I wake up very early in the morning I prepare breakfast, serve it and prepare the children for school. Since my children are still young I accompany them to school. When I come back home I start sweeping the house, washing the dishes and peeling the 'matooke' for lunch. Then I go for my business. At mid-day, I move to school to collect the children and prepare lunch for them. After lunch I go back to do my business. At around 5.00 p.m., I close the business and go home and embark on my domestic work. I sleep at around 11.00 p.m. when I am very tired.

Ten percent of the women said that they had too little capital to compete with other people in the same business. About 3.3 percent said that they were charged very high rent, in relation to the commodities they were selling. Some women (1.7 percent said that they were not independent from their husbands and this affected their businesses. Other respondents (1.7 percent) complained of ill health while doing their business. A woman who sold stone quarrying expressed fear of getting tuberculosis because of too much dust.

The biggest threat, although not a common one, was of thieves. One group discussion revealed that one woman who sold beer and sodas found her two refrigerators had been stolen when she went to work the next day. This was a very big blow and she said that she was forced to borrow money in order to buy a new refrigerator to keep her business going. She spent the next eight months of her business paying back this debt. This experience seriously affected her business.

Advice to women beneficiaries

Various recommendations that women beneficiaries would give to their fellow female borrowers do vary. The women made it clear that these recommendations resulted from the problems encountered in carrying out their businesses. Forty-five percent of the respondents emphasised the need to work hard. A woman engaged in the beer trade said, 'If I was not hard-working, my business would have collapsed'.

Table 9: Respondents' advice to fellow women borrowers

Advice given	Number	%
Hard-work	27	45.0
Keep proper records	15	25.0
Commitment to loan repayment	12	20.0
Don't give credits to consumers	6	10.0
Don't default on the loan	5	8.3
Choose business wisely	4	6.7
Don't work with other women	4	6.7
Don't involve husband in project/business	2	3.3

Other recommendations included the keeping of proper records. Respondents found this important, because it helped them to know how much money was invested in the business and whether they were making any profits or were incurring losses. One respondent narrates her story:

> When I began my business, I never used to keep records of accounts and sometimes I would get some items from the shop like salt, sugar, soap and use it in the home. Many times, I would forget that I used these items for home use and instead I would think that someone came and stole them from the shop. But when I started keeping records of my things this problem was solved.

Twenty percent of the replies recommended borrowers to make sure that they paid back their loans. One woman, whose requirements for getting a loan included the forming of a group, said that this was bothersome to other members of the group, especially if some did not repay the loan. Another respondent said that 'If the borrowers do not repay their loans, then these NGOs will stop giving women money and many women will suffer because of the bad deeds of others'. This response suggests that although group formation as a prerequisite for getting a loan is a sound principle, it increases tension among members of the group.

Another recommendation from 10 percent of the respondents was not to give credit to consumers. Focus group discussions revealed that if consumers asked for credit and did not pay the money, the business would eventually collapse. About 8.3 percent of respondents recommended women to avoid problems by having independent businesses. One respondent a 'matooke' seller gave laments on first days in business:

> When I got my first loan, my two friends and I decided to go to Mbarara to collect 'matooke'. We hired a lorry and went. One of us had relatives in that place. So she collaborated with them and they sold us the 'matooke' at a very high price and shared the difference behind our backs. We discovered that when we went back to collect the 'matooke' when she was not there because she was sick. When I learnt about that I decided to have my own independent business.

Her experience in the business may have influenced the 6.7 percent, who recommended against working in business with fellow women. Nearly 6.7 percent of respondents advised fellow borrowers to choose their business wisely. Focus discussions revealed that some women begin businesses simply because they see other people doing it, even when they don't themselves have the skills for that particular business. This makes many people frustrated.

Another recommendation given by a few respondents (3.3. percent) was not to involve husbands in the business. Group discussions revealed that when men participated in a business, they generally wanted to control the cash. Men wanted to know how the women spent the money and how much of it was left. In other words, she did not have the freedom to do what she wanted with her capital.

The responses indicate that women are now aware of how useful it is to have one's own money. They have come to understand that control over your money means that you control power as well.

Summary, conclusions and recommendations

The findings from the study indicate that the recipients of credit would like to see their felt needs and problems. Some conclusions and recommendations have been drawn from the study, to address these problems. The study focused on the economic empowerment of women. It aimed to find out whether women's involvement in income-generating activities outside their homes would bring them economic empowerment in private and public spheres of activity.

We began the study by looking at the personal characteristics of the respondents. Most respondents were from low-income homes and were married with a number of dependants. They were all mature women, between twenty and sixty, who were able to carry out businesses on their own.

All the women knew how to read and write, but only one had a university degree. The majority of women who obtained loans were already involved in petty trading. Getting a loan was, therefore, an added advantage for their existing businesses.

Most of the respondents owned property that had no legal value. Those who owned valued property with a legal value, such as land, did not have a legal title to it and could not use it to obtain a loan from the bank. Cultural ties also hindered women from using the land as a security for a loan. While collateral was a pre-requisite for a loan from the bank, most women obtained loans from the NGOs. The requirements laid down by the NGOs for granting a loan included the formation of a group, training and getting letters from a local council. Many women were able to fulfil these requirements and obtain loans easily.

Over fifty percent of the women did not have bank accounts, but surprisingly, those who did have them had opened them on their own. Some women were forced to open bank accounts by the lending institutions or in a few cases, by their relatives.

The NGOs lent small sums to women, compared to the bank. The NGOs were giving women from 50,000Ush to 200,000Ush. Most of the women who borrowed from the bank received from 300,000Ush to over one million shillings. Most of the women got fairly modest sums from the three lending institutions.

Most of the women invested their loans in small businesses of their own choice. Most received little help with house and garden work while doing their businesses. Most women had no one to assist them and combined businesses and housework by following a tight schedule. Women spent from 1 to 13 hours a day in their businesses. Although women also spent many hours on outside activities, very few had paid workers to help them.

The majority of the respondents managed the projects themselves, sometimes with the assistance of their children. They thus had full control over their businesses. Most women also marketed their own products. This gave them the power to decide what to do with the money they received.

Over 80 percent of the respondents said their income had increased. They made use of it in different ways, according to their immediate needs and those of their family members.

Ninety percent of the respondents felt that they had benefited from their loans. They used them to pay fees for their children and house rent. Some bought basic needs for their families, including food, others paid hospital bills and a few put up small houses.

The majority of the respondents (85 percent) reported that their roles and status had not changed as a result of their working and contributing to their family incomes. Most women still did a double day's work. They operated their businesses and still did all their domestic chores.

Most of the married women (85.7 percent) said their relationships with their husbands had not been affected by their undertaking income-generating activities, although a few of the others reported being more loved and trusted by their husbands than before and one felt more independent. However, a few respondents reported some misunderstandings with their husbands.

It is very encouraging to note that a very large majority of women manage (83.3 percent) and market (86.7 percent) their own products and also control the cash.

Furthermore, men were not involved in management and marketing. Focus group discussions, however, did reveal that one woman invested her money in her husband's shop. The man controlled the money and he was sole signatory. This particular woman is likely to remain economically retarded even after receiving a loan.

Conclusion

It can be concluded from the findings of this study that over 95 percent of the respondents were not advanced sufficient money to embark on a big business. The little money obtained was used to solve their immediate problems, leaving very little over for their businesses.

The requirements laid down by the NGOs for training, getting letters from the local council, signing agreements, accepting repayment terms, presenting project proposals, making a commitment to fund a deposit and forming a group to receive a loan were found to be suitable principles on which to base the obtaining and the repayment of loans. The requirements of the bank for the opening of a bank account and for collateral as security for a loan were major hindrances in the way of women's access to substantial loans.

Traditional customs have also prevented women from getting loans. Women who inherit land from their fathers cannot use it as security for a loan. Traditionally women are only allowed to cultivate such inherited land and use the food produced on it to feed their children.

The patriarchal relations that exist in Uganda have provided another major hindrance to women's economic empowerment. Although Museveni has encouraged women to get loans from banks and other lending institutions, he has not provided a conducive atmosphere for women to do so. The study also reveals that the loans obtained have not done much to change the workload of women. They have rather increased it. Most women respondents spend from five to thirteen hours a day engaged in their business work and still have to do all their domestic chores. As Kelly (1986) notes, whether women go out to work or not, they still do domestic work. The double day's work of women limits not only their participation in their businesses but also their economic empowerment.

Even though access to loans has made some positive contribution to women's income, this has been too little to empower them, either in the private sphere or in the public domain. Most women manage and market their own products. They also control their money. However, in most cases women use the money to buy survival needs, such as food, soap, salt, sugar and the like. Women have not been enabled to invest in substantial activity that could help them improve their situations and those of their families in the future. In other words, the loans received have helped women to better their situation in the home as mothers and housewives and have provided them with some opportunities to earn a small income.

Recommendations

There is need to carry out a comparative study on the experiences of men who get loans from lending institutions. This should include how much money men get, what projects they undertake and the attitudes of their wives towards the whole exercise. Furthermore, a similar study in other districts of Uganda can be useful to compare the results. Again the experiences of lending institutions with women borrowers may improve our understanding of the challenges to economic empowerment of women. Other recommendations include the following:

• Loan packages should be big enough to enable women to undertake big businesses. This would help to provide a large working capital for the women and thus yield more income. If more income is generated, there are increased chances of women being economically empowered, not only in their homes but in their societies as well.

• Banks should find simpler ways of helping women to obtain loans. Making collateral a prerequisite limits a woman's capacity to obtain a loan, as women do not possess property that is valued in law. Asking a woman for collateral means asking her to transfer the loan indirectly to her husband.

• The current government should try to challenge some traditional rules and regulations that segregate people according to gender. A law should be passed to allow women to acquire and use land for their own benefit. This would enable women to use land to obtain substantial loans from banks.

• All lending institutions should always educate women beneficiaries in how to make simple cash flow statements, and in project management, marketing skills, project costing and the like.

• Lending institutions, especially the banks, should monitor what their beneficiaries such as the NGOs are doing. They should monitor beneficiaries to find out the problems they face and give them advice as necessary. Women beneficiaries should meet at least once every two months, to discuss the problems and successes of their businesses. They would get to know each other, get advice from each other and see how they can solve problems that hinder their businesses.

• Men whose wives are beneficiaries should also attend training courses together with their wives. Education of the group should aim at women's economic empowerment. Men should also be made aware of the usefulness of such loans to their families. Such topics as division of labour in the home should be emphasised.

Acknowledgements

Thanks for help in completing this work are due to so many institutions and people. CODESRIA for the research grant, and its members of staff, particularly Hakim Ben Hammouda, for their support. Penda MBow, the Workshop Director. To Moses Musimire, Julius Musigire and Grace Atuhaire; Martha Muhwezi Lunyolo for sparing her time to read through my work. To CCF staff, thank you very much for being my research assistants. And to my husband, Leuben Njinya-Mujinya, for his moral and financial support.

References

ACFODE, 1995, 'COU-PDR Church of Uganda Planning, Development and Rehabilitation' Visible at Last: *NGO Contribution to Women's Recognition in Uganda*, Kampala: ACFODE House Bukoto, pp. 17–24.

Ahikire, J., 1994, 'Women, Public Politics and Organisation Potentialities of Affirmative Action in Uganda' in *Economic and Political Weekly*, XXXIX (44). pp. 78–83.

Barton, T. and Wamai, G., 1994, *Equity Vulnerability: A Situation Analysis of Women, Adolescents and Children in Uganda*, Kampala, UNICEF.

Boserup Ester, 1970, *Women's Role in Economic Development*, London: George Allen and Unwin Ltd.

Boserup, E., 1970, *Women's Role in Economic Development*, London: George Allen and Unwin Limited.

Boyd, R., 1994, 'Empowerment of Women in Contemporary Uganda: Real or Symbolic?' in H. Dagenais and O. Piche eds., *Women, Feminism and Development*. Montreal and Kingston: McGill-Queen J., 1994, pp. 305–326.

Bradley, H., 1989, *Men's Work: A Sociological History of the Sexual Division of Labour in Employment*, Oxford: Policy Press.

Brydon, L. and Chants, S., 1989, *Women in the Third World: Gender Issues in Rural and Urban Areas*, London and New Jersey, Zed Books Ltd.

Hilhorst, T., and Oppenoorth, H., 1992, *Financing women's Enterprises, Beyond Barriers and Bias*, Royal Tropical Institute Amsterdam.

Hamilton, R., 1993, 'Feminist Theories' is *Left History* 1 (1), pp. 8–33.

Hurley, D., 1990, *Income Generation Schemes for the Urban Poor, Development Guidelines*, No. 4, British Library cataloguing in Publication data.

Kagimu Janet, J., 1995, 'Akiika Embuga Women's Self-help Association' in *ACFODE, Visible at Last: NGO Contribution to Women's Recognition in Uganda*, Kampala, ACFODE House, pp. 17–24.

Katahweire, E., 1989, 'The Position of Women in Kinyankore Culture, with Particular Reference to the Church of Uganda in Ankole'. In L. Njinya-Mujinya ed., *The African Mind: A Journal of Religion and Philosophy in Africa*, 1(1), pp. 119–226.

Kelly Joan, 1986, *Women, History and Theory*, Chicago: The University of Chicago Press.

Kenyangi, G., 1996, 'Constraints to Women's Access to Agricultural Credit: The Case of Uganda Commercial Bank Rural Farmers' Scheme', Kampala. pp. 1–12. (Unpublished).

Kiwemba Muwanika, H., 1998, *Empowerment of Women through Credit Facilities: A case of FINCA in Jinja District*, A dissertation submitted in partial fulfilment of the requirements for the award of the degree of Masters of Arts (Women Studies).

Kwesiga, J. C., 1994, 'The Women's Movement in Uganda: An Analysis of present and future prospects' (Unpublished).

Lwanga, Ntale, 1996, 'A Study of Poverty in Selected Districts of Uganda', Kampala.

Mackintosh, M., 1965, 'Gender and Economics: Sexual Division of Labour and the subordination of women.' In K. Young, C. Wolkowitz and R. McCullagh eds., *Of Marriage and the Market: Women's Subordination Internationally and Its lessons*, London: Routledge and Kegan Paul, 1965.

Mackintosh, M., 1984, 'Gender and Economics: Sexual Division of Labour and the Subordination of Women'. In K. Young, C. Wolkowitz and R. McCullagh eds., *Of Marriage and the Market: Women's Subordination Internationally and its Lessons*. London. Routledge and Kegan Paul, pp. 3–17. Makerere University, Kampala. (unpublished).

McFarland, J., 1984, 'The Construction of Women and Development.' In *the Canadian Review of Sociology and Anthropology*, 25(2).

Moser, Caroline O.N., 1989, 'Gender planning in the Third World: meeting practical and strategic gender in needs, In *World Development*, 17 (11), pp. 1799-1825.

Nakanyike, B.M., 1992, 'Colonial and Missionary Education: Women and Domesticity in Uganda, 1900-1945', In K.T. Hansen ed., *African Encounters with Domesticity*, New Jersey: Rutgers University Press, pp. 172-194.

NAWOU, 1995, 'Women's Landmarks in the Democratisation Process in Uganda,' Kampala, Friedrich Ebert Stiftung Foundation.

O'Connell, H., 1994, *Women and the Family*, London and New Jersey, Zed Books Ltd.

Obbo Christine, 1981, *African Women: Their Struggle for Economic Independence*, London: Zed Press.

Rosaldo, M., 1994, 'Women, Culture and Society: A Theoretical Overview'. In Rosaldo, M. and Lamphere, L. eds., *Women, Culture and Society*, Stanford University Press.

Rutabajjuka, S.P., 1994, '*Unfree Labour and Regulation: An Essay in the History of Uganda Working Class*', M.A. Dissertation, Queen's University, Kingston, Canada.

Stichter, Sharon and Parpart Jane, L., 1990, *Women, Employment and the Family in the International Division of Labour*, London.

Tong Rosemarie, 1989, *Feminist Thought: A Comprehensive Introduction*, Boulder & San Francisco, Western Press.

World Bank, 1993, *Uganda Growing out of Poverty*, Washington DC.: World Bank.

5

Du visible à l'invisible. Femmes en question au Mali: tradition, évolution ou répétition?

Naffet Keïta

L'étude qui suit se propose de cerner, fut-ce de façon approximative, les contours de l'imaginaire et les cadres cognitifs dans lesquels se déployèrent les femmes à travers l'histoire mythico-légendaire propre à un groupe de populations (Bambara-Malinké) du Mali. Elle examine les principales représentations de la femme au fil de l'histoire ou encore les différentes formes de présence et d'appréciation de la féminité et les formes de conscience dont les femmes ont fait montre, telles qu'elles sont conçues par les Bambara-Malinké et les caractérisations qui leur sont attachées.

De même qu'en Occident, la femme africaine en général et celle Bambara-Malinké en particulier a initié le procès de sa propre prise en charge.

En effet, cette soudaine résurgence de mise en perspective de la condition féminine ne laisse pas indifférente, elle s'attire soit la sympathie de ceux ou celles qui y voient l'effort de l'autre moitié de l'humanité pour préserver sa différence et exiger qu'elle soit désormais prise en compte sur tous les plans, soit les foudres des partisans de la tradition qui l'identifient à la convulsion des écervelés refusant de respecter ou d'admettre l'ordre divin. Ces partis pris, plus ou moins avoués, expliquent le caractère trop souvent passionnel et partial des politiques (de développement) ou le témoignage orienté des acteurs et actrices de la vie sociale, politique et économique.

La femme a été écartée des centres d'intérêts, des processus de prises de décisions ou de partage presque partout et depuis toujours, sans qu'il y ait une compréhension claire du bien fondé éthique ou religieux d'un tel ostracisme par les différents régimes du judéo-christianisme, de l'islam, des religions du terroir, du capitalisme, du droit, du patriarcat, etc. Ces régimes, qui s'entremêlent dans l'esprit des différentes cultures et civilisations, ne distinguent ni la portée stricte-ment religieuse ni la part rigoureusement phallocratique de l'homme.

Le pendant masculin a confondu sacré et profane pour faire un tir groupé sur la femme comme sous un complot universel qui se réalise et se vit quotidien-nement, journellement, tout en se défendant d'en être un. D'où la nécessité ou l'exigence d'une réflexion sur ce que peut être aujourd'hui une rebuffade histo-rique de la femme, et les promesses anthropologiques qui doivent en être le prolongement.

Le préalable serait de situer les représentations du corps de la personne chez ces populations. Cela permettra, d'une part, de suivre à la trace les idéologies attenantes et, d'autre part, d'entrevoir les fondements et les lieux de légitima-tions de la domination sexuelle et leurs effets sociaux ; ensuite, il sera procédé à l'identification des rapports sociaux réels existants et expliquer la soumission des femmes par l'idéologie de l'inégalité des sexes, aux plans économique et politi-que. Une telle approche permettra le repérage des figures et représentations les plus visibles de la femme; figures et représentations qui informent les concep-tions générales de cette société, qu'elles soient fictives, imaginaires ou réelles. Enfin, il sera question des nouveaux statuts féminins ou les formes de cons-cience dans le processus historique. Mais avant cela, quelles sont les orientations théoriques et méthodologiques de la présente étude?

Considérations théoriques et méthodologiques

Les différents rôles (social, politique et économique) des femmes traduisent les différentes manières de présence. Les différentes manières de présence ren-voient aux images qui définissent le comportement et les rôles de la femme dans la vie en société et les possibilités d'accès des femmes au pouvoir ou à l'exercice du pouvoir.

Dans la société Bambara-Malinké, ces deux volets sont pour une grande part déterminés par l'extraction de l'individu qui est fonction de la filiation, le régime matrimonial et les différentes formes d'accès aux moyens de production[1] (Pala et Ly 1979:12). Ce qui fait considérer les différentes manières de présence des femmes comme une représentation idéologique ou une rationalisation des as-pects de la production ci-dessus indiqués.

Ces différents éléments ont pour fondement la tradition ou c'est à elle que l'on se réfère le plus souvent pour justifier ou asseoir la condition d'invisibilité de la femme.

Par tradition, il faut entendre un stock d'objets symboliques (langue, mythe, etc.) dans lequel les êtres humains puisent et qui perdurent au-delà de la mort ou de l'oubli de ceux qui les ont employés. Cette tradition n'a pas de commencement.

Elle permet une stabilité des représentations et du comportement social, mais surtout elle est par essence changeante, donc vecteur de modernité.

Aujourd'hui, elle paraît faible. Cette tradition ne semble plus faire l'objet d'unanimité. Contestée, elle permet aussi d'évoquer les problèmes graves dont la solution est incertaine, aussi doit-elle être constamment réaffirmée?

Les grandes figures de femmes sont au cœur de cette tradition, produite par elles; y puisant leurs messages, elles en réaffirment l'autorité en la complétant, c'est-à-dire en la modifiant: il y a nécessité, dans la reprise continuelle que constitue la tradition, d'introduire des ajouts, des changements qui veulent assurer la permanence de la révélation, sa véritable conservation. L'imaginaire participe à la création de la tradition, face à la force des événements, de la nature, que l'on craint et que l'on espère, l'imagination est-elle autre chose que la capacité symbolique de l'homme sans cesse aiguillonnée par l'insatisfaction de ce qu'il dit et redit?

En effet, pour bon nombre d'auteurs, la crise des valeurs se traduit par la contradiction entre l'ouvert (modernité) et le fermé (tradition, celle renvoyant aux ancêtres). Diagne et Ossebi (1996) repèrent ces deux niveaux et les analysent à partir du discours convenu sur la culture,[2] et montrent les limites des discours construits sur le face-à-face tradition/valeurs étrangères. Leur analyse confirme que:

> L'aspect incantatoire du rappel des valeurs traditionnelles qui émaille ici bon nombre de discours officiels est le signe qu'elles sont en question. Par-là même le discours qui les porte semble souvent avoir l'inefficacité d'un moralisme pur et simple (Diop 1992:34).

Dans la perspective d'une évaluation des traditions, n'oublions pas la prégnance du regard anthropologique dont certains intellectuels maliens sont si friands, quand il s'agit de parler de leur réalité socioculturelle. Cette lecture anthropologique procède beaucoup plus d'une récréation culturelle. Diagne (1992:280-281) caractérise cette archéologie en ces termes:

> ... Cette ethnologique comme on pourrait l'appeler qui conduit à se donner trop vite et trop massivement une tradition que l'on opposera ensuite à ce qui ne peut venir que d'ailleurs. C'est ainsi qu'à la notion d'ethnologique d' «essence», d' «âme» des sociétés traditionnelles on substituera son avatar qui est l'idée d'un «fond» traditionnel que l'on suppose seul porteur de l'authenticité des cultures.

À l'encontre d'un tel discours, qui soutient une sédimentation, une chronique des valeurs étrangères sur un fond culturel des populations maliennes, il serait intéressant d'alléguer une véritable histoire des évaluations et des réévaluations où ces populations ont reconstitué chaque fois leurs équilibres menacés (Diagne 1992:281). Donc la présente étude tourne le dos à l'impressionnisme culturel pour essayer de saisir les mécanismes dans leur profondeur historique et déboucher sur une certaine prospective qui tienne compte des nouveaux statuts féminins et de la revalorisation de la personne dans son individualité. En effet, l'organisation des institutions sociales, culturelles ou politiques soutiennent et rationalisent les modes d'accès aux moyens de production et définissent les manières de présence de l'individu dans la société.

La démarche adoptée dans l'analyse des manières de présence de l'individu dans la société, s'inscrit en parallèle dans celle qui a été inaugurée par Lévy-Bruhl (1953) et Durkheim (1967, 1953) et que Boubacar Ly (1997) a appliquée au Sénégal. En effet, pour ce dernier, l'anthropologie culturelle a élargi le champ d'études des valeurs:

> Elle a, dit-il, abouti à autoriser un certain nombre de conclusions relatives à la connaissance d'une culture et de ses valeurs, en particulier, l'idée qu'une culture est informée par des normes et des modèles, (...). Dans toute société, il existe des comportements réguliers répondant à des normes et à des modèles ayant pour fondement des valeurs, c'est-à-dire des manières d'être ou de faire reconnues comme idéales et recherchées en tant que telles (Ly 1997:23).

La démarche fonctionnaliste de Merton servira de base à l'analyse des mythes. Cela permettra de coller au plus près dans l'analyse des pratiques pour déceler les conséquences non voulues, mais aussi celles voulues.

Étudier la fonction de ces manières de présence et d'être des femmes, c'est étudier sa contribution dans l'organisation des activités de la société: comment, au fil de l'histoire, des normes et des modèles de comportement ou de manière d'être ont astreint les femmes dans une situation telle qu'aujourd'hui elles puissent demander une attention, une réparation d'un point de vue statutaire?

Si l'approche anthropologique du genre permet des analyses holistiques et interdisciplinaires qui caractérisent les études culturelles, la préoccupation est d'intégrer une démarche de déconstruction de l'histoire de l'entre-deux. Cette déconstruction, en lieu et place d'une valorisation identitaire sur la femme ou d'un discours militant, procède d'une réhabilitation historique à travers une lecture qui met l'humain au centre.

La méthodologie sera sous-tendue par l'utilisation de la compréhension et l'interprétation. S'agissant de ces deux démarches, Torodov (1978:20) remarque:

> Comprendre les mots d'un autre homme, vivant ou mort, peut vouloir dire deux choses différentes, que pour l'instant nous appellerons interprétation et explication. Par interprétation, nous voulons désigner la tentative d'affirmer ce que le locuteur a dit et la façon dont il a compris ce qu'il a dit, qu'il ait exprimé ou non cette compréhension même explicite. Par explication, nous voulons désigner la tentative d'affirmer les implications de ses assertions, dont il ne se rendait pas compte lui-même. En conséquence établir qu'un énoncé est ironique ou mensonger appartient à l'interprétation de l'énoncé, alors qu'établir qu'un énoncé est fondé sur une erreur où est l'expression inconsciente d'un désir, d'un intérêt, d'un préjugé ou d'une situation historique, appartient à son explication. Cette

dernière lecture ressemble fort à ce que Louis Althusser allait appeler plus tard «lecture symptomale».

Si l'analyse s'inscrit dans l'histoire, la méthodologie consiste à observer le quotidien des gens et surtout à analyser le discours des hommes et des femmes. Discours qui, d'une part, est sous-tendu par les mythes, légendes, contes, devinettes et proverbes et, d'autre part, révèle le changement des rapports de force au sein de maints couples, sociétés et même des pays.

Comprendre la situation de la femme dans ce monde, c'est l'insérer dans la structure interne, l'orientation et la vision du monde spécifique à ladite culture. C'est partant de ces données fondamentales que la femme est mieux replacée dans son contexte exact. Car, la civilisation d'un peuple représente toutes les valeurs permanentes et essentielles d'un patrimoine culturel qui motivent et conditionnent l'être humain. Dans ce patrimoine, les légendes enseignent à être brave, les contes à mieux se conduire, les devinettes et les proverbes à savoir tenir une conversation.

Cependant, il ne faut pas négliger les autres sociétés maliennes pour lesquelles les sources secondaires et les éléments de comparaison sont facilement accessibles. C'est dire que le fait d'avoir privilégié, pour des motifs linguistique et méthodologique, la culture bambara-malinké ne renvoie pas à un ethnicisme de principe, et l'on tentera le plus souvent possible de situer la condition féminine dans les champs de référence non ethniques, soit en fonction des clivages internes, soit à travers l'appartenance à des ensembles plus vastes. Contrairement à une opinion fortement distillée, l'objectif est de témoigner l'horizontalité du fait de genre chez ces populations.

Si la problématique s'articule autour de la saisie de quelques figures ou représentations de la femme, il faut interroger les mythes génésiaques et l'oralité, et le recours à l'histoire permettra, d'une part, de décrire ces différentes figures ou représentations que la société a de la femme—qui d'ailleurs continuent d'avoir cours—et d'autre part, d'entrevoir les rapports hommes/femmes dans les sphères publiques et privées.

L'argumentaire descriptif sera sous-tendu par ces quelques interrogations: qui sont ces femmes et que représentent-elles? D'où viennent les multiples images que la société a des femmes? Si l'oppression de la femme a une spécificité, comment l'interpréter? Quels sont aujourd'hui les obstacles à vaincre? En quoi consiste la réactualisation du passé des faits de genre au Mali? Est-ce une lecture chaque fois renouvelée en fonction des nouvelles valeurs et significations des sociétés, des problèmes nouveaux qu'elles se posent ou une fixation sur le traumatisme et la négation de l'altérité du temps? Y a-t-il évolution dans le temps ou répétition? Comment peut-on faire une lecture du genre au passé lorsqu'on ignore l'altérité de soi, d'autrui, du temps?

Aujourd'hui, dans l'attrait persistant que constitue la prise en compte de l'analyse du genre dans les sciences sociales, s'agit-il d'une évolution ou d'un moment qui s'inscrit dans la longue durée, dans la répétition plutôt que dans la continuité? Ce qui paraît comme changement à un moment précis, ne serait-il pas une réédition du passé que l'on nomme, à chaque moment, différemment? Doit-on poser les relations de genre sans le pouvoir (capacité)?

Les Bambara-Malinké savent que le pouvoir d'en haut vise à être total et quand il vient d'en bas vise aussi à être total. Dès lors, peut-on interpréter cette difficulté à partager le pouvoir (capacité, responsabilité) par les obstacles ou les contraintes que la société ne parvient pas à subjuguer pour instituer sa loi à la place de la soumission, et pour reprendre les termes de Wieviorka (1993:140), sa difficulté de conflictualiser les demandes sociales, comme un changement ou comme une répétition? Comment expliquer que toutes les tentatives de changement dans le passé aient été récupérées par la tradition?

Les représentations du corps de la personne chez les Bambara-Malinké

Toute société dispose d'un savoir concernant l'être humain en tant qu'individu situé dans le corps social.[3] Ce savoir correspond à une conception de la personne, d'un être humain authentifié par la société et disposant de droits, de devoirs, voire de privilèges. La notion de personne, c'est ce qui permet à l'individu de se penser et de vivre son rapport au groupe, de même qu'elle permet à la société d'actualiser son rapport à l'individu.

Elle ne peut, cependant être comprise que dans le champ anthropo-sociologique. Ce qui permet d'unifier l'ensemble des représentations à l'aide desquelles cette société se conçoit et pense ses rapports avec les individus qui la constituent. Nombreux sont les auteurs qui soutiennent que la culture africaine a une conception plus sociale qu'individuelle de la personne humaine. À ce propos, Alassane Ndaw (1983:150) note:

Unité de rapport donc, l'individu n'est cependant pas le lieu de rapport singulier, unilatéral, unidimensionnel. Il est un nœud ou centre de relations, le lieu de convergence double et inverse. D'une part, il se trouve être un élément généalogique à partir duquel on peut remonter dans la lignée ancestrale et promouvoir sa descendance. D'autre part, il est l'élément d'un ensemble dont il fait intégralement partie, la société, en dehors de laquelle, il ne saurait conserver quelque consistance ontologique ou axiologique que ce soit.

Certes en Afrique, à première vue, la société est constitutive de la personne qui est impliquée dans une multitude de structures: famille, lignage, village, ethnie, etc. Dans ce contexte la personne ne peut se saisir elle-même en dehors de ce qui la constitue fondamentalement: son essence. Elle ne se conçoit pas comme essentiellement tragique.[4] Et pour Carty (1973), c'est bien avant sa naissance, en fait, que la personne est prise en charge et son destin, sinon déterminé, du moins probablement influencé, sous les effets conjugués des désirs exprimés par son âme et l'âme de ses parents au cours de la vie pré-terrestre. Qu'en est-il de la réalité d'une telle conception en milieu Bambara-Malinké et quelles en sont les conséquences?

Dans cette société, l'étude de la personne humaine dans son essence (moko ou mogo) débute par ces propos tirés d'une tirade du komo (Dieterlen 1950, 1973 et Cissé 1972)[5]:

> Savoir nager vaut mieux que savoir monter à cheval, mais se connaître soi-même vaut mieux que tout cela. Se connaître soi-même est une grande chose (une chose primordiale): c'est le commencement de la «personnalité», (car) tout le monde ne se connaît pas soi-même; et tout le monde n'est pas une personne (par conséquent).

On explique ce précept par cela:

> tout le monde n'a pas la ressource de posséder une monture et il nous arrive au cours de notre vie d'avoir des rivières ou des fleuves à traverser pour poursuivre notre route. Mais vivant souvent en tête-à-tête avec elle-même, toute personne se doit de se connaître afin de devenir une vraie personne, une personne consciente de ses devoirs et de ses actes.[6]

La personne, soi-même, considérée tant dans ses composantes corporelles globales que dans l'ensemble de ses principes spirituels, constitue une des pierres angulaires du savoir traditionnel en général, de la philosophie et de la psychologie en particulier.

Les Bambara-Malinké mettent l'accent sur le principe d'une double gémellité pour saisir les essences de la personne (la gémellité fondamentale en ce qui concerne les composantes spirituelles de la personne et la gémellité biologique). Ces essences sont au nombre de six: un cerveau pour créer, un sexe pour procréer, deux jambes pour se déplacer et deux bras pour travailler. L'équilibre et la complétude de la personne sont entre les mains de ces six essences. Elles sont considérées comme étant deux à deux et directement opposées et complémentaires à la fois (gauche - droite; tête - sexe).

D'après la tradition initiatique du *komo*, l'édifice corporel de la personne se compose de 266 éléments qui correspondent, en outre, aux 266 jours de l'enfantement. À cette armature conventionnelle, s'ajoutent 52 éléments et organes (24 côtes, 12 organes essentiels, 12 ouvertures, un tube digestif, une moelle—cerveau, moelle épinière et la moelle des os—la langue et le sexe). Ces deux derniers organes sont singuliers et la société leur accorde des vertus à cause de leur fonction:

> La langue, symbole du verbe créateur et organe d'expression de la conception intellectuelle, c'est par elle que sont véhiculés les grands principes de la vie «savoir-faire, savoir être»; le sexe (ou plus exactement le gland chez l'homme et le clitoris chez la femme), le «témoin» (seere), de la création biologique (Cissé 1973:131).

Tel paraît l'être humain organiquement constitué, l'individu de l'espèce humaine sans distinction de sexe, opposé aux autres êtres créés, dafew, notamment aux êtres animés et doués de vie, nimafew, et plus particulièrement aux animaux sauvages et domestiques, bakaw ni dabaw, bref la personne, cet être social et moral qu'est l'homme en soi et que les Bambara-Malinké désignent sous le nom de mogo ou moko, maa.

En réalité, sur un plan strictement social, ce n'est pas cet agencement d'os et d'organes qui fait la personne dont nous avons dit qu'elle se singularisait par la pensée et la réflexion (miiri ni taasi), la parole et l'autorité (kuma ni mara), la volonté et le désir (sako ni djiko ou duko).

Au corps de la personne,[7] ils adjoignent 60 principes spirituels (moko taala ou djyogo bi woro) composant le caractère tere de chaque personne. Ces principes spirituels sont jumelés deux à deux (l'un masculin et l'autre féminin). En voici quelques principes:

• *Ba* (féminin) ni *Fa* (masculin) [substrat et plénitude—mère et père]: toute personne évolue à partir d'un substrat, ba [il peut être traduit par mère et même nii (âme) qui ne peut être atteint par aucun moyen magique], biologique, culturel et spirituel et dans un contexte social donné et tend vers sa réalisation, son épanouissement, bref vers sa plénitude, fa. De là, les Bambara-Malinké disent:

> La personne a trois ba: un ba qui l'enfante; un ba qui l'élève, l'éduque et un ba qui l'entretient; mais toute attitude (dont le comportement moral, social et intellectuel) de la personne dépend de deux choses: le lieu où cette personne a été élevée et la façon dont elle a été élevée.

• *Sokonola* ni *Kenemala* (intérieur et extérieur ou dedans et dehors) [féminin-masculin]: désignent respectivement la vie intérieure, interne ou intime, et la vie extérieure ou externe, de la personne. Ils en tirent la conception suivante: Ce qui importe pour une personne, c'est de n'être en contradiction ni avec son dedans, ni avec son dehors; c'est d'être d'accord intérieurement avec elle-même, et extérieurement avec ses semblables.

Ici, les Bambara-Malinké étendent au principe de gémellité, le biologique, pour prendre en compte ou essayer d'inscrire dans les codes relationnels, qui doivent désormais régir les rapports du féminin au masculin: le principe de la complémentarité et non l'assujettissement de l'un par l'autre.

• *Tieya ni Musoya:* masculinité et féminité [masculin-féminin]. Selon une tirade du *Komo:* «La masculinité est un mystère tout comme la féminité; c'est le mystère de la création». Elément unique de différenciation physique et constitutive chez les sujets d'une même espèce, la sexualité, et en tout cas sa nature, se retrouve, disent-ils, à tous les niveaux de la personnalité. De même que la langue, le sexe reçoit le nom de fondement et raison de la création.

• *Tere ni nyama:* caractère et force vitale [féminin-masculin]. Le tere (guigne) désigne à la fois l'ensemble des caractères inhérents à la personne, chacun de ces caractères pris isolément est le principe qui détermine ces caractères. C'est surtout chez la femme que le tere fait l'objet d'études poussées. La notion de tere est assez complexe avec des racines très profondes (a na sira ka can), elle serait un signe de desseins représentatifs connotant la coloration personnelle et selon Germaine Dieterlen (1988:85): «Son aspect est complexe: il est à la fois le caractère de l'homme, sa force, sa conscience et la partie de son être qui, à travers le corps, le rend sensible aux contingences».

Le *tere* sert d'instrument de travail, de mesure pour réguler la société en rapport aux traditions et coutumes existantes; il réactive et consolide l'assise de la société. Le tere installe des préjugés conduisant le rejet d'un être par le groupe voire son excommuniation; il pèse plus sur la femme que sur l'homme, ce qui ne voudrait pas dire que celui-ci n'en possède pas. Au contraire, il fait l'objet d'études poussées en vue du mariage. Le tere de l'homme est mentionné et énuméré très vaguement sans détails presque. La femme souffrirait si elle est indexée de tere jugu (mauvaise guigne), par opposition si c'est un animal on peut le vendre ou le tuer. Le tere a aussi un contenu positif, qui permettrait d'éviter le malheur, protégerait l'individu et le propulserait au devant de la scène. Les contenus positifs, on les appelle plutôt le sort dans le bien ou dakan. Le tere serait une caractéristique de la personne (un dessein), une méthode de divination qui permet de détecter des signes de malheur et de bonheur biologiques (manière d'être), à travers les constitutions morphologiques et le comportement. En effet, toute démarche en vue d'une demande de mariage s'accompagne chez les Bambara-Malinké d'un examen minutieux du tere de la fille. Ils ont coutume de dire: «tu viens dans la main des autres et tu y retournes de même». Cette conception n'est certes pas nouvelle, mais elle est scientifique dans la mesure où la philosophie orientale même par démonstration a trouvé l'essence de l'homme dans les rapports sociaux sans lesquels il n'existerait aucune harmonie sociale. L'enfant est conçu comme une matière, il ne peut prendre une forme autre que celle forgée en lui par le reste du corps social. Ce qui atteste toute l'importance de l'éducation de l'enfant, qui fait l'objet du suivi par les membres de la société et d'une série d'initiations aux divers travaux selon l'âge et le sexe jusqu'à celui du mariage. En effet toute la socialisation est axée sur les autres, (le groupe, la communauté), dans la mesure où toutes les activités personnelles sont toujours ramenées vers autrui. En rapport à ce qui est énoncé, nous remarquons que l'éducation a une très grande place dans ladite société; au-delà de certains principes éducatifs de base, elle informe de très peu sur le choix des conjoints. Ce choix s'opère sur la base de l'observation des signes graphologiques de la femme ; cela sous-tend donc de façon implicite que l'homme, même s'il se soumet à certaines lectures graphiques, cette lecture est plus déterminante chez les femmes.

À partir de l'observation minutieuse des tere, ils caractérisent ainsi la femme idéale par quatre fois trois choses: trois rondeurs (tête, seins et fesses); trois attaches (cou long, taille mince et attaches fines); trois noirceurs (les cheveux,

l'iris, les gencives et les lèvres) et trois blancheurs (l'œil, les dents et la vie intérieure).

Toute source d'énergie émet des radiations qui à leur tour produisent des
effluves, forces vengeresses, esprit des morts et des vivants, le nyama évoque
aussi par certains de ses aspects la vie intime, la conscience, l'inconscient et le
subconscient. Pour Dieterlen (1941:17), il est l'âme savante, intelligente et vo-
lontaire, la pensée consciente de l'homme. Il ne semble pas être localisé dans un
organe, il est réparti dans tout le corps dont il est le double (*bibilè*) ou le double
mobile (*yabilè*). Le *nyama* est une énergie en instance, impersonnelle et incons-
ciente, répartie dans tous les animaux, les végétaux, dans les êtres surnaturels,
dans les choses de la nature, et qui tend à faire préserver dans son être le
support auquel elle est affectée temporairement (être mortel) ou éternellement
(être immortel). Il est à noter que le *nyama* est susceptible d'altérations quantita-
tives, tant dans le sens de l'accroissement que de la perte.

Il ressort de tout ce qui précède que, selon la tradition considérée, l'être
humain n'est pas limité à son corps physique. Sa limitation et sa différenciation
ne sont alors fonction que des principes spirituels, qui veulent que la personne,
seule, ne se réalise point. Car, elle est un être à plusieurs dimensions.[8] Elle est
société, elle est androgyne. C'est au regard d'une telle conception anthropologique de l'histoire que seront mieux compris les rapports de genre dans ce milieu.

Les sites de légitimation et de domination sexuelle

L'étude des représentations du corps de la personne dans le milieu Bambara-
Malinké révèle que si l'individualité biologique n'est pas circonscrite par le corps
seulement, alors la socialisation donne sens et définit l'individu. Et situer la personne par rapport à une société, c'est informer l'étude des institutions et des
représentations qui lui sont associées. C'est sur ces dernières que l'attention sera
portée. Cela pour repérer les rapports sociaux réels existants et comprendre/
expliquer la soumission des femmes.

Les récits de vie, les chants et l'observation du quotidien, permettent d'appréhender la façon dont les femmes se perçoivent. Par contre, l'étude de quelques mythes, contes et proverbes révèle l'image que la société donne des femmes.

En effet, la plupart des études, auxquelles il sera fait cas, ont été menées sur
le terrain en vue de donner une description minutieuse de la structure sociale.
Dans leur grande majorité, ces études se fondaient sur le postulat selon lequel les
sociétés sont organisées en institutions qui les maintiennent en équilibre par la
manière dont elles s'articulent entre elles. On pensait que la tâche de l'anthropologie consistait à découvrir ce qui permettait au système de fonctionner. Parado-
xalement, comme le notent Pala et Ly (1979:13): «C'est la nécessité de recueillir
des informations sur le fonctionnement des sociétés indigènes à des fins d'administration qui tendent à stimuler la recherche»[9]. Elles partent du postulat selon

lequel «... La place que les individus occupent dans la société, les idées et les principes qui régissent leur mode d'interaction et la perception de leurs rapports avec les autres individus sont dans une large mesure fonction de leur rôle dans la production».[10]

Dans ce milieu, le rôle de la personne dans la production est en rapport avec le sexe et l'âge. Si ces deux catégories relèvent de la biologie, la culture les transforme d'abord en produit, ensuite en enjeu; ce qui fait qu'elle n'est pas un simple patrimoine. Et loin de vouloir réduire ou nier les contradictions des discours sur les femmes, il convient d'en rendre compte et de s'y appuyer pour remonter des structures sociales aux représentations. Et pour mieux comprendre le statut de la femme Bambara-Malinké, il nous faut l'insérer dans sa structure interne, l'orientation et la vision du monde de cette culture spécifique. Aussi, c'est partant de ces données fondamentales que l'on peut mieux la replacer dans son contexte exact.

Aussi, si la civilisation d'un peuple représente toutes les valeurs permanentes et essentielles d'un patrimoine culturel qui motivent et conditionnent l'homme, notons au passage que la société Bambara-Malinké est en crise [crise, en partie liée à celle de l'identitaire ou linguistique en rapport avec l'émergence du mouvement *N'ko*] (Amselle 1996:823 - 826).

Au Mandé, toute personne se définit d'abord par rapport à son père et à son ascendance, qu'on appelle *fasiya* (parenté classificatoire; *fa:* père; *siya:* culture que celui-ci génère). Les dispositions de la *fasiya* veulent que les pères *faw* et les aînés *korow* aient respectivement toute primauté sur leurs enfants denw et leurs cadets dogow. Au fait, tout enfant est nommé à travers son père, ses actes, ses œuvres. En effet, «le prestige de l'enfant, c'est son père; mais lui donner force et baraka, cela relève de sa mère». À ce propos, l'être humain confronté à certaines épreuves ou en situation de compétition, les Bambara-Malinké disent *be ye a ba bolo* (le destin de chacun est entre les mains de sa mère). Ce qui les fait dire qu'il existe trois sortes d'enfants: être (égaler) son père, dépasser son père et ne pas parvenir à (la hauteur) son père. Les enfants qui égalent leur père réalisent autant de travail et d'exploits que leur père; ceux qui surpassent leur père réalisent tous les actes que celui-ci n'a pu accomplir; enfin, les enfants, qui n'ont pu parvenir à la hauteur de leur père, sont incapables d'aider ceux qui les suivent (les gens relevant de leur autorité et qui sont à leur charge) encore moins ceux qui les précèdent (leurs vieux parents et leurs aînés qu'ils se doivent d'entretenir jusqu'à la fin de leurs jours) à déposer leur charge, ne recevront point le commandement d'une armée, car, dit-on, ils ne peuvent se suffire à eux-mêmes. En réalité, ces considérations ne s'appliquent uniquement qu'aux enfants de sexe masculin. Chez ces populations, la charge sociale ou dette sociale ne peut être que la part de l'homme seulement. Ils disent: «depuis que Dieu créa le monde, c'est l'homme brave au combat qui peine pour l'homme de renom»; n'est-ce pas aussi que c'est la femme qui maintient les liens de parenté pour qu'une famille survive !

En quoi cette catégorisation informe-t-elle la subordination des femmes aux hommes et quels en sont ses supports matériels et idéologiques?

Si l'unité domestique est le lieu où s'accomplit le procès de production, elle est aussi le lieu de la reproduction biologique et sociale des producteurs (consommation, enfantement, éducation). Cette cellule de convivialité et de commensalité s'édifie autour de relations de proche parenté (alliance et filiation) qui la définissent en tant que groupe familial (famille élargie).

Les rapports d'âge et de sexe y constituent la trame de toute vie dans cette société (Balandier 1974), quels que soient les rapports de production plus complexes qui s'y greffent ou se superposent éventuellement.

Chez les Bambara-Malinké, comme la plupart des sociétés précoloniales, l'organisation de la production, la division sexuelle des tâches constituent des traits élémentaires communs, au-delà de leurs considérables différences respectives tant du point de vue sociopolitique qu'économique. Ces différences masquent des inégalités. Gérontocratie et androcratie (pouvoir de l'homme) imprègnent les divers tissus de la culture et de la société. La dépendance des femmes aux hommes prend racine à l'échelle de l'unité domestique (là où s'opère l'essentiel de la production).

L'autorité du chef de la concession sur les résidents recouvre une inégalité entre hommes et femmes et entre aînés et cadets. C'est autour du patriarche que s'ordonnent et s'articulent ces deux relations: elles ne sont ni équivalentes, ni de même nature.

Pour décrire la coopération socialement codifiée des hommes et des femmes, à l'échelle domestique, de Sardan (1984:111) recourt au cycle du mil (l'alimentation de base). Il caractérise la grande rigidité de la répartition sexuelle des différents travaux:

> En règle générale jamais les femmes ne défricheront, ni les hommes ne pileront, jamais les femmes ne sarcleront, ni les hommes ne puiseront. Cette rigidité de la division des tâches, combinée avec leur enchevêtrement dans un même procès de production, qui s'étend sur toute l'année, rend évidemment chaque sexe dépendant de l'autre. Mais elle masque aussi l'existence d'un surtravail féminin.

Défrichage ➜ Semailles ➜ Sarclages ➜ Récolte ➜ Transport ➜ Battage ➜
   H   H +F   H   H   H+F   H
Pilages ➜ Cuisson ➜ Consommation.
  F   F

Les représentations collectives valorisent les travaux masculins (exaltation de la force des cultivateurs ou de l'ingéniosité des chasseurs; mais nul griot ne chante la vigueur de la pileuse ou l'endurance de la porteuse d'eau, etc.). Le surtravail féminin ne peut ainsi en aucune façon être mis à jour, perçu, envisagé; il ne peut même pas être pensé (avant la colonisation), à la différence du surtravail des esclaves ou des tributaires.

En réalité, pour Aminata Sow (1994:29), «Le statut reproducteur de la femme a toujours été mieux accepté et plus mis en exergue que son rôle producteur. [...] Cette répartition sexuelle du travail trouve son fondement dans le biologisme et dans la théorie du patriarcat qui s'en est inspiré».

Certes, l'agriculture est une activité saisonnière, mais elle n'est pas un processus continu. La plus grande partie des travaux effectués par la femme se trouverait dans une partie improductive. C'est la reproduction qui est le facteur fondamental de tout mode de production même si elle reste subordonnée aux contraintes de la production.[20]

Ces thèses renforcent l'invisibilité de la femme que certains ne perçoivent que parce qu'il y avait une réclusion des femmes à la maison, laquelle faisait d'elles des domestiques pour des travaux non valorisés; ce qui la cantonne dans la communauté domestique et lui enlève toute existence publique.

Le vécu quotidien et les normes sociales se sont beaucoup inspirés de ces thèses ainsi que des traditions patriarcales qui en constituent les soubassements théoriques. L'invisibilité des femmes s'explique par la non-valorisation de leurs travaux domestiques et par la sous-estimation de leur rôle économique. Cependant, nous pouvons noter qu'elles ne sont pas seulement ignorées sur ce plan-là. Sur le plan social, les inégalités sexuelles sont excessivement marquées; l'explication biologique est partout retenue et les relations entre l'activité productrice d'une part et la division sexuelle du travail de l'autre demeurent au centre de toutes les analyses. Le rôle reproducteur de la femme l'emporte sur le reste. Le travail des femmes et des jeunes dans ce que l'on appelle la communauté domestique assure la reproduction de la main-d'œuvre bon marché. Elles assurent à leurs familles non seulement la ration vivrière, mais elles s'occupent également de l'éducation et de la santé.

Sous ces divers aspects examinés, l'idéologie travaille par conséquent à consolider le contrôle social global des hommes sur les femmes. Et cette idéologie s'articule à la construction d'un modèle, un portrait de la femme idéale, les sanctions qui menacent les atteintes à ce modèle, la justification de ce modèle et de ces sanctions. Cette femme idéale se définit soit dans des rapports de dépendance, de soumission ou d'instrumentalité: fidélité et force de production. La subordination des femmes est déterminée par les nécessités de la structure sociale. Les raisons résident dans les rapports de parenté (lignages) et dans les rapports de production et de reproduction. En général le changement de lignage ne concerne que la femme, tandis que l'homme, reste chez les siens.

Cette division sexuelle du travail correspond également à une division sexuelle de la culture. Les univers masculin et féminin s'opposent et se complètent dans presque tous les champs de la vie sociale, par l'imbrication inextricable du noyau «naturel» (mince mais surévalué) et de la gangue culturelle (importante, mais niée). Le monde dominant des hommes et le monde dominé des femmes se font face à tous les niveaux (de même que le rapport noble-captif se traduit sur le plan de la personnalité sociale, de même et *a fortiori* pourrait-on parler d'une division sexuelle de la personnalité).[11] C'est à l'échelle de l'unité domestique que la relation de genre s'enracine et se reproduit constamment, dans ses fondements sociaux à travers: mariage, engendrement, éducation des enfants (Rondeau 1994:168-176) comme dans ses fondements économiques (division de travail, accès au foncier, etc.).

Autrement dit la confrontation économique des hommes et des femmes s'opère avant tout dans le cadre de l'unité domestique, et guère selon les lignes de relations individuelles (telles que celles du couple) ou dans le cadre de la société globale. Cela parce que la femme n'a pas en face d'elle son mari. En ce qui concerne la production, l'épouse participe avec les autres femmes aux tâches féminines, pendant que l'époux accomplit les travaux masculins aux côtés de ses oncles, frères, neveux, cousins et enfants. C'est lui qui contrôle, gère, dirige, coordonne les membres de l'unité domestique, le patriarche, apparaît donc comme le pivot des rapports entre sexes. Il est la pièce de l'édifice où la différence des sexes, à travers la différence des tâches, se transforme en inégalité de sexes. Tout le pouvoir des hommes est concentré entre les mains du patriarche. Donc, dans les relations de genre, le personnage stratégique n'est ni le mari, ni le père, c'est le patriarche (le patriarche, dans la gestion de l'unité, était secondé par sa première femme, qui avait une certaine autorité sur toutes les femmes de la concession). Celui-ci est à la confluence de toutes les structures qui déterminent la dépendance féminine: division sexuelle du travail (puisqu'il dirige l'unité domestique où se réalise cette division); exclusion des femmes de la vie publique (puisqu'il représente l'unité domestique l'extérieur); reproduction des rôles sociaux (puisqu'il veille au bon ordre moral au même titre qu'au bon ordre économique); système de filiation patrilinéaire (puisqu'il assure l'entrée des femmes dans l'unité domestique en contrôlant les mariages); filiation patrilinéaire, fréquemment associée à l'islam ou induite par lui, représente une aggravation de la dépendance féminine au niveau social.

Autant le rôle du patriarche comme aîné face aux cadets a été souvent relevé, autant son rôle comme homme face aux femmes a été négligé: c'est qu'en effet les deux charges ne sont pas symétriques. Si un patriarche est tel, c'est non en tant qu'homme (il n'est pas seul: la masculinité, condition nécessaire du patriarcat, n'est pas bien sûr une condition suffisante !), c'est en tant qu'aîné, et parmi les aînés (il est le seul: l'aînesse apparaît comme critère discriminant du patriarcat). Âge et sexe ne sont pas du même ordre, même s'ils déterminent des formes de dépendance qui mènent l'une à l'autre à la personne du patriarche.

En fait l'un, qui définit les privilèges de l'âge, les importe plus particulièrement au savoir, l'autre, qui précise les prérogatives de l'aînesse, se réfère plus spécifiquement au pouvoir. C'est toute l'ambiguïté de la notion d'autorité: l'autorité que donne la sagesse, et celle que procure la prééminence se recoupent sans s'identifier nécessairement.

L'hypothèse d'une matrice commune à ces représentations multiples et parfois changeantes qui permettrait les transferts, et favoriserait, de ce fait, les stratégies des acteurs sociaux, c'est-à-dire la manipulation des discours. La relation dépendant/protecteur peut aussi servir de matrice commune au discours des diverses inégalités sociales, au-delà de leurs spécificités respectives, et connoter aussi bien les rapports familiaux immédiats, qui en sont le point de départ, que les relations de servilité et de clientèle ou les hiérarchies politiques complexes. On pourrait sûrement allonger encore cette liste des interférences mutuelles. L'idéologie politique est particulièrement sensible à ces convergences et à ces passerelles, puisque elle-même tend à importer les concepts d'un champ à l'autre. Certes, diverses entités se croisent, et la position sociale d'un individu est définie par sa place dans chacune des contradictions (patriarche/aîné; aînés et cadets et les rapports entre les sexes). Ces contradictions qui définissaient la vie sociale des groupes n'étaient pas indépendantes les unes les autres. Chacune avait sa dynamique propre mais elles se combinaient et s'influençaient mutuellement.

L'émergence d'une couche de guerriers professionnels accentue l'infériorité socio-politique des femmes tant en ce qu'elle les exclut comme «combattants» qu'en ce qu'elle les privilégie comme gibier. La chose aristocratique, issue de la guerre, récupère les références patriarcales. Enfin, une scission des unités patriarcales se combine souvent à une scission au niveau politique; la révolte relative de certains cadets sert d'appui à la fondation d'un nouveau village et d'une nouvelle chefferie.

À partir de quelques mythes de référence (principalement celui ayant trait à *Musokoroni Kuntjè*[12]), il sera question de montrer en quoi le mythe sert à la sanctification de ces lieux de domination de la femme d'une part, et comment la conception populaire (proverbes, contes, devinettes, etc.), aussi, sert le mythe, le renforce, et participe à son inculcation, d'autre part. Ce qui passe par la mise en regard des conceptions populaires d'avec les différentes formes de présence de la femme élaborées, inculquées et véhiculées par les traditionalistes, qui y tiennent lieux de mémoire; nombre d'analystes notent sa variabilité. Les sociétés, où la mémoire sociale a pour unique réceptacle la parole, en règle générale, sont plutôt conservatrices en matière culturelle. Elles ont, de leur oralité, une représentation fondée sur l'idée que le patrimoine collectif est stable et immuable, qu'il est possible de le conserver par une transmission fidèle, le mythe étant le meilleur support de la tradition orale. Il contribue à la formation de la mémoire collective. De plus, il est la mémoire collective dans la mesure où c'est une institution sociale, cryptée et donnant lieu à des célébrations, cérémonies, rites, sacrifices, qui sont le lieu de rassemblement de tous les membres de la société. Aussi les interprètes de l'art oral ne sont-ils pas perçus comme des créateurs mais comme des agents de transmission qui doivent assurer la reproduction scrupuleuse des modèles de référence. Pourtant la variabilité est une donnée incontournable dans la production des œuvres de littérature orale car, à la différence de l'écrit fixé une fois pour toutes, les performances successives d'une œuvre orale ne sont jamais identiques. Cette instabilité fondamentale du verbal (l'oralité) a retenu l'attention des chercheurs, car elle donne à cette matière orale la possibilité de s'adapter en fonction de divers paramètres (condition de production, lieu, public, genre, contexte socio-culturel, identité du conteur et du public, etc.). Certes, si le mythe, les proverbes, etc. déterminaient pour une grande part les rapports entre les Bambara-Malinké, aujourd'hui, ces formes de conscience sociale sont de plus en plus concurrencées par d'autres formes de conscience qui vont du collectif à l'individuel, et vice versa; celles-ci se caractérisent surtout par une fétichisation de l'expérience personnelle, du parcours personnel pour se donner existence et sens à la vie.

Les figures et les représentations de la femme

En remontant assez loin dans l'histoire, des Bambara-Malinké, qu'il s'agisse de ceux des empires du Ghana, du Mali, du royaume Ségou ou des grands événements connus de ces entités, ont eu à produire des gestes. Chacune de ces gestes est liée à la vie ou au destin singulier d'une ou de plusieurs femmes.

Dans la société bambara-malinké, le mythe[13] consacre aux femmes une place décisive dans l'ordonnancement du monde. Tel paraît être le cas de *Musokoroni Kuntjè*.[14]

À partir de ce mythe, deux problèmes retiennent l'attention: l'impureté originelle et l'excision.[15] L'analyse comparée des mythes, ayant trait à *Musokoroni* et celui du *Renard pâle* chez les Dogon, dégage ces quelques constances: l'histoire des premières relations de l'homme et de la femme est une histoire de violence; chaque défaite de la femme a toujours été préfigurée par la perte du principe masculin (*Amma*, Dieu doit d'abord exciser la terre, la femme, avant de la posséder; le premier rapport sexuel entre *Musokoroni* et *Pembélé* s'est également traduit par une mutilation).

Ces mythes fondent l'idéologie de la suprématie de l'homme sur la femme. Cet ascendant masculin sur la femme ne relève pas de la contingence. Elle est surtout informée par la structuration de la société, qui aussi est en rapport direct avec le contenu de ce que la société entendait par guerre. Et loin de vouloir réduire ou nier les contradictions des discours sur les femmes, il convient d'en rendre compte et de s'y appuyer pour remonter des structures aux représentations.

Les historiens et les traditionalistes enseignent que pour rendre ou maintenir la prospérité du Ghana, on procédait, chaque année, au sacrifice de la plus belle jeune fille vierge de l'empire au serpent sacré, *M'Bida* (Monteil 1953:359-408). Certes, si toute légende a sa signification, il est permis de voir dans ce sacrifice un rite de salut: le sang[16] (de la jeune fille) coule pour féconder l'empire. La prospérité de l'empire reposait donc sur la présence constructive et opérante de la femme, sur son dévouement, son sacrifice, c'est parce qu'il ne faisait plus de doute que seule la femme est capable de reproduire l'espèce humaine (maternité) et garantir par-là même la pérennité de la vie sociale. Le sacrifice est la réactualisation de l'événement primordial. Loin d'être destruction pure et simple de la vie pour la gloire divine, il est regain de vie pour la conjugaison et l'union des forces dégagées par l'oblation. Certes, si le choix de la victime propitiatoire est fonction des lieux, du mythe, conformément aux cosmogonies; alors le sacrifice humain procédait d'un choix relatif à la force agissante et spécifique de l'être vivant incarnant tel ou tel dieu ou génie, qui est lui-même émanation du tout puissant.[17] Ainsi, le sacrifice est-il bien une union, une réunion ou un renforcement réciproque des forces, chacune s'alimentant à l'autre en une communion telle que de nombreux Africains ne sont pas loin de penser qu'en offrant la victime, symboliquement, le sacrificateur se sacrifie lui-même. Cette union entre les deux éléments du sacrifice est même souvent conçue et exprimée en termes de mariage (Pâques 1958:188). Tapama Diénepo (jeune fille vierge)[18] a été emmurée pour obtenir la prospérité de la nouvelle cité, Djenné. L'histoire de Tapama est liée à la fondation de cette ville. On a vu ce qu'il advient de Ghana. Ghana n'est plus. Est-ce l'amour d'un homme pour la femme aimée qui en est la cause? Est-ce que, quand l'homme rompt le pacte qu'il a conclu avec les forces de la nature, sa défaite est toujours fatale? Est-ce que l'amour pour l'autre, exclusivement pour l'autre, n'est pas une bonne fin en soi?

Certes, il existe des vérités historiques, du moins des symboles qui ne peuvent être évités d'un haussement d'épaules. À une autre époque, un autre roi avait été confronté à un cas similaire; mais l'objet de sacrifice devait être son unique enfant.[19]

Suivant une approche compréhensive des faits du pouvoir, et avant même que la personnalité d'une autorité ne s'instaure, chacun des protagonistes avait les mêmes droits et devoirs (égalitarisme primitif). Ainsi, chaque personne, chaque famille était prédisposée à ce sacrifice suprême; d'où la nécessité d'un contrat conclu avec les forces de la nature, qui d'ailleurs imprègnent une transcendance et enlèvent toute culpabilité de la famille choisie (Cissé 1981:23-60). Ensuite, du moment où les rois tirent leur autorité des forces de la nature ou que la guerre étant devenue un facteur économique déterminant et spécifique au masculin essentiellement, toute résistance serait réprimée ou équivaudrait à de la déchéance. Mauss (1995:169) dit: «On voit comment on peut amorcer ici une théorie et une histoire du sacrifice-contrat. Celui-ci suppose des institutions..., et, inversement, il les réalise au suprême degré, car ces dieux qui donnent et rendent sont là pour donner une grande chose à la place d'une petite».

Ainsi le puzzle, dont les composantes sont la recherche d'une autorité et la manifestation du pouvoir pur (force physique), se voit reconstitué. Car la destruction sacrificielle a précisément pour but d'être une donation qui soit nécessairement rendue (Mauss 1995:67). La figure dominante de la femme d'alors serait celle soumise, qui garde l'élément feu au foyer.[20] Diagne (1996) note:

Elle est l'émanation, le produit de l'histoire, c'est-à-dire des faits sociaux à la fois
et de leur interconnexion et dans leurs évolutions. Cette femme apparaît comme
une actrice nécessaire qui n'a pu échapper à son destin, à sa presque fatalité,
fournissant une lisibilité et une compréhension de son être qui cadre avec le
déroulement implacable des faits et événements concernant l'humanité globale.
Cette femme reste la plus, et, peut être la seule vraiment connue, en raison de son
caractère patent et authentique, de sa présence au monde. Elle est celle qui,
aujourd'hui, symbolise passivement l'oppression, l'exploitation, l'infra-huma-
nité et constitue subséquemment le centre d'intérêt thématique autour de quoi
s'articulent incontournablement réformes, revalorisations, reconceptualisations,
etc.

En somme, cette figure de femme était au centre et au fondement même de la
pérennisation du fait de pouvoir: la femme, malgré son statut inférieur, capte
progressivement sa part de pouvoir, individuellement, par son action et par les
enfants qu'elle met au monde. À ce propos, Guilmain-Gauthier (1985:37) note:
«toujours cachée, toujours présente, son autorité est à la mesure de sa discré-
tion». Parlant de l'autorité d'une telle femme, Chantal Rondeau dit qu'elle

> Est sans partage à l'intérieur de l'habitation, en particulier sur sa cuisine où elle
> fait ce qu'elle veut, sur ses greniers où elle seule peut entrer (à moins qu'elle ne
> délègue ce privilège à une de ses filles), sur ses enfants jusqu'à l'âge de 6 ans et quel
> que soit leur sexe.

Par ailleurs, l'autorité de la femme sur son ménage induit ou laisse transparaître
une relative responsabilisation de la femme; ce qui n'est pas applicable, en tout
lieu dans le milieu bambara-malinké. Car si elle peut correspondre, en partie,
pour ce concernant ou relevant de la femme des Mansa (les Mansa sont des
empereurs et sont en général polygames). Aussi, même si le *keleya* (jalousie) et
son corollaire *fadenya* (rivalité entre consanguins) l'emportaient le plus souvent
dans les rapports entre co-épouses, en règle générale, tout tournait autour de la
première épouse. Quand il s'était agit de la succession du père de Soundjata il y
a eu une exception. Ce qui voudrait dire que de tout temps au Mandé, la succession ne se faisait pas suivant l'aînesse parmi les enfants du défunt père (en
dernier ressort la consultation ou les prescriptions des devins devaient faire foi).
    Cela parce que la conception populaire fait d'elle le dépositaire de la part du
divin, et c'est une telle considération qui traverse en filigrane la geste du Mali. La
figure d'une telle femme consacre l'érection des univers différents (masculin et
féminin). Mais, bien avant, elle trouve ses fondements dans l'androgynie du
nouveau-né. Tout comme chez les Dogon, la presque totalité des ethnies maliennes reconnaissent l'androgynie du bébé. Et c'est dès l'enfance que ces sociétés
s'attaquent à la bisexualité de la fille par l'excision et la pose d'anneaux aux
oreilles[21] et chez le garçon, par la coupe du prépuce, qui est considéré comme le
siège de la féminité. La représentation achevée d'une telle femme est Sogolon

Diata ou Kondé, la mère de Soundjata (Vuillet 1950, Niane 1960, Sidibé 1959:46-47).

Le thème de la relation dynamique entre sujet et objet du pouvoir est présent dans tous les genres littéraires. En règle générale, ces genres littéraires utilisent comme support les références généalogiques des fondateurs d'État. Si ces généalogies ont la caractéristique d'être incomplètes, de ces héros, nous connaissons surtout les mères. À ce propos Bagayogo (1987:94) note:

> De leurs pères, les narrateurs laissent entendre qu'ils n'étaient que les maris de leurs mères. Les vrais géniteurs étant des génies ou d'obscurs inconnus dont les puissances cosmiques se sont appropriées les corps le temps d'une saillie (...). La perpétuation d'une lignée au-delà de la vie elle-même exige des partenaires matrimoniaux à visage découvert dans lesquels se reconnaît la communauté des hommes.

Mais s'agissant des héros, c'est la transgression de ces règles qui préside à l'engendrement des hommes au sujet desquels on ne mentionne d'autres parents que pour mettre en exergue leur hostilité mutuelle (*fadenya:* rivalité entre enfants d'un même père, mais de mères différentes; ou encore la rivalité entre consanguins). Il est affirmé dans un dicton Bambara que le *fadenya* fleurit où s'effectue l'accumulation de femmes fécondes. L'exemple de la jalousie de Sassouma Bérété qui en veut à Sogolon Diata, la mère de Soundjata, de ce que le roi l'ait préférée à elle. Il y a aussi les intrigues de la même Sassouma, qui désirait à tout prix que son fils Dankaran Touma trône, et ce, au détriment de Soundjata. Notons aussi les relations difficiles entre Soundjata et son grand-frère Mansa Dankaran Touma à la mort de leur père. Ces types de relations croisées, entre agnats et utérins, sont perçus comme quasi naturels, parce que décrits comme des dérivés de la polygamie (*sinèya*). Le *sinèya* se caractérise par le *kèleya* (jalousie) à ne pas confondre avec *kelenya* (l'unité). Cette rivalité quasi rituelle a comme principaux vecteurs les relations hiérarchiques internes aux familles. Ces relations sont contraignantes pour les cadets, c'est-à-dire que le statut ou du moins la carrière d'aîné n'est qu'une virtualité pour tous les postulants.

En somme, la carrière d'aîné n'est pas aussi ouverte que le prétend la théorie. La place, qu'occupe l'aîné, fait l'objet de désir «un point de mire où viennent se réfracter espoir et désillusion des individus mâles de la communauté domestique» (Bagayogo 1989:448). Si cette rivalité relève d'un ordre privé, cette place de l'aîné est la première source de l'autorité puisque seuls les chefs de famille (*lutigi, gwatigi* ou *dunyèma*) ont la capacité sociale d'organiser le travail agricole (*cikè*), et de négocier les contrats de mariage (*worotè*) de leurs dépendants des deux sexes. En dehors des raisons d'ordre démographique, l'enjeu des segmentations (*gwafara*) renvoie presque toujours à cette fameuse rivalité entre cognats pour le leadership des unités domestiques. Les segmentations se font par unités matricentriques (*babonda*) en violation des règles de la patrilinéarité qui prévaut chez les Bambara-Malinké.

Le *fadenya*, suivant un processus analogue à sa manifestation dans les segments au clan tout entier, peut s'enclencher entre villages différents. Toutefois, l'accès au trône ne peut être requis que pour ceux dont les mères auront su préserver la pureté du sang paternel. Se trouve là, le principe explicatif du devenir d'un enfant-garçon. Ce principe stipule: autant l'enfant reçoit prioritairement de sa mère force et puissance, autant elle lui transmet son statut social malgré la filiation patrilinéaire et la résidence virilocale.

> «Force et statuts sociaux sont deux qualités discriminantes qui se transmettent par voie utérine; d'où toutes les précautions dans les démarches matrimoniales pour éviter de perdre l'une et l'autre, sinon les deux à la fois» (Bagayogo 1987:95).

Sous ce rapport les théoriciens locaux tirent un parallèle entre le triptyque pouvoir - femme - arme. Les armes permettent de conquérir le premier et la femme conçoit l'agent. Ici, il nous faut jeter un pont entre la réalité perfide (conflits entre consanguins, la dévolution du pouvoir par la guerre) et la réalité actuelle marquée par le modèle démocratique où le pouvoir (d'État) s'obtient par le vote. La relation mère/fils apparaît dans les constructions de ces théoriciens comme la pierre angulaire de la réussite sociale d'un enfant. Cette réussite est intégralement pensée en fonction d'abord de la conduite conjugale de la mère, des règles de piété filiale ensuite. À l'épouse, il est recommandé soumission et dévotion totales au mari et le cas échéant aux ascendants de celui-ci. L'épouse modèle est décrite comme un dépotoir (*sunungun*) devant recevoir toutes les ordures du ménage, c'est-à-dire d'être le souffre-douleur d'un ménage à plusieurs. Il est dit que c'est à cette seule condition qu'elle sera en mesure de mettre au monde des enfants doués de force (*den barikaman*). La sentence bien connue telle mère tel enfant codifie en quelque sorte cette relation. Aux fils sont prescrits les devoirs de reconnaissance, faute de quoi ils seront suivis toute leur vie par la malédiction (*danga*). C'est là que la remarque de Meillassoux (1979:116) mérite attention:

> Malgré sa fonction irremplaçable dans la reproduction, (elle) n'intervient jamais comme vecteur de l'organisation sociale. Elle disparaît derrière l'homme: son père, son frère ou son époux. Cette condition de la femme n'est pas naturelle. Elle résulte de circonstances historiques changeantes, toujours liées à ses fonctions de reproduction.

En plus de la femme dépositaire et soumise, il y a la femme stratège. D'une façon générale, même si les reines ont leur sphère d'influence, elles entretiennent avec le souverain des rapports d'une efficace originalité. Grâce à elles, de nombreux chefs renforcent leur position, disposent d'ambassadeurs privilégiés, scellent des accords avec les peuples étrangers. Et si la femme est symbole de vie, elle souhaite la vie à toutes les institutions importantes de la société moderne africaine. Là, il serait intéressant de faire le rapport entre les femmes et les événements de mars 1991 au Mali.

Les caractéristiques de cette dernière seront saisies au travers de la gamme des conflits répertoriés. Il apparaît que le triptyque: *fadenya, janfa* (trahison) et *kèlè* (guerre) circonscrit l'espace politique et social à partir duquel les divers sujets de l'histoire pouvaient prétendre à l'exercice du pouvoir ou opposer leur refus à un quelconque type de *nyèmogoya* (responsabilité). Qu'il s'agisse de la geste du Mali ou de celle des Bambara de Ségou, des récits de guerre abondent (*kèlè*) dont l'issue finale en même temps que la cause initiale, tiennent à une ruse des vainqueurs, vécue dans le camp adverse comme une trahison.

S'agissant de la guerre ou du moins la bataille de Krina, la légende apprend que l'issue finale a été concoctée par l'une des sœurs de Soundjata, qui était l'épouse de Soumaoro (l'ergot de coq). Curieusement, dans l'énonciation d'une intrigue similaire faite par la fille (Kenda Kala Niagalen) de Tiramakan (général en chef de Soundjata), elle y a laissé sa vie. De même que cette dernière réussit à tirer de son mari son tendon d'Achille et puis le livra à Fakoli, cet autre général, contre promesse ferme de mariage ; la sœur de Soundjata en a fait autant avec Soumaoro. Alors pourquoi Kenda Kala Niagalen a-t-elle été sacrifiée?

Cissé et Kamissoko (1976: 293-295)22 rapporte:

> Fakoli: Si j'ai pu vaincre Niani Massa Kara et enlevé tout regret du cœur du Mansa du Mandé, c'est bien à cause de toi, de ton stratagème et de tes astuces. Or Dieu lui-même qui a créé la femme a placé dans sa chair de très grands et profonds mystères qui sont au nombre de 7777. Et c'est parce que les hommes ne connaissent qu'un seul de ces mystères-là qu'ils arrivent à vivre avec la femme; ceux d'entre-deux qui en connaîtraient un de plus mourront célibataires. Il s'agit là de l'œuvre de Dieu lui-même. Kenda Kala Niagalen, la «chose», la raison qui t'a poussée à me livrer [ton époux] est celle-là qui te poussera un jour à me trahir.[...]. Finie ta vie de femme préférée !».

La femme est présentée comme un être diaboliquement génial et qui met son intelligence tantôt au service du bien, tantôt au service du mal. Aussi, bien que Kenda Kala Niagalen ait peut-être souhaité épouser Fakoli, elle en était essentiellement empêchée par sa condition d'épouse devant effectuer son veuvage et que la polyandrie n'était pas reconnue comme règle matrimoniale. En fait et très vraisemblablement, c'est parce qu'elle était épouse l'importance de la femme en tant qu'épouse — que celle-ci ne pouvait manquer de découvrir le secret de la vie de Niani Massa Kara. Ce n'est pas la féminité, attribut personnel et subjectif de cette femme qui lui a permis d'obtenir les renseignements de la bouche de Niani Massa Kara. La mort de ce dernier est due au fait que l'institution du mariage (polygamie) obligeait une femme à rendre toutes sortes de services à son époux, qui l'a rapprochée de Niani Massa Kara.

Pour d'autres, Fakoli ne devait certainement pas l'aimer, car l'amour qu'il éprouvait pour sa première et unique femme, Keleya Konkon, était légendaire et cet attachement a été déterminant dans sa rupture avec son oncle Soumaoro. Son entrée au service de Soundjata et finalement la victoire de ce dernier sur son adversaire du Sosso. L'attachement de Fakoli à Keleya Konkon, était lié au fait qu'elle était douée d'une grande puissance magique. À elle seule, elle pouvait préparer autant de plats que toutes les femmes (100) de Soumaoro réunies. La volonté de ce dernier de s'approprier la femme de son neveu consacre, en effet, la rupture entre les deux. Cette défection affaiblira considérablement l'armée Sosso.

Selon Kamissoko et d'autres traditionalistes, l'acte de Fakoli était calculé. En effet, jaloux de la prestance et de la popularité de Tiramakan, il entendait pousser ce vaillant guerrier à la faute, par exemple l'amener à quitter l'armée du Mandé, ce qui lui laisserait le champ libre.

Kamissoko (1976: 83) termine: «Une rivalité sans bornes pour ne pas dire une haine sourde s'installa alors et pour toujours entre Tiramakan et Fakoli. Les exploits que l'un et l'autre accomplirent par la suite tendaient en fait à prouver lequel, de Fakoli et de Tiramakan, était le meilleur».

En réalité, ce geste met en scène les conditions perverses de la responsabilité collective et les besoins subjectifs de l'individu:

- une certaine jalousie dans le mariage polygame ajoutée à une tendance de passer beaucoup plus de temps avec sa préférée sont responsables de la mort de Niani Massan Kara ;
- la capacité que possède une femme, du fait de sa condition ou de son statut d'épouse, d'obtenir des informations qui peuvent avoir un effet destructeur sur l'homme (le discours de l'oreiller);

Niani Massa aurait dû faire confiance à une étrangère (de même que Samori). Ainsi, bien que la coutume exige qu'un homme épouse une femme du dehors, et non du groupe de ses consanguins, il y a limite à la règle d'exogamie : Samori avait tué le père de sa préférée avant de l'épouser et Niani Massa savait que sa préférée était la fille d'un général de Soundjata auquel il s'opposait; de même pour Soumaoro, en épousant la demi-sœur de Soundjata, savait que c'est lui-même qui avait abrégé le Mansaya (la royauté) dont la famille de sa nouvelle épouse avait la gérance, et quelle qu'en soi l'extraction d'une femme pour les liens du mariage, il est dit en milieu Bambara-Malinké que la femme en quittant sa famille pour une autre famille complète ceux qu'elle rejoint, et chez elle, on la considère comme le complément des autres. Ce qui suppose que la femme n'a comme patrie que celle de son mari. Mais, curieusement, dans leurs gestes respectives, ces femmes sont demeurées une source inestimable pour la pérennisation des pays de leur parentèle d'extraction. Donc, en atteignant un idéal subjectif (épouser une femme du dehors), il détruit son existence objective (il est tué, Soumaoro, Niani Massa Kara, ou déporté, Samori).

Certes, quand l'armée coloniale eut raison de Samori, sa femme préférée *baramuso*, Saran Kégni n'accepta pas de le suivre dans son exil, malgré toutes ses marques d'amour. Les traditionalistes attribuent cette attitude de Saran Kégni à de la rancœur qu'elle aurait gardée contre Samori pour l'assassinat de son père (*fafaga dein tê gnina*) [on n'oublie jamais le meurtre de son père]. Pala et Ly (1979:230) notent:

> C'est certainement là en effet que se trouve l'explication de toutes les trahisons de chefs par leur femme préférée. Celle-ci était toujours une fille de Roi capturé et mis à mort par leur mari. Dès lors, à la première occasion qui s'offrait à elle, elle n'hésitait pas à venger son père. À ce désir de vengeance filiale, il faut ajouter, [...], celui de devenir la préférée du chef le plus célèbre du jour.

Cette explication ne rend pas compte de tous les actes de trahison des femmes préférées; par exemple Niani Massan Kara n'a pas défait Tiramaghan Traoré. L'explication est une parmi tant d'autres. En réalité, au lieu de trahison, la femme s'est trouvée dans une contradiction entre la réalité objective, la responsabilité collective et les besoins subjectifs de l'individu. Si la femme était consciente de ses obligations sociales et s'en acquittait sans résistance apparente, elle avait aussi le temps de réfléchir à sa situation en tant qu'être humain. Il semble qu'elle ait été en mesure de donner la priorité à ses obligations de mère, d'épouse et de productrice de nourriture de la famille.

Dans l'ensemble, les structures sociales de l'époque s'opposaient à la réalisation logique des aspirations individuelles et subjectives dont la société avait besoin, pour se perpétuer, d'une coopération économique et d'un égalitarisme assez poussé. Les contraintes objectives de la production et de la reproduction ont encouragé l'esprit communautaire, même là où une certaine différenciation économique était décelable. Cependant, il est important également de bien voir que, même les sociétés étaient souvent contraintes de subordonner l'unité irréductible de l'individu au bien commun. Stratégie de provocation, de positionnement ou de justice ! Si tel a été le destin de Kenda Kala Niagalen, l'énonciation qui suit, décrit la vraie devise de la femme:

> Comme la chèvre, la femme apprécie hautement la liberté, ce qui la pousse à prêter trop souvent l'oreille aux cancans sur «da liberté de faire en ménage ce qui lui plaît». Et pour parvenir à ses fins, elle a recours à toutes sortes de «démarches», de subterfuges; ce qui fait d'elle un «animal» redoutable. Dès qu'elle sent venir la vieillesse, la femme a recours à tous les moyens, notamment les procédés cosmétiques pour retarder l'échéance. C'est parce qu'elle connaît mieux que quiconque les travers de son mari qu'on la croit à même de combattre imparablement son conjoint ou de le trahir au besoin (Pala et Ly 1979:79).

Si tel est le jugement, peu flatteur, que le Malinké porte sur la femme, cela n'est pas sans rappeler l'effet induit par la socialisation d'une telle sentence chez ces derniers. C'est là qu'apparaît l'image ambivalente de la femme: elle fait l'objet de méfiance parce qu'elle ne peut pas garder de secret, et elle devient destructrice de pouvoir, ce qui fait que les hommes veuillent accentuer sa soumission, elle est alors traitée avec mépris et considérée comme foncièrement impure; tout cela n'empêche point qu'elle soit l'objet d'une quête permanente, continuelle et su-restimée. Par exemple chez les Dogon, cette ambivalence s'exprime de façon imagée à travers la requête formulée par le créateur Amma qui demande à l'hyène de lui apporter successivement la meilleure, puis la pire chose au monde. L'hyène ayant amené chaque fois une femme, Amma lui donna l'explication suivante «c'est par la femme que viennent tout le bien et tout le mal dans le monde» (Griaule 1965:342). Cette ambivalence de la femme se trouve dans bon nombre de contes de la sous-région. Ces contes montrent que la femme doit accepter son destin social car la société est ce qui importe le plus. Les valeurs sociales doivent l'emporter sur les désirs individuels pour que le groupe puisse survivre?

Est-ce possible de prétexter l'analogie entre le meurtre de Kenda Kala Niagalen et ce qu'écrit Serge Moscovici (1996:224): «Quel que soit le sacrifice, leur pre-mier souci est en fait de devenir visible, donc d'obtenir la pleine reconnaissance de leur existence aux yeux de la majorité et dans l'esprit de ceux qui la compo-sent».

Kenda Kala Niagalen peut-elle être inscrite au panthéon des femmes célè-bres à la trempe de Cléopâtre? Certes, la mort a fait son œuvre mais puissant comme un sortilège, le nom de Cléopâtre n'a jamais cessé de déclencher les pas-sions alors que celui de Kenda Kala est aux oubliettes! Niani Massa Kara n'est plus. En vérité, le Mandé a été unifié. Kenda Niagalen, elle, est immortelle ! N'est-ce pas là un pan du mystère nécessaire à toutes les légendes?

Jusque-là, dans notre description, la femme apparaît comme l'épicentre des faits de pouvoir: qu'il s'agisse de sa perte ou de son acquisition. En effet, il a été question de trois figures de femmes. Dans la geste du Ouagadou, nous avons la femme chosifiée—objet de sacrifice—et dans la geste du Mali, deux figures qui se chevauchent: la première renvoie à la figure de la femme soumise, le souffre-douleur et la seconde, qui si elle unifie, rend un service inestimable à son groupe d'origine; elle fait l'objet de crainte ou du moins aux yeux de la collectivité, elle devient le terreau du diable, un être de trahison.

Que dire de la geste de Ségou, principalement celle relative à Bambougoutji?

Il est dit que Bambougoutji fut un Roi Bâtisseur, parce qu'il a été le seul à construire un canal. Mais qu'est-ce qui est tu par la tradition?

L'histoire nous apprend que ledit canal a été creusé pour assouvir les capri-ces d'une des dernières épouses préférées du Roi, qui aurait souhaité être ré-veillée par les beuglements d'hippopotames. Le royaume vivait l'une des pires sécheresses connues; les puits s'étant asséchés, les femmes devaient faire des dizaines de kilomètres pour se procurer la denrée rare et aussi les chemins menant au fleuve étaient dangereux. En effet, avec le creusement du canal, l'eau se trouvait à proximité du royaume et pour ne pas dire dans le royaume.[23]

Telles sont présentées les thèses d'une même théorie sur la femme par les traditionalistes du monde bambara-malinké, et léguées par eux. Aujourd'hui donc et malgré les mutations en perspective, une telle conception de la femme sub-siste. Et ce, au-delà du flou ou du mysticisme entretenu, sciemment ou non, dans la démarcation entre le public et le privé de la femme ou encore entre l'individuel et le collectif que d'autres ont nommé la prégnance de la collectivité sur l'individu. Faut-il considérer la femme, mère, épouse, et surtout chargée de la formation des hommes, comme un être diminué parce qu'elle ne travaille pas à l'extérieur mais à l'intérieur. Parlant de ce royaume de l'intérieur, Colette Houetto (1975:56-57) dit que:

> Le fait d'œuvrer dans l'anti-chambre, loin des délibérations publiques que les hommes menaient dans la souveraineté. En effet, elles préféraient être ces gran-des discrètes qui savaient influencer les hommes et les faits historiques[…], acceptaient librement de disparaître pour lui laisser l'impression d'être grand «manitou»(...). C'est certainement ce comportement de la femme africaine qui lui aura valu d'être considérée comme la «silencieuse» de l'histoire, comparativement à la femme occidentale, […]. Mais si communément on reconnaît que le silence et le secret engendrent de grandes choses.

Certes, un tel discours participe à élever le discours de l'oreiller du moins la nuit porte conseille à un niveau thymotique ; or, il ne s'agit pas pour les femmes d'être reconnues seulement mais de jouir réellement de cette reconnaissance en tant qu'actrices. Ce qui n'est pas le cas, jusque-là, chez les Bambara-Malinké.

Dès lors, les mythes ne sont en dernière analyse qu'un reflet de la pratique sociale et une justification idéologique *a posteriori* d'un fait social établi et à légiti-mer. Une telle conception de la femme, qui informe la conception du pouvoir, n'est pas sans influence sur l'élaboration ou la conception d'une culture ou d'une politique d'intégration nationale. Il ne serait donc pas étonnant de voir l'éléva-tion au rang de culture nationale la geste des guerriers pillards et esclavagistes qui ont dominé pendant des siècles le site de l'actuelle République du Mali.

Ces gestes, extraites de leur contexte, ne sont nullement présentées comme l'expression d'une oppression antérieure, mais comme un des fondements cultu-rels de l'affirmation de l'identité nationale. Ainsi dominants (hommes) et domi-nés (femmes et cadets sociaux) d'hier et d'aujourd'hui sont invités à s'identifier à une reproduction culturelle qui n'a jamais été autre que celle des hommes que Bagayogo (1987:105) a qualifiée de «rémanence du passé ou de la reproduction du modèle matriciel de domination».

La personne mâle ou femelle, ne doit-elle pas s'exprimer dans le collectif de façon spécifique, particulière et capacitaire?

Stamp (1989:136) montre la voie à suivre quand elle note que pour mieux comprendre la nature de la vie publique en Afrique et le rôle que jouent les femmes, on doit se défaire de la conceptualisation occidentale d'une opposition des domaines public et privé.

Les nouveaux statuts féminins: du modèle matriciel de domination à la rémanence du passé

Les nouveaux statuts féminins sont en rapport direct avec quelques faits, qui étaient jusque-là considérés comme des piliers de la «tradition», c'est-à-dire renvoyant au «nous» (société), parce que relevant des «savoir-faire» et «savoir être». Quels sont ces faits qui informent l'éclosion de nouveaux statuts féminins? Ou alors comment va la famille bambara-malinké, confrontée à la paupérisation, au salariat, à la polygamie et à l'instabilité matrimoniale, à l'urbanisation? De l'ère des greniers à celle des capitaux, est-ce la décomposition de la famille élargie (*gwa ba* ou *duba*, grande maison où réside plusieurs ménages ou cuisines) et l'émergence des familles restreintes regroupées autour de la cellule conjugale (gwa, ménage ou cuisine)? Autrement dit, la famille bambara-malinké (africaine) connaît-elle une évolution semblable à celle de la famille basque ou corse (européenne)?

Dans ce milieu, avec la paupérisation croissante de ces dernières décennies, nombre de femmes ont appris à gérer leur propre vie (l'affirmation de l'individualité ou l'émergence du moi) et leur propre corps par rapport (aux hommes) aux structures sociales. Cette relative existence et autonomisation nous incite à avancer l'hypothèse que le degré de responsabilisation des femmes dans une société est proportionnel en partie à la durée du temps des oppositions qu'elles feront d'avec leur mère et sœurs ou du moins, dans leur propre famille. Ces oppositions naissent dans des situations de paupérisation, de migration, d'instruction et de la recherche d'un vivre mieux. La relative autonomie et la responsabilisation des femmes relèvent de la conjugaison de quelques facteurs essentiellement structurels et conjoncturels. Il s'agit, d'abord de la démographie galopante favorisant le brassage interculturel et la tendance poussée à l'émigration vers les centres urbains et dont la conséquence immédiate serait l'atomisation des structures familiales et le relâchement du regard de la communauté. Ensuite, la scolarisation des filles, le développement des mass médias et des industries culturelles ont largement adouci la rigidité de la socialisation ou du moins, ont écarté, de façon durable les enfants nés dans les centres urbains, loin des sites traditionnels d'énonciation de la socialisation des parents. En ce temps, une nouvelle identité se crée, l'urbanité avec tout ce qu'elle comporte comme innovation, libéralité, relativité, responsabilité par opposition à la ruralité, symbole du passé et respect des traditions. En réalité, ces mutations ne sont pas propres au seul milieu urbain; la ruralité connaît depuis peu ses révolutions passives, l'exode rural et la migration à longue distance des deux sexes sont devenus des vécus.

Quiminal (1991:9) remarque:

> … ; décider de partir sans y être autorisés, c'est leur manière de défier l'autorité des anciens sans pour autant les mettre dans l'embarras. Les aînés ont besoin de bras pour cultiver les champs. Ils ont aussi besoin d'argent. Désormais ils savent, il faut accepter de perdre un peu d'autorité afin de la conserver.

Il est question de la déstructuration ou de la dislocation des relations symplectiques. Simplement, il n'y a pas de culture de rente ou elle apporte très peu dans le budget familial. Une des issues est le repli sur la communauté domestique. Repli qui, pour les nobles, est une véritable reconversion (l'esclavage est aboli et les jeunes migrent). Ce repli est insuffisant pour faire face aux strictes exigences de reproduction car il faut payer l'impôt, acheter le sel et autres denrées que le surplus désormais bien entamé ne permet plus de se procurer. Là, seules les femmes s'en tirent mieux avec l'entretien d'un commerce, d'un potager et l'appui des caisses d'épargne et de crédits. C'est là que la visibilité de la femme sort de l'apparence et s'exhibe non pas dans l'énonciation de la paix des braves, mais dans celle d'une complémentarité déterminante. En rapport à une telle mutation, Nanitelamio (1995:117) note que:

> L'infériorité de la femme n'est que fictive, c'est plus une pénalisation sociale vieille comme le monde, qu'une réalité irréversible. L'infériorité n'est pas à tout point de vue qu'apparente. C'est un mythe à détruire (…). La révolution a pour but de briser tous les carcans qui maintiennent des êtres dans des interdits inexplicables.

Pour elle donc, c'est dans ce contexte général qu'il faut situer l'évolution des rôles féminins et masculins, car on y relève la présence d'éléments de permanence et d'éléments de changement. Les nouvelles conditions sociales, politiques et économiques coexistent avec l'idéologie, les valeurs et normes traditionnelles qui continuent de servir de cadre de référence pour la majorité de la population. La prise en compte de ces effets induits s'est traduite par le contrôle de la sexualité et de la fécondité (l'expression sociale de la maternité), mais si l'urgence sociale et individuelle de la maternité se maintient, celle du mariage ne l'est plus tout autant; l'accès à nombre de travaux qui étaient jusqu'alors des parts régaliennes des hommes, ce qui induit le droit à la propriété, aux connaissances et au pouvoir; les femmes se construisent désormais une toute autre image d'elles-mêmes.

En outre, si la femme n'avait pas à proprement parler de pouvoir si ce n'est qu'un pouvoir symbolique dans la société traditionnelle (bambara-malinké), elle pouvait jouer sur deux registres (individuel et collectif) pour capter sa part de pouvoir à partir de ses propres actions au sein d'associations féminines, à travers le discours de l'oreiller et la réussite des enfants qu'elle mettait au monde; aussi, par le fait qu'elle quitte sa famille d'origine pour celle du mari à résidence virilocale. Chacune de ces situations lui octroyait une position enviable ou méprisable. Une telle mobilité l'a obligée à développer son sens de l'adaptation[24] (Guilmain-Gauthier 1985:37). Ainsi, si leur exclusion des sociétés secrètes était une occasion pour les hommes de les dominer par la peur,

> Les masques assoient la domination des hommes sur les femmes (et les enfants) qu'ils effraient. Ils pouvaient autrefois ordonner l'égorgement des présumées

sorcières ou de femmes responsables de grave mésentente dans le village. On justifie l'exclusion des femmes de l'institution par le danger potentiel de stérilité ou de mort, que les masques représentent pour elles (Rondeau 1994:169-170), aujourd'hui les femmes ne craignent plus les masques car ils n'existent plus ou ils sont encore devenus plus visibles parce qu'exposés dans des musées (là où ils sont encore présents).

Aussi si dans le passé les femmes ont eu à intérioriser les valeurs de leur société, aujourd'hui encore, elles ont une toute autre perception d'elles-mêmes et de leur rôle dans la société, qui d'ailleurs s'est transformée et est en constante mutation; cela bien que les vieilles s'essayent à transmettre les valeurs traditionnelles, et les filles observent. Certes, la soumission de la mère est un modèle à suivre pour les enfants qui doivent accepter la domination des aînés sociaux (le respect dû à l'âge), mais les femmes contestent de plus en plus le fait que, si elles n'obéissent pas à leur mari (accepter tous ses caprices), leurs enfants seront des moins que rien. Car s'il est vrai que des statuts sont valorisés (mère, épouse), ils peuvent être vécus différemment. Les deux statuts repérés ne sont pas forcément liés, et aussi, la maternité se conçoit hors mariage.

De ces nouvelles adaptations initiées, le constat corrobore à la multiplication des familles monoparentales et, surtout, à la féminisation croissante de la fonction de chef de ménage (constitué des membres d'une famille vivant sous un même toit). Célibataires, mariées ou veuves, de plus en plus de femmes de cette aire assument seules la subsistance et l'éducation des enfants et la prise en charge de la parenté proche. La plupart de ces femmes mènent de front plusieurs activités[25] et, quand les moyens ou les opportunités se présentent, elles montent des tontines et toutes sortes d'associations. Faut-il y voir l'acquisition d'une plus grande autonomie ou plutôt, une féminisation de la pauvreté?

Enfin, nous assistons à l'inculcation du féminin comme catégorie politique. Depuis les événements de mars 1991, la femme malienne occupe une place de choix dans le discours officiel et dans la presse nationale. Bien plus qu'un groupe d'acteurs dont on voudrait mobiliser l'attention, les femmes semblent aujourd'hui constituer une catégorie politique. En effet, tout est mis en œuvre pour magnifier leur engagement spontané et salvateur; cette catégorie de notre peuple, qui a porté au grand jour le pantalon, avec une ardeur insoupçonnée pour la défense de la vie de leurs enfants mais aussi dans les luttes pour l'émancipation sociale du peuple malien.

Ces populations ne disent-elles pas que la femme meurt pour sauver son enfant!

Même si ces constats semblent encore limités aux grandes cités, ils relèvent une renégociation des rapports familiaux dans le sens d'une contractualisation progressivement imposée par les modes de vie urbaine et les rapports sociaux qu'ils génèrent.

Conclusion

L'analyse du genre appliquée aux sciences sociales constitue un champ récent en Afrique. Elle est une nouvelle dimension à la recherche. Aujourd'hui plus que jamais, l'exigence d'une approche de genre comme catégorie de compréhension et d'explication des faits sociaux demeure. Cette exigence ne relève plus seulement des nouvelles données épistémologiques, elle est aussi économique, politique, sociale et culturelle. Elle donne à la science et à la connaissance «une dimension moins sexiste, moins biaisée, car elle cesse d'occulter la place et les points de vue des femmes» (Sow 1994:5).

L'appréhension du genre doit s'opérer dans la multiplicité et l'interprétation des facteurs sociaux, économiques, politiques et idéologiques «construits». Ces facteurs surchargent la femme en être immature et lui fixent un statut subalterne, aliénant et inhibiteur; un système d'accès au pouvoir politique qui marginalise la femme dans la prise de décision et de la détention des moyens de mise en oeuvre.

Enfermer l'examen de l'entre-deux dans le seul cadre des mutations ne répondrait à aucune réalité sociologique observable. Les raisons en sont nombreuses: d'une part, et contrairement à l'opinion générale, il n'existe aucune acceptation de la femme comme sous-ensemble biologique, d'autre part, les mutations, tant clamées, restent par conséquent un horizon.

Nous dirons qu'il n'y a pas une démarcation absolue, tranchée, entre les générations actuelles et celles d'hier; la lutte pour l'amélioration de la condition féminine n'est pas une nouvelle; ce qui est nouveau c'est la possibilité qu'ont les femmes de décupler le capital qui leur a été transmis, réaliser ce qui n'était pas réalisable hier, l'aspiration à l'égalité n'est plus le fait de quelques-unes, mais elle est devenue un phénomène de masse. Aussi, avec les mutations qui se dessinent, il ne s'agit plus seulement pour les femmes de participer aux institutions politiques, sociales et éducatives; mais d'aider à remodeler, à repenser et à organiser le pays.

Dans les conditions actuelles, ces mutations participent davantage d'un imaginaire que d'une réalité effective chez les Bambara-Malinké du Mali. Car l'idée d'une libération de la femme a une valeur d'universalité. Mais elle fait chaque fois l'objet d'une traduction dans les langages d'un temps et d'un lieu. Ceux-ci sont, constamment réinventés en fonction des rapports de force et des luttes au sein de chaque société et de la position de chaque société et de la position de cette société par rapport au monde. Qu'en est-il des autres communautés vivant au Mali? Peut-on encore être femme aujourd'hui?

Notes

1   Ici, il est question des productions suivantes: production des biens de consommation et reproduction de l'espèce humaine.

2   «La culture [...] est [...] l'ensemble des traits distinctifs, spirituels et matériels, intellectuels et affectifs qui caractérisent une société ou un groupe social. Elle englobe, outre les arts et les lettres, les modes de vie, les droits fondamentaux de l'être humain, les systèmes de valeurs, les traditions et les croyances» (Diagne et Ossebi 1996:11-12).

3   Depuis Marcel Mauss (1950:331-362), la notion de personne se situe au centre de toute étude ethnologique. Ainsi, Lévy-Bruhl (1935) s'était interrogé sur la notion de l'individualité et de la personne chez les «primitifs» et Marcel Griaule a étudié la personne chez les *Bambara* et les *Dogon* (1947:425-431; 1948:21-27). Pour Jean Stoetzel (1978:155): «chaque conception du moi dans une société donnée est reliée aux institutions et aux valeurs de cette société, à la fois comme effet et cause».

4   Domenach J.M. note qu'il «est significatif que le tragique, cette catégorie essentielle de l'existence humaine, marque la culture de l'Europe, et nulle autre» (*Le retour du tragique*, Paris, Seuil).

5   On se reportera à Germaine Dieterlen (1950; 1973); G. Dieterlen et Youssouf Tata Cissé (1972).

6   Ces deux citations sont tirées du texte de Youssouf Tata Cissé (1973:131).

7   Selon G. Dieterlen (1951:44): «Le chiffre trois représente dans le corps de l'homme la verge et les deux testicules, le chiffre quatre les quatre lèvres de la femme».

8   La personne n'est pas une entité en elle-même, «telle, dit-il, une boîte bien fermée». Elle recèle plusieurs dimensions et elle est orientée suivant plusieurs directions, qui sont à la fois «extérieures» et «intérieures» à elle, à commencer par ses semblables (Bâ 1975:181-203).

9   S'agissant de la collusion entre l'anthropologie et la colonisation, nous renvoyons le lecteur à B. Malinowski, «Pratical anthropology», *Africa*, vol. II, n°1, 1929, pp. 28-38 et Fatou Sow, op.cit., p. 5.

10 Ici, la production a deux sens: les compétences techniques et le travail nécessaire pour exploiter le milieu naturel afin de produire les moyens d'existence; la production d'êtres humains (l'entretien et l'alimentation des individus, accroissement de la population). S'agissant de la femme, le terme est plus spécifique car il renvoie à leurs tâches de production alimentaire, de procréation et d'éducation des enfants. S'agissant de la reproduction, Harris Memel Foté (1975:170-171) note qu': «il faut entendre quatre choses liées: le rapport à l'espace où la reproduction a lieu (virilocalité, uxorilocalité), le type d'appropriation des forces de reproduction (monogamie, polygynie, polyandrie), la fonction de l'activité de reproduction proprement dite (contrôle ou non du partenaire, coopération égalitaire) et enfin la forme d'appropriation des fruits de la reproduction, c'est-à-dire les enfants, partage, appropriation pour la mère, par le père ou par la collectivité».

11 Cf. M. Camara, *Gens de la parole, essai sur la condition et le rôle des griots dans la société Malinké*, Paris, Mouton, 358 p. Harris Memel Foté (1975:143-144) note que la notion de civilisation de la femme est ambiguë, en deux sens: le contexte idéologique ou la thèse de l'autonomie de la femme vient servir la cause de l'indépendance culturelle de l'Afrique; le contexte théorique: la notion de civilisation de la femme est par conséquent une notion idéologique (le concept global de civilisation se réfère à une société globale et non à un groupe social, spécifié à l'intérieur des

sociétés globales.

12 *Musokoroni Kuntjè ou Na Nyagalen Ba ou encore Sabura Nyagalen:* «Femme mythique, avatar féminin de *Pemba*, le dieu du désordre et de la déviation chez les Banmannan».

Ngala (dieu), selon ces derniers, créa le monde à partir d'un infiniment petit, sorte d'atome initial appelé l'œuf du monde et matérialisé sur la terre par la plus petite des graines de céréales, le fonio. Cet oeuf contenait deux paires de jumeaux. Le mâle de la première paire, Pemba, pressé de découvrir l'univers, arracha un morceau de son propre placenta et s'en servant comme arche, se précipita dans le vide initial. Ce morceau de placenta devint la terre mère que Pemba voulut rendre féconde en semant des graines de fonio. Le fonio rougit du sang du placenta et la terre demeura stérile à cause de cet acte incestueux. Ngala sacrifia alors le mâle du deuxième couple de jumeaux, *Faro*, pour réparer la faute de *Pemba*.

Pendant sept (7) ans, Pemba fut tourbillon; ensuite, il fut transformé en graine d'acacia. Il se posa à terre sous cette forme et germa en un arbre: le *Balanza* (*Acacia Albida*). L'arbre se dessécha très vite, et devint un mandrier rectangulaire, *Pembélé*. Pour corriger sa solitude, *Pemba* fabrique lui-même un être, à partir de son propre corps en décomposition et du sable, auquel il donna une âme (souffle) *nii*, ainsi que le pouvoir de connaissance. De cette créature, il fit sa femme et exigea d'elle un amour total. Il la baptisa *Musokoroni Kuntjè*. Elle donna naissance à des enfants dont le premier fut la panthère. Pour fixer sa puissance, Pemba demanda à Musokoroni de le planter. Il prit aussitôt racine et devint le premier arbre de tous les arbres, le *Balanza*, vert en saison sèche, sec en saison pluvieuse. Mais *Pemba/ Balanza* ne se contenta pas de *Musokoroni Kuntjè*. Il exigea que toutes les femmes lui donnassent leur amour. Se nourrissant de leur sève comme il l'avait fait avec Musokoroni, il augmenta sa puissance. Mais *Musokoroni*, prise de jalousie, se révolta contre ce partage, refusa à Pemba l'amour et la fidélité qu'elle lui avait promise. Elle s'isola et cessa de coopérer à l'œuvre de la création. Elle commença à la troubler. Le *Balanza* la maudit, ce qui provoqua sa déchéance. Le désespoir et la nostalgie la rendirent folle. Elle parcourut alors les cieux, l'espace, la terre, dans tous les sens en enfonçant dans le sol des morceaux de bois, dans l'espoir qu'ils germeraient en Balanzan. Mais Musokoroni, qui s'était fait mutiler alors qu'elle entretenait des rapports sexuels avec *Pembélé*, voulut faire infliger les mêmes blessures aux autres femmes. Dans sa fureur, elle excisa et circoncît avec ses ongles et ses dents tous les êtres humains qu'elle rencontra. La violence de ses actes provoqua en elle les premières menstrues. *Musokoroni Kuntjè* révéla également aux hommes les connaissances que Pemba lui avait apprises mais qui devaient rester secrètes. Elle communiqua à tout ce qu'elle toucha l'impureté acquise par sa trahison. La terre devint impure à son contact. Refusant de se soumettre à son créateur, elle mit ainsi le désordre dans la création. Elle est à l'origine de l'introduction du mal, du malheur et de la mort dans le monde. Au bout d'une longue vie obscure, d'errance, de misère et de folie, elle mourut dans la détresse. C'est elle qui transmit à l'espèce féminine son impureté, qui lui a légué les vices qui lui sont particuliers: trahison et légèreté, démesure, passion ardente, perversion. *Musokoroni* est la femme du feu. Ses cheveux sont tout rouges; son masque est également couleur rouge. Son règne fut *Magossa tlè*, une ère où on ne faisait rien de productif, si ce n'est l'activité sexuelle.

En revanche, les efforts que Musokoroni avait déployés pour échapper à la faim sont à l'origine des techniques agricoles qu'elle enseigna».

13 Alassane Ndaw (1983:96) note que le mythe vise essentiellement à informer l'homme de ses rapports à l'univers, conçu comme cosmos rythmique, ensemble de forces, et à réglementer ces rapports afin qu'il puisse attirer à son bénéfice le concours de ces puissances pour la conservation et l'accroissement de son être. On peut penser que le mythe, en tant que forme, a lui-même un statut ambivalent, tout comme son contenu matériel, qui comprend deux niveaux de connaissance (profane/initié). N'est-il pas à la fois révélant et cachant, informant et dérobant, mais aussi disant et donnant la mesure de son savoir, c'est-à-dire interdisant?

14 Remarquons au passage que *Musokoroni Kuntjè* fait référence au mythe de fondation des Bambara-Malinké. Or, les mythes de fondation ou de la création présentent aux vivants le modèle selon lequel ils doivent construire la société et élaborer les institutions. Expliquant la nature et l'ordre des choses, le savoir du mythe est la référence par rapport à laquelle l'ensemble social fonctionne et s'organise. Si le savoir du mythe se cache, c'est que tout le monde ne peut détenir le savoir que confère la connaissance des secrets. C'est en cela que Ndaw dit que le mythe « investit l'individu ou le groupe, au sens fort du terme, au moment de la communication, car celle-ci doit être reçue comme telle, sans appel, sans contestation », il est à la fois commencement et fin ultime.

15 S'agissant du mythe Dogon, B. Zadi Zaourou et S. Ehoumana (975:106-121) relèvent trois problèmes dont les deux cités (plus haut) et le problème de l'adultère. C'est en cela qu'ils interpréteront le geste du chacal mythique comme une agression contre la femme. Cette agression symbolise la première contradiction entre l'homme et la femme et marque la première grande victoire de l'homme sur la femme.

16 Le sang fondamental dans la tradition africaine comme signe distinctif du lignage, d'identité, d'affiliation à un clan, à une tribu, à une ethnie, se perçoit avant tout au masculin. Néanmoins parce qu'également don de soi, image de sacrifice et de souffrance, le sang symbolise la souffrance, la femme donneuse de vie (Etonde – Ekoto 1989:352). De même, le sang d'une victime sacrificielle doué d'un mauvais *tere* fait perdre aux autels leur *nyama* et leur force, dit-on.

17 V. Colette Houetto (1975:62) note: «[...], le dévouement, le sacrifice chez la femme sont autant de signes de la civilisation de l'Afrique antique, c'est-à-dire cette présence et cette action rédemptrices et salvatrices de la femme africaine».

18 Pour plus d'informations sur l'histoire de Tapama Diénépo, voir Adam Ba Konaré, *Dictionnaire des femmes célèbres du Mali*, op. cit., p. 283.

19 Cf. «*Sani Kégniba*» (Album AMEN) une chanson du compositeur et musicien malien, Salif Keïta.

20 Dans le n° 6 (1996) de *Démocraties -hebdomadaire sénégalais*, Oumar Diagne («Femmes et mutations») caractérise trois types de figures de femmes. Ces figures renvoient aux différentes manières de présence et d'appréciation de la féminité: la femme historique, la femme imaginaire et la femme canonique. Pour notre part, la gardienne du feu correspond à la caractérisation qui est faite de celle historique même si le

terme historique renvoie à controverse parce que toutes les autres caractérisations sont contenues dans le temps historique.

21 «Ne pas savoir tenir sa langue est le propre des femmes». C'est pourquoi, elle doit subir de multiples épreuves, telles que la pose d'anneaux aux oreilles, au nez, à la lèvre supérieure et la taille des incisives; afin d'avoir de nombreuses occasions d'apprendre à se maîtriser. La femme bambara est également soumise à des épreuves physiques. Le tatouage en violet des gencives et de la lèvre inférieure pallie le manque de discernement et l'ignorance ou l'inaptitude à manier le langage. En effet, dire des choses sans détour, ne pas savoir user de la périphrase ou des figures du langage qui permettent de faire passer le sens indirectement, est une preuve de non-maîtrise de soi, de sa parole.

22 Cissé et Kamissoko (1976:78) notent qu'avant de rendre l'âme, Niani Massa Kara fait le chant suivant:

«Oh? bonnes gens, que danse pour moi la colombe blanche (de la vie éternelle)...
Kenda Kala Niagalen, ... Que Dieu te châtie de ta forfaiture?
Que personne ne confie à une femme sa pensée intime?...
Quoique j'eusse payé ton amour de ma franchise, [tu m'as trahi]. Kenda, ...
Que tu sois accablée de toutes les peines de la terre.
Que tu aies pour récompense la solitude du cœur.
Quoique j'eusse fait de toi mon épouse préférée, tu m'as trahi.
Ô ! blanche colombe,? danse pour moi la danse de la vie éternelle?
Qu'aucun homme ne confie plus jamais sa pensée intime à une femme».

23 Dans les mythes de fondation africains, c'est souvent la femme qui détermine le choix de l'emplacement de la future cité, comme si la femme génitrice des enfants de la société devait aussi donner vie à l'environnement. Les exploits amoureux des femmes, leur charme aussi sont autant d'atouts au service du génie politique. Point d'étonnement alors, si la préférée de Bambougoutji a pu mettre un terme à la violence subie des femmes du royaume; de même que Taïtu, femme de Ménélik II, fonda Addis-Abéba (Houetto 1975:62-63).

24 En se mariant et vivant dans sa belle-famille, la femme est psychologiquement désavantagée par rapport à l'homme. Car elle quitte les siens; elle doit nouer de nouvelles relations sociales. Or les hommes se définissent comme des chefs de place au sens spatial et social du terme alors que les femmes ne le peuvent jamais.

25 A notre avis, les nouveaux statuts dont nous faisons cas ne concernent pas seulement les mères et les épouses, ils concernent autant les adolescentes que celles que les Bambara-Malinké nomment affectueusement *ba wallon* (fille ou femme d'un âge avancé, qui a eu à contracter ou non un mariage, mais libre de tous liens matrimoniaux). Ces nouvelles identités initient de nouvelles combinaisons relationnelles, mettant parfois la femme au sein d'un réseau de polyandrie officieuse (matérielles, sentimentales et sexuelles). Ces nouveaux statuts débordent le cadre familial ou conjugal pour se situer dans la société au sens large, agrandissant ainsi le cadre de vie et leur sphère d'influence, permettant à certaines de jouer un rôle plus actif et plus visible.

Références

Achola A. Pala et Tall, Madina Ly, 1979, *La femme africaine dans la société pré-coloniale*, Paris, UNESCO-PUF.

Amselle, Jean loup, 1996, «Le N'ko au Mali», in *Mélanges maliens*, Paris, C.E.A, n°144, pp. 823-826.

Bagayogo, S. 1989, «Lieux et théorie du pouvoir dans le monde mandé: passé et présent», in *Cahiers des Sciences Humaines*, Paris, vol. 25, n° 4.

Bagayogo, Shaka, 1987, «L'Etat au Mali: représentation, autonomie et mode de fonctionnement», in *L'Etat contemporain en Afrique* (dir. Emmanuel Terray), Paris, l'Harmattan «Logiques sociales».

Balandier, G., 1974, *Anthropo - logiques*, Paris, PUF.

Bop, Codou, 1995, «Les femmes chefs de famille à Dakar», *Afrique et développement*, n°4, vol. XX, pp. 51-67.

Bruhl, Lévy, 1935, *La mentalité primitive*, Paris, Alcan.

Bruhl, Lévy, 1953, *La morale et la science des mœurs*, Paris, PUF.

Camara, M. 1976, *Gens de la parole, essai sur la condition et le rôle des griots dans la société Malinké*, Paris, Mouton.

Carty, M., 1973, *Le lien à la mère à la notion de destin individuel chez les Gourmantché*, Paris, CNRS.

Cissé, Y. T. 1973, «Signes graphiques, représentations, concepts et tests relatifs à la personne chez les Bambara-Malinké du Mali», *La notion de personne en Afrique noire*, Paris, CNRS.

Cissé, Y. T. et Kamissoko, Wa,1991, *Soundjata la gloire du Mali. La grande geste du Mali*, tome II, Paris, Karthala, pp. 81-82.

Cissé, Youssouf Tata, 1981,«Le sacrifice chez les MALINKE et les BAMBARA», in *Systèmes de pensée en Afrique Noire*, Cahiers du L. A., 221, EHPE, 5° section, CNRS, Ivry, pp. 23-60.

Diagne, Oumar, 1996, «Femmes et mutations», *Démocraties*-Hebdomadaire sénégalais, n°6.

Diagne, S. B. et Ossebi, H., 1996, *La question culturelle en Afrique: contextes, enjeux et perspectives de recherche*, Dakar, Codesria, Document de travail.

Dieterlen, G., 1941, *Les âmes des Dogon*, Paris, Travaux et Mémoires de l'Institut d'Ethnologie.

Dieterlen, G., 1951, *Signes graphiques soudanais*, Paris, Hermann et Cie.

Diop, Momar Coumba (dir.), 1992, *Le Sénégal. Trajectoires d'un État*, Paris, Karthala-Codesria.

Durkheim, E., 1967, *De la division du travail social*, Paris, PUF.

Durkheim, E., 1953, *L'Education morale*, Paris, PUF.

Ekoto - Grâce, Etonde, 1989, «Portraits de femmes à travers le fils d'Agatha Amoudio de Francis Bebey», *Femmes du Cameroun. Mères pacifiques, femmes rebelles*, Paris, ORSTOM-Karthala.

Foté, Harris Memel, 1975, «Les sciences humaines et la notion de civilisation de la femme. Essai sur l'inégalité sociale des sexes dans la société africaine», *Civilisation de la femme dans la tradition africaine*, Paris, Présence africaine, pp. 170-171.

Gauthier, Chantal Guilmain, 1985, «Le jeu de la femme», in *Femmes au Cameroun*, Paris, ORSTOM, Karthala.

Germaine, D., 1988, *Essai sur la religion Bambara*, Paris, PUF.

Griaule, M. 1966, *Dieu d'eau. Entretiens avec Ogotemmêli*, Paris, Fayard.

Griaule, M., s.d., «L'inconnue noire», Paris, *Journal de psychologie normative et pathologie revue présence africaine*, 1, pp. 21-27.

Griaule, Marcel, 1947, *Nouvelles recherches sur la notion de personne chez les Dogon*, Paris, pp. 425-431.

Houetto, Colette, 1975, «La femme, source de vie dans l'Afrique traditionnelle», in *Civilisation de la femme dans la tradition africaine*, Société africaine de culture, Paris, Présence africaine,

Konaré, Adam Ba, 1993, *Dictionnaire des femmes célèbres du Mali*, Bamako, Jamana.

Ly, Boubacar, 1997, «Processus de rationalisation et changement des valeurs sociales au Sénégal», *Revue sénégalaise de sociologie*, n°1, pp. 21-59.

Malinowski, B., 1929, «Practical Anthropology», *Africa*, vol. II, n°1.

Mama, Amina 1997, *Etudes par les femmes et études sur les femmes en Afrique durant les années 1990*, CODESRIA, Document de travail.

Mauss, Marcel, 1995, *Sociologie et anthropologie*, Paris, Quadridge/PUF.

Meillassoux, Claude, 1979, *Femmes, greniers et capitaux*, Paris, Maspero.

Monteil, Charles, 1953, «La légende du Ouagadou et l'origine des Sarakollé», in *Mélanges ethnographiques*, Dakar, IFAN, Mémoires n°2, pp. 359-408.

Moscovici, Serge, 1996, *Psychologie des minorités actives*, Paris, Quadrige/PUF.

Nanitelamio, Jeanne, 1995, «Relations de genre et relations conjugales», *Afrique et Développement*, n°4, vol. XX, 115-132.

Ndaw, Alassane, 1963, *La pensée africaine. Recherches sur les fondements de la pensée négro-africaine*, Dakar, NEA.

Niane, D.T., 1960, *Soundjata ou l'épopée mandingue*, Paris, Présence Africaine.

Pâques, Viviana, 1958, «Religion Africaine», in *Croyants hors frontières*, Paris, Cahiers de l'homme.

Quiminal, C., 1991, *Gens d'ici, gens d'ailleurs. Migrations Soninké et transformations villageoises*, Paris, Christian Bourgois.

Quivy, Raymond et Campenhoudt, Luc Van, 1995, *Manuel de recherche en sciences sociales*, Paris, Dunod.

Rondeau, Chantal, 1994, «Socialisation à la féminité. Comment l'on devient femme dans trois sociétés du Mali», in *L'égalité devant soi*, Marie France Labrecque (dir.), CRDI, pp. 168-176.

de Sardan, Olivier J.P., 1984, *Les sociétés Songhay - Zarma (Mali - Niger). Chefs, guerriers, esclaves, paysans*, Paris, Karthala - CNRS.

Sidibé, Mamby, 1959, «Soundjata Keïta, héros historique et légendaire, empereur du manding», *Notes africaines*, n°82, pp. 46-47.

Sow, Aminata, 1995, «L'intérêt de l'analyse du genre dans la relation économique entre la femme rurale et son environnement: le cas de Niadiène en moyenne Casamance», in *Afrique et Développement*, n°4, vol. XX, pp. 29-50.

Sow, Fatou, 1994, «L'analyse du genre et les sciences sociales en Afrique», in *Bulletin Codesria*, Dakar, Codesria.

Stamp, Patricia, 1989, «La technologie, le rôle des sexes et le pouvoir en Afrique », *Etudes techniques*, 63F, OTTAWA, CRDI.

Stoetzel, Jean, 1978, *La psychologie sociale*, Paris, Flammarion.

Torodov, Tzvetan, 1978, *Symbolisme et interprétation*, Paris, Seuil.

Vuillet, J., 1950, «Essai d'interprétation de traditions légendaires sur les origines des vieux empires soudanais », in Cahiers de Recherches, Académie Sciences Col.

Wieviorka, Michel, 1993, «Nationalisme, religion et populisme dans les sociétés post-communistes», in *Les deux sources de l'exclusion* (dir. Sophia Mappa), Paris, Karthala.

Yeyet, Delphine, 1975, «La femme et l'interprétation de l'histoire», in *Société africaine de culture*.

Zaourou, B. Zadi et Ehounan, S., 1975, «Visages de la femme dans l'idéologie de la société africaine traditionnelle», in *Société Africaine de Culture*, pp. 51-65.

6

Enfermement et Genre:
Le vécu quotidien des femmes
dans les prisons du Sénégal

Dior Konaté

> *«Éduquez un homme, vous éduquerez un individu.*
> *Éduquez une femme, vous éduquerez une nation».*
> Cheikh Ben Badis

Introduction

Au seuil du troisième millénaire où l'humanité traverse une crise sans précédent des idéologies et des modèles de développement, s'affiche entre autres tendances, la quête d'un développement endogène durable. Finalité qui ne pourra pas être atteinte au cours du XXIe siècle, si on ne met pas à contribution le génie de la femme. Il est, en effet, reconnu que l'égalité et l'équité entre les sexes et, en consé-quence, ce qu'elles impliquent constituent non seulement un but en soi au regard de la justice sociale et du progrès de l'humanité, mais également une condition incontournable et essentielle à l'amélioration des conditions de vie des popula-tions et de la mise en place de ce processus de développement.

Mais, le constat à l'heure actuelle est que les femmes n'ont généralement pas ou peu accès aux institutions sociales qui décident de leur sort, tandis que leur accès aux sphères de décisions est rendu impossible par tout un ensemble de mécanismes, de croyances, de pratiques socioculturelles et de handicaps (l'anal-phabétisme). De même, des phénomènes tel que l'enfermement carcéral, une des conséquences de la criminalité, perçue comme une stratégie de sortie de crise, constitue aussi un frein à l'épanouissement et à la visibilité de la femme dans la société.

Nous avons pu nous informer sur les différents aspects de la vie pénitentiaire coloniale, de l'attitude de l'administration et de la société coloniales et post-coloniales à l'égard de la femme emprisonnée. La question de l'enfermement des femmes et celle de l'incarcération en général, qui ressemble dans beaucoup de pays à un gouffre (Akélé Adau 1993), interpellent tout le monde, en particulier les chercheurs en sciences sociales.

Parlant de sciences sociales, de nouvelles exigences en ce qui concerne les études sur les femmes se sont imposées. Il s'agit de la nécessité d'intégrer le genre comme catégorie d'analyse dans les sciences sociales (Sow 1997). La notion de «genre» employée dans un contexte de renouvellement des méthodes et d'évolution des recherches sur les femmes, constitue à l'heure actuelle un vaste terrain de confrontations politique et intellectuelle (Imam *et al.* 1997; Mama 1997; Etta 1994; Sow 1997).

Dans le sens que lui donne Pauline Smitt Pantel (1993), «la problématisation du genre permet de mieux poser des questions plus générales comme celle de la fonction du genre dans l'ensemble des rapports sociaux ou de celle du rapport de l'étude du genre à la connaissance historique». Donc, cette analyse historique sur les femmes, l'enfermement et les relations de genre s'inscrit dans cette perspective relative au genre pour une meilleure compréhension des rapports hommes/femmes entre sphère privée et publique.

L'enfermement carcéral des femmes dans un contexte de construction de l'État colonial s'est déroulé sur un fond d'inégalité de genre, au sein de la prison caractérisée par un régime de mixité. Le traitement différencié appliqué aux femmes traduit toute l'importance de l'inégalité des rapports de genre entre détenus. Or, si la détenue n'est pas au centre des recherches sur le genre menées actuellement en Afrique (Mama 1997), il n'en demeure pas moins qu'elle est une actrice de l'histoire économique et sociale. Son travail, bien que n'étant pas comptabilisé, a participé à la reproduction de l'institution carcérale coloniale, même si aujourd'hui ce travail est apprécié autrement. Il convient, dès lors, d'identifier et de cerner le vécu quotidien des femmes dans les prisons coloniales et post coloniales pour appréhender leur situation et les rapports femmes/hommes au sein de l'institution pénitentiaire.

Pour ce faire, notre étude s'articulera autour de quatre axes de réflexion. Dans un premier mouvement, l'accent sera mis sur la typologie et les causes des crimes, et l'évolution de la criminalité. Les rapports hommes/femmes dans les prisons coloniales et les conséquences qui en découlent retiendront ensuite notre attention. La prison des femmes de Rufisque, moment de rupture important tant du point de vue du travail pénal que du travail de réadaptation dans le vécu quotidien des détenues sera le troisième point. Enfin, le dernier point portera sur les méfaits de l'emprisonnement en tant que frein à l'épanouissement et à la visibilité de la femme.

Pour la méthodologie, elle se compose de deux phases: la première est relative à l'inventaire et l'exploitation des documents écrits, c'est-à-dire les sources archivistiques, les travaux et études académiques relatifs à la prison. La deuxième phase sera constituée de la présentation des résultats d'enquêtes orales.

Au plan théorique, nous ferons appel à la science historique pour mieux expliquer le rapport environnement politique, économique et social et organisation pénitentiaire et, partant, analyser les rapports hommes/femmes au sein de l'institution carcérale coloniale et les ruptures qui se sont opérées dans la période post coloniale.

La criminalité des femmes au Sénégal

L'étude de la criminalité des femmes au Sénégal pose des difficultés relatives à la quasi-inexistence d'une littérature consacrée à cette question. Les travaux publiés sur la délinquance féminine n'en abordent qu'un aspect (prostitution, infanticide, etc.).

La criminalité des femmes présente une certaine caractéristique liée à leur statut. Cependant, son évolution durant les périodes coloniale et post coloniale est largement tributaire des bouleversements sociaux, économiques et politiques qui ont secoué le Sénégal pendant ces deux séquences. Ainsi, dans cet aperçu sur la criminalité des femmes, l'accent est à mettre sur ses facteurs déclenchants.

La criminalité des femmes durant la période coloniale

La colonisation qui favorise le surpeuplement des villes du fait de l'exode rural et de la monétarisation de l'économie, voit se dessiner une criminalité féminine faible. En revanche, avec la période post coloniale qui a connu des bouleversements plus profonds (crise, endettement, instabilité politique, ajustement structurel, dévaluation de la monnaie, etc.), on est en face d'une délinquance féminine qui change de contenu et de volume.

Typologie de la criminalité des femmes au Sénégal

L'étude de la structure de la criminalité et de la délinquance féminines au Sénégal durant les périodes coloniale et post coloniale montre deux catégories de crimes. Ceux commis exclusivement par les femmes, et ceux partagés avec des hommes. Dans la première catégorie, on peut citer la prostitution et l'infanticide. Dans la seconde, on retrouve le vol, le recel, les détournements de fonds, l'escroquerie et l'abus de confiance, les fraudes commerciales, l'exploitation des débits de boisson, le trafic de stupéfiants, les actes de violence comme les coups et blessures, l'adultère, les infractions relatives au code de l'hygiène. Ces délits sur lesquels nous nous sommes appesantis sont les plus importants.

Il convient de remarquer que certains crimes (prostitution, infanticide, vol), malgré leur permanence ont pris une ampleur considérable après l'indépendance,

plus précisément à partir des années 1970. Ces dernières voient se profiler à l'horizon une crise économique, sociale et politique dont le Sénégal, à l'instar des
autres pays africains, a du mal à sortir, malgré toutes les tentatives enregistrées
pendant et après cette décennie. Il faut noter la permanence et la persistance de
certains crimes, le développement d'autres comme le trafic de stupéfiants très
notable chez les femmes (DAP 1994:12), mais aussi l'apparition de nouveaux
crimes en particulier ceux relatifs à la violation des institutions étatiques comme
par exemple les atteintes à l'intégrité territoriale. Lors des événements du 16 février 1994 et avec la rébellion en Casamance, beaucoup de femmes ont été arrêtées et incarcérées pour ce genre de crime. Cela démontre une participation plus
active des femmes aux affaires politiques sénégalaises et leur désir de s'affirmer en
tant qu'actrices politiques.

Cependant, pour apprécier la criminalité au féminin dans les contextes colonial et postcolonial, il nous semble judicieux de voir comment elle a évolué en
rapport avec les facteurs qui l'ont influencée.

Évolution de la criminalité des femmes de 1925 à 1960

L'évolution de la délinquance des femmes durant la période coloniale est intéres-
sante à suivre à partir de 1925, une des dernières années fastes qui précède la crise
locale de 1927, notamment la crise de l'arachide (Mbodji 1978; Mersadier 1966),
renforcée par celle de 1930. La tranche chronologique 1925-1930, marquée donc
par cette actualité, montre une augmentation des crimes économiques comme le
vol. En effet, à partir de 1927, la criminalité des femmes change de contenu et de
volume: elles étaient arrêtées pour des affaires de simple police (défaut de ba-
layage, dépôt de matière fécale, etc.), mais, elles glissent vers une criminalité plus
exacerbée et plus importante. En 1928, les tribunaux indigènes ont prononcé
contre les femmes 21 condamnations pour rébellion et violence, 40 pour coups et
blessures et enfin 35 condamnations pour vol.

Les années 1930-1933 sont marquées par une persistance de la crise. Coquery-
Vidrovitch (1976) et MBodji (1978) ont longuement traité dans leurs travaux des
deux fléaux (crise des années 1930 et celle de l'arachide au Sénégal) et de leurs
répercussions sur le système productif: forte pression fiscale, désorganisation des
structures traditionnelles et intrusion de l'économie de marché. Cette crise des
années 1930 provoque l'augmentation du nombre d'habitants dans les villes où
affluent des paysans misérables chassés des campagnes. Ainsi, les zones urbaines
ont connu un accroissement des affaires correctionnelles et criminelles.[1] Les femmes, groupe vulnérable touché par cette crise, n'ont pas échappé au désir de commettre des crimes comme l'infanticide. Par exemple à Saint-Louis, «il y a eu entre
1930 et 1936, 8 cas d'infanticide (Kane 1998:76).

La criminalité au Sénégal connaît une baisse à partir de 1936, consécuti-vement
à la fin de la crise et à un retour à de meilleures conditions pluviomé-triques et
partant, d'une reprise des activités agricoles. Les années 1942-44 ont connu un
regain de criminalité (Bâ 1993; Diédhiou 1991; Faye 1989) du fait des difficultés

d'approvisionnement du pays en denrées de première nécessité pendant la Deuxième Guerre mondiale (Ndao 1991) du ralentissement des activités économiques et de la rareté du travail rémunéré. Beaucoup de cas de fraudes commerciales jugées devant les tribunaux ont été l'œuvre de femmes qui se livraient au marché noir.

La recrudescence véritable de la criminalité des femmes est notée à partir de 1946, date à laquelle les tribunaux français sont les seuls rouages institutionnels habilités à intervenir en matière pénale. L'augmentation de la délinquance concerne surtout les affaires correctionnelles qui culminent en 1953 avec 7134 affaires (ANS, M360) et les affaires criminelles enregistrent le score le plus élevé en 1950 avec 108 condamnations (ANS, 22 G (215)). Cette situation s'explique par la pénurie héritée de la guerre, le contingentement et le rationnement persistant dans tous les domaines (Suret-Canale 1977: 80).

Si des données économiques (crises) et politiques (guerre) ont été évoquées comme facteurs explicatifs de l'évolution de la criminalité au féminin, il y a cependant d'autres éléments qui entrent en ligne de compte dans le déclenchement et le déroulement de cette criminalité. Il s'agit de l'effritement des valeurs dites traditionnelles avec la colonisation et qui est en rapport avec l'urbanisation. Parmi les facteurs considérés comme les plus importants dans ce processus d'effondrement figurent les terroirs en crise et les valeurs dont ils sont le site, l'influence occidentale et celle de l'islam. Ces facteurs vont avoir des répercussions sur la société au point de changer la place qu'occupait la femme.

Une autre lecture nécessite qu'on lie la criminalité et le contexte colonial à l'environnement politique, économique, à l'ambiance générale de violence et de domination qui régissait les relations conflictuelles entre colonisés et colonisateurs.

La logique coloniale était en fait guidée par une finalité: l'établissement de mécanismes pour un contrôle efficace et effectif de ses sujets, condition préalable à la construction et à la consolidation du pouvoir colonial. Ce contrôle fut surtout exercé sur la femme. La conséquence fut un avilissement de ce sujet historique qui se crée de nouvelles conditions qui l'incitent au gain facile. Selon Lovett (1989:24),

> Women sized news avenues of power and agency such as the creation of colonial courts and also actively constructed other opportunities, such as prostitution and fluid urban marital arrangements in order to accumulate surplus, gain autonomy and exercise control over their own labour power, fertility and sexuality.

Fragilisée par ce contexte de conflit permanent, la femme indigène a souvent eu recours au crime pour survivre et défier le pouvoir colonial.

Avec l'État postcolonial, la criminalité des femmes connaît une rapide évolution.

L'évolution de la criminalité des femmes (1960-1994)

À partir de l'indépendance, deux traits caractérisent l'audace dont font preuve de plus en plus les femmes. Ainsi pour rendre compte de l'évolution de la criminalité féminine c'est-à-dire sa croissance géométrique et sa gravité synonyme, nous allons procéder à une périodisation qui va faire apparaître deux cadres chronologiques: les deux premières décennies de l'indépendance et la période de l'ajustement structurel (1980-1994).

Intensité de la criminalité féminine de 1960 à 1980

Pour cette tranche chronologique, nous nous sommes basés sur les données de la criminalité légale, c'est-à-dire celles qui résultent des statistiques judiciaires et pénitentiaires. Ce qui nous a permis de construire ce tableau qui débute en 1967. C'est à partir de cette date qu'ont été établies les premières statistiques sur la criminalité. Ensuite, à partir de 1972, avec l'érection du Service des prisons en Direction de l'administration pénitentiaire, une enquête annuelle est conduite de manière constante.

Concernant ce tableau, nous avons jugé nécessaire de prendre en compte les statistiques des déférées,[2] celles des écrouées[3] et enfin celles des condamnées.[4]

Une lecture du tableau montre d'abord que le nombre des déférées est plus important, puis celui des écrouées et celui des condamnées. Cela veut dire qu'en suivant les différentes phases de la procédure pénale, depuis la constatation de l'infraction, une grande disparité s'établit entre ces trois catégories. Ensuite, on remarque une tendance à la hausse. Pour les déférées, il y a eu en 1974, 726 femmes, chiffre qui connaît une baisse de 1975 à 1977, pour reprendre un mouvement ascendant à partir de 1979.

Tableau 1. Proportion des femmes dans la population pénitentiaire au Sénégal (1967-1994)

Année	Population pénitentiaire totale			Nombre de femmes		
	Déférées	Ecrouées	Condamnées	Déférées	Écrouées	Condamnées
1967		5267	3655		155	29
1968		6326	4431		386	20
1969		6320	4130		212	61
1970		6093	3027		81	19
1971		6103	3722		80	21
1972		6265	3094	335	66	29
1973	7785	6812	3674	397	56	17
1974				726		
1975				465	291	
1976				429	246	
1977				482	319	
1978				448	323	
1979	10008	6417		758	394	342

Source: compilée par l'auteur.

Concernant les écrouées, une évolution en dents de scie est notée: hausse brusque entre 1967 et 1968, baisse à partir de 1969 jusqu'en 1973 qui est suivie d'une légère tendance à la hausse à partir de 1979. Mais, on note une baisse de 1975 à 1976 et de 1977 à 1979 se réalise pour la première fois un tassement. Cette description rend compte du mouvement oscillatoire de la criminalité légale dont les amplitudes ont largement épousé les contours de la vie économique et de l'intensité de la répression contre les criminelles.

Les années 1967-1968 ont été des moments de forte criminalité, consécutivement à la crise de mai 1968 (Bathily 1992) et la sécheresse qui a sévi la même année (Diop 1990). Cette dernière s'est traduite par un exode rural massif en direction des villes, augmentant du coup la population urbaine, le chômage et les problèmes de survie. Ces conséquences néfastes accroissent les tentations à commettre des crimes.

La baisse de la criminalité de 1970 à 1973 s'explique par la sécheresse qui non seulement persiste, mais atteint une acuité en 1972-1973, début du choc pétrolier qui ébranle l'économie déjà faible du Sénégal (la facture pétrolière est passée de 5 à 80 milliards de FCFA). Ainsi, beaucoup de ruraux partis en ville, ont préféré retourner au village plutôt que de rester en ville où il était impossible de trouver du travail. Donc, le retour à la campagne de milliers de paysans a favorisé la baisse de la délinquance. Mais, à cette explication, il faut ajouter celle s'appuyant sur une certaine idéologie, qui animait les pouvoirs publics sénégalais à partir de 1972 qui entament une lutte contre les encombrements humains, c'est-à-dire tous les individus indésirables en ville et qui étaient censés gêner le tourisme (Diop 1997:2).

Cette baisse est due aussi à la clémence des juridictions d'instructions puisque seulement 14% de celles qui sont déférées aux parquets en 1973 sont ensuite écrouées (DAP 1974:7). Elle témoigne également d'une incapacité des autorités du pays à faire face à une criminalité de plus en plus importante.

L'augmentation du nombre des déférées en 1974 est à mettre en rapport avec, d'une part, le retour à de meilleures conditions pluviométriques et, d'autre part, à une invasion de prostituées étrangères qui étaient poursuivies pour infraction à la loi sur le séjour des étrangers (DAP 1974:9). Avec la dégradation des moeurs et le relâchement du contrôle parental, la criminalité des femmes a considérablement augmenté de 1974 à 1979. À ces facteurs, s'ajoute la violence étatique, signe d'une instabilité politique tributaire de la sécheresse, de la détérioration des termes de l'échange, de l'augmentation de la dette extérieure et de la crise de l'économie mondiale. Le déficit commercial en est la conséquence avec particulièrement l'alourdissement de la facture pétrolière: les importations du Sénégal sont de 4,8 milliards en 1973 23,9 en 1978, tandis qu'en 1979, elles s'élèvent à 84 milliards de FCFA.

L'allure de la criminalité féminine sous l'ajustement structurel
L'évolution de la criminalité de 1980 à 1994 est consécutive à la violence politique
pendant et après les élections législatives et présidentielles de 1983, 1988 et 1994.
Cette violence politique se manifeste par une intensité de la répression du crime: 11725
écroués en 1983 sur l'ensemble du territoire sénégalais (DAP 1984:2), 16967 en
1988 (DAP 1989:4). Cette violence se manifeste aussi en 1994 avec les événements
du 16 février 1988. Lors de cette manifestation de mécontentement des populations, «1428 femmes ont été arrêtées soit une augmentation de 264 par rapport à
l'année 1993» (DAP 1995:7).

Avec l'ajustement structurel, on note une persistance et une aggravation de la
distribution inégale des richesses. Le chômage a particulièrement touché les sala-
riés du secteur privé, en l'occurrence les femmes dont 21% dans l'industrie, 15%
dans les services et la production et 19,2% dans le commerce (Philipe 1995:126).
La perte d'emplois favorise en de pareilles circonstances l'apparition de certaines
manifestations sociales: délinquance, prostitution (Magassouba 1977).

Le relâchement progressif du contrôle parental, le déficit du potentiel affectif
de la famille et la contestation de la hiérarchie familiale, signes révélateurs d'une
crise de la masculinité (Badinter 1992), la fréquence des divorces (Monkangui
1984)—phénomène connu surtout pendant les deux premières décennies de l'indépendance, est renforcé sous la période de l'ajustement structurel. Cette période
est synonyme de désengagement de l'État, de fermetures d'usines et de licencie-
ments, de privatisations, etc.

L'austérité imposée par les programmes d'ajustement a contraint les veuves,
célibataires ou divorcées, les groupes les plus vulnérables, à chercher des solutions de sortie de crise dans des activités lucratives tels que la prostitution, le
trafic de stupéfiants, l'exploitation de débits de boissons alcoolisées. Par l'exercice
de ces activités, les femmes se procurent des sources de revenus qu'elles
réinvestissent pour les besoins familiaux qui sont de plus en plus difficiles à satis-
faire dans ce contexte de crise caractérisé par un chômage aigu.

Devant cette situation, les femmes deviennent chefs de famille (Bop 1995) et
prennent en charge la totalité des charges dans le cadre de l'économie domestique. La baisse du revenu familial, synonyme d'expansion de la pauvreté au sein de
la famille élargie favorise le développement de la délinquance et de la criminalité
juvéniles, dont celles des filles. En témoigne le nombre très important de prostituées mineures ou de jeunes filles coupables d'infanticide. Entre 1981 et 1991, 68
cas d'infanticide ont été commis pour la seule région de Dakar. Travaillant sur un
échantillon de 15 femmes coupables d'infanticides, Fall et Ly (1992:55) sont arri-
vés à la conclusion suivante: soixante treize pour cent d'entre elles ont moins de
25 ans, dont 27% n'ont pas atteint leur vingtième année. L'impact des programmes d'ajustement structurel sur les populations sénégalaises n'a épargné aucune
catégorie. Victimes de cette austérité économique dont les conséquences sociales

ne sont plus à démontrer, les femmes trouvent dans la délinquance un moyen de survie et le crime comme un produit économique et social.

Au total, la criminalité des femmes a évolué. Dans les années 1925-1960, les chiffres étaient plus ou moins importants mais, nous avons assisté à sa recrudescence à partir des années 1960-1990.

La colonisation avec sa logique de mise en valeur, l'urbanisation et ses conséquences, la non-application des politiques gouvernementales en faveur des femmes, leur engagement politique et surtout syndical à l'heure actuelle ont eu à influer sur la recrudescence de la délinquance féminine. Une violence de type nouveau est venue s'ajouter aux difficultés sociales mais surtout économiques que traverse le Sénégal. Ces difficultés participent pour une bonne part au développement de la criminalité féminine.

Certains crimes sont pardonnés, d'autres en revanche conduisent inéluctablement les femmes en prison. Durant la période coloniale, elles y étaient incarcérées sous un régime de mixité. Cette mixité qui peut faire croire à un traitement différencié, révélait en fait des rapports hommes/femmes basés sur l'exploitation et l'oppression et qui, au fur et à mesure, glissent sur le terrain de la violence sexuelle donnant lieu à des abus et harcèlements sexuels exercés sur les détenues.

Les rapports hommes/femmes dans les prisons coloniales

Les recherches en cours sur le continent africain n'ont pas intégré les rapports hommes/femmes dans les prisons. Pourtant, cette question est d'une même importance que celle des rapports hommes/femmes dans d'autres sphères comme les ménages. En effet la division sexuelle du travail au sein des ménages, l'occultation et la dévalorisation du travail domestique de la femme, conséquences de l'appréciation différenciée des travaux accomplis par les hommes et les femmes, se retrouvent au niveau de la prison. Cette situation conditionnait le vécu quotidien des femmes dans cette sphère publique mixte.

Dans le même temps, ces rapports de travail glissent sur le terrain de la violence sexuelle entre d'une part les détenues et leurs homologues de sexe masculin et d'autre part entre les prisonnières et les non-détenus, en l'occurrence les gardiens. Ce glissement est imputable à la promiscuité et aux mauvaises conditions de détention des prévenues et des condamnées.

La prison coloniale au Sénégal, une sphère publique mixte

Si les autorités métropolitaines avaient choisi la Guyane pour la déportation des grands criminels au détriment du Sénégal zone privilégiée de la dysenterie (Guy-Petit *et al.* 1991:235), elles y ont introduit tout de même la prison,[5] instrument de répression qui avait déjà fait ses preuves en France. Cette prison outre-mer est donc fille de l'institution pénitentiaire métropolitaine. Celle-ci, avant de remplir prioritairement sa fonction de lieu de privation de liberté avec la Constituante et le Code Pénal de 1791, a été le site d'accompagnement des pénalités suivantes: bannissement, lapidation, réduction à la captivité, etc. (Guy-Petit *et al.* 1991; Carlier

1994; Voulet 1951). C'est ce rôle que la prison a joué en Angleterre avant de devenir un lieu de détention pour les délinquants et les criminels (Erhabor 1995).

Mais, avant l'introduction de la prison comme lieu d'exécution de la peine privative de liberté, la société précoloniale sénégalaise avait mis en place tout un système répressif adapté à ses propres réalités. Il était conçu dans le seul but de faire régner la justice et la paix sociale. En effet, la société dite traditionnelle, caractérisée par une absence de toute forme d'enfermement (O'Kubasu 1997; Guèye 1997), disposait de certaines normes qui fixaient une certaine conduite aux individus qui devaient éviter de les transgresser. Or, l'individu n'existait que par référence à la collectivité familiale qui lui permettait de bénéficier d'une atmosphère sécurisante. Ceci explique l'absence de responsabilité individuelle. En cas de délit, c'est la responsabilité familiale qui était engagée.

L'échelle des châtiments comprenait le blâme, l'avertissement, le bannissement, l'exil, la flagellation et la condamnation à mort (Lagier 1971:36). L'absorption de décoctions de plantes et les ordalies étaient des procédures qui aidaient à la manifestation de la vérité. Au Sénégal, l'ordalie la plus connue est la fameuse épreuve du fer rouge. L'accusé ou le prévenu était invité à lécher une lame de fer rougie au feu. Si sa langue se fendait et si la blessure ne se cicatrisait pas, il était reconnu coupable (Lagier 1971:38). Ces sanctions pénales ne disparurent pas pour autant. Il fallut la signature de conventions avec les chefs traditionnels pour mettre fin à ces pratiques punitives. Dès cet instant, la prison s'imposa aux colonisés. C'est à partir du XIXe, à la suite de la fixation du système pénitentiaire par l'Empire, que la colonisation a introduit la peine d'emprisonnement. Expérimentées dans les villes de Saint-Louis et de Gorée dès avant le déclenchement de l'expansion territoriale de la fin du 19e siècle, les prisons ou ce qui en tiennent lieu prolifèrent, enfermant la société coloniale dans un maillage carcéral très dense (Thioub 1996a:1).

Un véritable réseau pénitentiaire s'articule alors autour du territoire du Sénégal: prisons civiles, maisons d'arrêt, maisons de correction, camps pénaux, pénitenciers agricoles, camps de détention pour militaires. La prison devient non seulement un instrument de contrôle de l'espace et des hommes, mais aussi un lieu d'exclusion de tous ceux qui contestent la prépondérance de la puissance coloniale. De ce fait, elle constituait le lieu où s'articule l'accomplissement par le pouvoir des actes de violence (Le Roy et Von Troth 1993:79).

Cependant, la mise sur pied de la prison ne s'est pas réalisée avec les mesures d'accompagnement nécessaires à son bon fonctionnement. Avec l'augmentation du nombre des délinquants emprisonnés, s'est posé un problème de gestion de la population pénale surtout celui de son hébergement. L'analyse de la documentation disponible[6] montre les difficultés éprouvées par les autorités pour loger les détenus. Les femmes en particulier n'étaient pas prises en compte dans l'aménagement et la construction des prisons. Le mode d'incarcération au Sénégal durant la période coloniale et bien au-delà de celle-ci est celui de la spécialisation. Cette dernière pratiquée sur deux registres, est matérialisée d'abord par la création de quartiers pour civils et de quartiers réservés aux militaires. Ensuite, il y avait un régime de séparation des détenus en fonction des catégories créées par le droit positif et le statut civique: prévenus et condamnés, condamnés européens et condamnés indigènes, prévenus européens et assimilés et prévenus indigènes.

Or, durant toute la période coloniale, cette spécialisation de l'institution carcérale ne s'est pas faite selon le principe de la séparation fondée sur le genre. Alors qu'il existait dans la colonie du Sénégal des prisons pour enfants (Thioub 1996; Faye 1989:519-533) et des asiles pour les malades mentaux (Collignon 1997), les femmes n'ont pas été prévues dans l'architecture carcérale. Il n'y a jamais eu de prison réservée exclusivement aux femmes; tandis qu'en Métropole la spécificité de l'incarcération des femmes a été reconnue depuis 1850 avec un principe de classification des prisons basée sur le sexe (Foucault 1975:245).

Les autorités pénitentiaires coloniales n'ont tenu compte que des paramètres de la majorité pénale et de la responsabilité civile pour l'édification des lieux d'incarcération, ignorant totalement celui du sexe. La prison coloniale a été, durant toute son évolution, une sphère publique mixte qui recevait aussi bien des hommes et des femmes. La séparation entre les différents quartiers telle qu'elle était préconisée dans la réglementation pénale n'a jamais été respectée. Aussi dans certaines prisons, les conditions de détention ont été telles que les détenus étaient dans les mêmes locaux, sans séparation entre les diverses catégories.[7]

Concernant les conditions de détention des femmes, les autorités avaient placé une seule limite à savoir: dans les prisons, les femmes devaient être incarcérées dans des quartiers bien distincts, de telle sorte qu'il ne puisse pas y avoir de communication d'un quartier à l'autre.[8] Cette décision prise au moment où l'administration procédait à une réforme de son régime pénal,[9] montre comment celle-ci, faute de n'avoir pas créé une prison pour femmes, entendait régler le problème de l'enfermement de ces dernières. Sur les trente trois établissements pénitentiaires que comptait le territoire du Sénégal en 1952, en dehors de ceux de Thiès, de Dakar et Saint-Louis, il n'existait pas de quartiers spécifiques pour les femmes. À Diourbel, Kaolack, Louga, Kolda, Ziguinchor, Sédhiou pour ne citer que ces villes, les détenues dormaient sous une véranda, dans la cuisine, ou dans un magasin plus ou moins délabré.[10] Cette non-prise en considération des femmes dans l'aménagement et la construction des prisons est consécutive à la situation de la femme dans la société coloniale dominante, mais surtout à l'image que les autorités avaient de la femme en prison d'où la nécessité de cerner le profil de cette dernière.

La situation de la femme dans la société coloniale dominante

Pour bien comprendre la place de la femme dans la société coloniale dominante, il faut au préalable se rappeler le statut qui fut le sien avant la conquête.

La femme dans la société précoloniale sénégalaise: statuts et rôles

La place de la femme dépendait de son statut et ce statut doit être référé aux valeurs sociales et familiales généralement. Cependant, pour saisir la place de la femme dans la société africaine, il faut naturellement évoquer la place qui lui est réservée dans la famille. La femme de tout temps a joué un rôle fondamental dans la société. En effet, c'est dans le milieu familial que l'on peut la voir dans toutes ses dimensions. Elle s'y épanouit en tant que mère, éducatrice et gardienne de la tradition. Parmi ses fonctions, celle d'éducatrice demeure la plus fondamentale. La femme, par l'éducation qu'elle dispensait à son enfant, garantissait la transmission des valeurs qui assuraient la continuité.

Le rôle de la femme dans la société précoloniale sénégalaise était aussi perçu dans la transmission du pouvoir. En effet, la femme était dans beaucoup de sociétés traditionnelles l'élément central dans la dévolution du pouvoir. Le soubassement de toute l'importance accordée à la femme était le régime matrilinéaire sur la base duquel reposait l'organisation socio-politique et juridique de certaines sociétés sénégambiennes. Les usages matrilinéaires assuraient à la femme une situation enviable puisqu'elle était l'unique détentrice du pouvoir. Elle pouvait l'exercer directement ou par l'intermédiaire de ses enfants. Ainsi, la transmission du pouvoir se faisait non pas de père en fils, mais de l'oncle au fils de la sœur. À ce titre, l'histoire des sociétés wolofs constituait un exemple patent: pour être élu roi au Kayor, il fallait être de patronyme «Fall» et appartenir à l'une des sept familles utérines (Seno, Wagadu, Bey, Gabu, Muyoy).

C'est donc à travers l'organisation sociale qu'il faudrait saisir la place de la femme. Ceci est d'autant plus vrai que selon Cheikh Anta Diop (1987:53) le régime matrilinéaire aidant, nos ancêtres avaient fait à la femme une place de choix, non pas à la courtisane mais, à la mère de famille. Ceci est vrai depuis l'Égypte pharaonique.

L'organisation politique des sociétés dites traditionnelles participa aussi à la définition du statut de la femme. Le statut de la femme différait selon qu'on se trouve dans une société inégalitaire avec un pouvoir politique centralisé ou dans une société égalitaire avec un pouvoir politique diffus. Dans son étude sur la problématique relationnelle femmes et pouvoir dans les sociétés nord-sénégambiennes, Fall (1994:76) montre que le statut de la femme dans les États du Nord et du Centre (Fouta , Kayor, Waalo, Baol) n'était pas le même dans une société comme celle des Diolas. Sow (1973:60) note une certaine indépendance dont jouit la femme diola.

L'autre facteur qui mérite d'être signalé pour avoir sur le plan institutionnel marqué le statut de la femme, c'est l'islam. L'expansion des religions révélées, l'islam ou le christianisme, a porté un sérieux coup au statut de la femme noire africaine. D'essence patriarcale, ces religions ont introduit une position infériorisée de la femme. Avec l'islamisation des institutions, il y a une prépondérance de l'homme.

Cependant, si ces religions ont modifié en partie les sociétés dites tradition-nelles, les plus grands bouleversements ont été provoqués par la colonisation. Les changements intervenus dans l'organisation sociale, les structures politiques, les valeurs intellectuelles et morales ont été tellement significatifs que le statut et le rôle de la femme furent complètement modifiés.

La situation de la femme dans la société coloniale dominante

La colonisation a joué un rôle fondamental dans l'érosion du statut de la femme. La monétarisation qui est synonyme de l'intégration des économies africaines dans le système capitaliste mondial et le cadre institutionnel mis en place par le système colonial français, ont imprimé un nouveau visage aux sociétés africaines (Turner 1971) au point d'influer sur le statut de la femme. Avec le recul des usages matrilinéaires, les droits des femmes ont décru et la société coloniale dominante à l'idéologie patriarcale pétrie de préceptes moraux d'inspiration chrétienne et du droit romain (Coquery-Vidrovitch 1995:4), renforcée par le substrat islamique, a consolidé cette tendance. Les civilisations africaines se sont ouvertes sur l'exté-rieur avec comme conséquence un affrontement entre les sociétés africaines, leurs valeurs, leurs normes et celles du colonisateur. Comme les autres, la femme séné-galaise se trouvait dans une société en porte-à-faux avec les normes dites tradi-tionnelles.

Certains considèrent la vie de la femme africaine durant la période coloniale en dehors de la couverture de l'État colonial (Mama 1997:71), alors que pour d'autres la société coloniale n'a pas dans sa grande durée aménagé une place pour la femme. Cette ignorance est lisible dans la faible présence de cette dernière au sein des institutions étatiques mais aussi dans des domaines comme l'éducation où on parle de sous-écoles pour les jeunes filles (Diop 1997:1107).

Dans ce contexte d'exploitation, de destitution et de rupture, on ne pouvait accorder à la femme une grande importance, encore moins à la détenue.

Une certaine lecture veut qu'on considère la détenue comme un personnage à trois dimensions. D'abord, c'est une femme avec tout ce que cela comporte comme discours lié à l'idéologie patriarcale qui dominait cette société coloniale (être infé-rieur, sexe faible soumis au pouvoir dominateur du mâle). Ensuite, cette femme est de statut indigène c'est-à-dire au pouvoir dominateur du mâle vient s'ajouter celui du pouvoir colonial porteur de violence: être inférioté, sexe faible indigène. Cette domination et cette inférioration rendent beaucoup plus exacerbée la re-présentation que les autorités se faisaient de la femme. Enfin, cette femme indi-gène est enfermée dans un lieu réservé à tous ceux qui contestent le pouvoir colonial.

Avec cette triple altérité (femme, statut indigène, et prisonnière), la détenue ne pouvait pas bénéficier d'une certaine considération de la part de l'administration coloniale. Dans les secteurs de la vie active où l'on retrouvait des femmes (santé, enseignement), ces dernières éprouvaient des difficultés à se faire accepter. L'accueil que les autorités réservaient à une femme et en situation de délit ne pouvait être des meilleurs.

Durant la période coloniale, la détenue évoluait donc dans un univers carcéral partagé avec des hommes. De par sa présence dans les prisons, la femme va être l'objet d'une exploitation et d'une oppression orchestrées par les responsables pénitentiaires.

Des rapports d'exploitation et d'oppression

Les puissances coloniales percevaient les Africains comme des êtres qui n'ont aucune humanité: avec le traitement et la nature des peines, on ne percevait aucune volonté de préparer les détenus à la réinsertion. L'institution carcérale coloniale visait à exploiter et à humilier les indigènes. Sa devise pouvait se résumer en ces termes: «réprimer les déviances et mettre les indigènes au travail» (Thioub 1997:2). Les femmes ont été sous ce rapport, les principales victimes de ce système.

À la maison, hommes et femmes accomplissent non seulement des tâches différentes, mais celles-ci sont appréciées de manière différente. Les travaux des femmes se résument à des tâches domestiques considérées comme normales, donc occultées et dévalorisées. Les idéologies fondées sur le genre ont favorisé ce scénario d'inégalité, en véhiculant des concepts tels que la générosité maternelle, le devoir conjugal de la femme et le droit qu'ont les hommes de se faire servir et nourrir (Mama 1997:75). C'est dire que dans la maison, on a conféré aux femmes des tâches limitées et bien définies.

En passant de la maison à la prison, la femme n'a pas connu de profonds changements, du moins en ce qui concerne ses occupations. Dès que les autorités coloniales ont érigé la population pénale en une main-d'œuvre taillable et corvéable à volonté, elles ont institué une division sexuelle du travail dans les prisons. Alors que les hommes étaient employés à des corvées rémunérées, le travail pénal des femmes se limitait aux activités domestiques: cuisine, pilage, entretien des locaux, etc. Ces corvées étaient non rémunérées en dépit du nombre relativement faible de prisonnières dans des établissements qui dépassaient souvent et largement leur capacité d'accueil. Cette situation s'explique par le fait que dans les textes réglementaires, rien n'était prévu pour la préparation des repas. Assimilée à une corvée, cette activité laissée à l'appréciation du régisseur était confiée aux détenus, en particulier aux femmes.

L'imprécision de la législation concernant le travail pénal de la femme révèle l'instauration d'un système de surexploitation de sa force de travail. Les détenues les plus exploitées sont celles qui prenaient en charge la restauration dans les grandes prisons de Dakar, Thiès et Saint-Louis. Dans son rapport sur la condition de la femme en AOF dans les années 1930, Mme Savineau a dénoncé cette situation. Lors de sa visite à la prison de Sédhiou, elle constate que ce sont six femmes qui pilent 60 kg de riz et 80 kg de mil pour la ration quotidienne d'une population carcérale de 190 à 200 prisonniers.[11]

L'exploitation devient encore plus dure quand les détenues ont à purger de longues peines et doivent donc rester plus longtemps en prison. À la prison de Saint-Louis, en 1925, la libération de certaines femmes et le souci de nourrir une population pénale de plus en plus nombreuse ont poussé le régisseur à demander à son homologue de Dakar quatre femmes connaissant le travail du mil, condamnées à de longues peines pour continuer les travaux de pelage et de décorticage du coton à la prison.[12] Le fait même de demander des détenues aux longues peines était regardé comme une garantie aux yeux des autorités pénitentiaires quant à l'accomplissement sur une longue durée des tâches de restauration.

L'absence de femmes dans certaines prisons se faisait sentir notamment dans les tâches de restauration. À la prison de Ziguinchor, le comité de surveillance accueillant la seule réclamation qui concernait la qualité du repas décidait qu'une femme prêterait son concours à la préparation de ce plat qui exige un tour de main.[13] Les transferts de détenues d'une prison à l'autre à l'autre, pour compenser les déficits de main-d'œuvre pénale étaient une pratique courante.

L'utilisation des femmes pour l'accomplissement des tâches domestiques était tellement significative que, même dans les prisons où elles ne disposaient pas de cellules, elles étaient appelées à dormir souvent dans la cuisine ou dans le magasin à vivres. Citons à titre d'exemples la prison de Kaolack où en 1929 cette catégorie de détenus couche dans un petit abri servant de cuisine[14] et celle de Ziguinchor en 1933. Les membres du comité de surveillance de cette dernière prison ont formulé des vœux pour la création de cellules et d'un local pour les femmes qui couchent actuellement dans la cuisine.[15]

La surexploitation de la femme détenue est révélée par de longues journées de travail. Soumises au même emploi du temps que les hommes, les femmes étaient à pied d'œuvre de 5 heures du matin à 19h30. Dans l'intervalle de temps considéré, le rythme des travaux était entrecoupé de courtes pauses durant lesquelles elles se restauraient.

Privées de salaire sous prétexte que l'accomplissement des travaux domestiques était une corvée pénale, les détenues ont eu à subir pendant toute l'évolution de l'institution carcérale, l'injustice et l'arbitraire des autorités pénitentiaires. Il n'a nullement été question de payer aux femmes un pécule pour le travail qu'elles accomplissaient. Alors qu'au même moment a été mise en vigueur une législation réglementant la durée et le salaire des détenus employés aux corvées pénales (journal officiel 1928:208). Même les mineurs incarcérés à la colonie pénitentiaire de Bambey et employés aux divers travaux de la station agricole, percevaient un pécule de 0,75 francs (Thioub 1997).

En développant une thérapie laborieuse basée sur la Rédemption par le travail, les autorités se dotaient d'une main-d'œuvre bon marché: les détenues ont assuré la reproduction de la force de travail des prisonniers. Ce qui fait resurgir le problème de l'articulation production-reproduction, avec une assignation prioritaire des hommes à la production et des femmes à la reproduction. C'est ce que

Françoise Héritier-Augé appelle l'incarcération des femmes dans la fonction de reproduction.

Surexploitation, oppression, extorsion du surtravail des détenues, tels sont les fondements des rapports femmes/personnel pénitentiaire. Cette situation témoigne aussi de l'irruption de l'idéologie de la domesticité dans ces rapports. Cette domesticité retranche la détenue dans une sphère domestique rappelant ainsi le profil de la bonne à tout faire de la période coloniale (Faye 1993).

Cette exploitation de la femme en prison rend compte des avatars de la division sexuelle du travail. Avec ce concept utilisé pour expliquer les rôles différents des hommes et des femmes, on peut dire que le travail de la femme se réduit à son rôle traditionnel au foyer dans les analyseurs que sont la sphère privée (maison) et la sphère publique (la prison). Le projet colonial a valorisé la masculinité et a refusé à la femme la possibilité d'une quelconque adaptation au monde moderne.

Le travail pénal intra-muros des femmes n'avait pas un but de réinsertion sociale. Sa finalité s'inscrivait dans le cadre de la reproduction de l'institution pénitentiaire coloniale. L'inexistence d'un travail de rééducation et de réadaptation sociales traduit encore une fois la négligence dont faisaient montre les autorités coloniales dans la gestion des détenues. Ceci renvoie à l'image négative de la femme en prison.

Finalement, la division sexuelle du travail, qui reste au centre des relations hommes et femmes dans la maison, s'étend au-delà des limites de cette sphère close. Ainsi trouve-t-elle dans la prison un excellent terrain. Bref, celle-ci est un site d'observation privilégié des conditions d'existence quotidienne de la femme soumise à la loi d'airain de l'enfermement.

En dehors des rapports d'exploitation, une violence sexuelle s'est exercée aussi sur les femmes dans les prisons.

De la violence sexuelle dans les rapports hommes/femmes dans les prisons coloniales

La faible présence des femmes dans les établissements pénitentiaires, leurs mauvaises conditions de détention, la quasi-absence d'un personnel pénitencier féminin, l'absence d'un contrôle effectif et efficace sur les détenus ont contribué à instaurer un climat de violence sexuelle. Il intéresse d'une part les rapports entre les détenues et leurs homologues hommes et d'autre part les prisonnières et le personnel de surveillance.

Comme la division sexuelle du travail, la violence domestique a eu des prolongements jusqu'en prison. L'État colonial sénégalais a favorisé la légitimation de la violence dans une sphère publique telle que la prison. Ainsi, durant leur enfermement, les femmes ont été l'objet de sévices sexuels consécutivement à leurs mauvaises conditions d'incarcération. En effet, parmi les contraintes les plus fortes subies par les femmes dans les prisons coloniales, il y a eu les conditions de logement. Dans une circulaire datée de 1938 et adressée aux commandants des différents cercles, on pouvait lire ceci: «Un certain nombre d'errements fâcheux ont été constatés dans la tenue des prisons. Locaux nettement étroits dans lesquels s'entassent au mépris des règles de l'hygiène la plus élémentaire, un mélange hétéroclite de détenus, hommes et femmes sans aucune distinction du caractère de leur détention».[16]

Cette situation notée en 1938 perdura jusqu'en 1943, date à laquelle une autre circulaire émanant cette fois-ci de l'Inspecteur des Affaires administratives contenait les propos suivants: «La tenue des prisons du Sénégal prête dans l'ensemble à de nombreux critiques. Prévenus, condamnés, détenus administratifs sont généralement incarcérés pêle-mêle en dépit des prescriptions réglementaires. Je n'ai encore vu nulle part de quartier séparé pour les femmes»[17.] On pourrait multiplier à l'infini de tels exemples.

Le délabrement de l'univers carcéral, le non-respect de la séparation des détenus selon le sexe, le surpeuplement ont favorisé un contact et une familiarité engendrant des conduites sexuelles socialement déviantes. Mieux, la collusion des détenues avec certains gardiens et leur négligence dans l'accomplissement des tâches administratives ont permis et renforcé cette tendance aux déviances sexuelles.

Les documents d'archives consultés dévoilent l'existence d'abus et de harcèlements sexuels subis par des détenues. Dans une lettre datée du 11 mai 1944 et adressée à l'Inspecteur des colonies, il est écrit que pendant la nuit il y a des gardes tels que Alimansa Konaté qui ouvre la porte des détenues et qui choisit pour les faire coucher avec Malick Sy, Malick Faye et Madiaw.[18] Pour donner des preuves de ce qu'il avance, l'auteur de la lettre affirme que «la détenue Tacko Ly couche toutes les nuits avec Malick Sy et on les a surpris à maintes reprises. La nommée Fatou Tine a purgé une peine de 6 ans dans cette prison. Elle a été enceintée et elle a accouché. Les gardes pénitentiers qui l'ont enceintée l'ont poussé pour qu'elle dise que c'est l'ex-brigadier-chef Demba Ndiaye qui l'a enceintée car ce dernier est mort, cause pour laquelle elle l'a accusé».[19] L'auteur de la lettre, un ancien gardien licencié, ne s'en arrête pas là pour autant et demande à l'Inspecteur des colonies «de faire une enquête au sujet de Fatou Tine».[20]

Mais avant de dénoncer ces actes, il avait déjà fustigé l'indiscipline qui régnait dans cette prison. Il disait que dans cette dernière le régisseur y est pour son compte et non pour les détenus, car il a placé à la tête de la prison des anciens condamnés qui font tout ce qu'ils veulent.[21] Le contenu de cette lettre est clair. Plus qu'une complicité des gardiens, c'est la responsabilité du régisseur qui est engagée dans cette affaire assez expressive de la vie sexuelle telle qu'elle se déroulait dans la prison de Saint-Louis.

L'étude d'autres exemples éclaire davantage cette question des mœurs en prison. À Diourbel, les détenues cohabitaient avec les gardiens et un enfant naquit de l'union de Amy Sène et Cheikhou Bigué Sy, deux récidivistes de renommée (Bâ 1994:75). Ces cas d'abus et de harcèlements sexuels, établis sur fond de complicité du personnel de surveillance, mettent à nu la violence sexuelle exercée sur les détenues. Ces dernières ne bénéficiaient d'aucune marge de manœuvre pour se faire justice ou mettre fin à ces exactions. Cette violence sexuelle ne diffère en rien du point de vue de son dynamisme, de celle domestique qui prévaut dans le cadre du ménage ou dans les rapports patrons/domestiques durant la période coloniale (Faye 1993), et la question de la dichotomie sphère privée/sphère publique se pose alors. Si dans certains cas cette dichotomie existe, en revanche dans la prison il est difficile de faire la séparation entre les deux sphères. On retrouve le privé (division sexuelle du travail dans la maison et violence domestique) dans le public et vice et versa. C'est dire que le vécu quotidien des femmes dans les prisons du Sénégal n'est que le reflet de l'intrusion du privé dans le public.

Cependant, avec la mise sur pied de la prison des femmes de Rufisque, s'opère une rupture de taille dans la gestion des délinquantes et des criminelles.

La prison des femmes de Rufisque, une rupture dans le vécu quotidien des détenues

La prison coloniale a été pour la femme détenue une des sphères publiques où son statut de reproducteur biologique a toujours été pris en compte. Mais, une rupture s'est opérée dans la période post coloniale en ce qui concerne son incarcération avec la création en 1972, par les autorités du Sénégal d'une prison réservée exclusivement aux femmes. Mieux, la féminisation et la qualification professionnelle accrues du personnel de surveillance marquent la volonté du gouvernement de penser et de résoudre autrement la question de l'enfermement.

Si la division sexuelle du travail notée dans les prisons coloniales disparaît dans celle des femmes, il convient de noter que la présence d'hommes au sein d'un personnel de gardiennage composé à 90% de femmes pose de nouveau le problème des rapports hommes/femmes et partant une analyse du genre.

Mais qu'en est-il réellement de cette rupture dans le vécu quotidien des détenues de la prison de Rufisque?

Présentation de la maison d'arrêt et de correction de Rufisque

Avant de procéder à une présentation des locaux, examinons au préalable les motivations qui ont poussé les autorités sénégalaises à mettre sur pied la prison de Rufisque.

Contexte de création et signification de la maison d'arrêt et de correction de Rufisque (MAC)

Le contexte de création

Après l'indépendance il y a un processus de construction et de consolidation de l'État postcolonial. Le premier instrument de la construction de l'État sénégalais fut la rédaction et le vote d'une constitution, loi dite fondamentale qui définit un espace politique et les modalités des relations entre l'État et les citoyens.

Au plan politique, c'est le règne de l'exécutif bicéphale, c'est-à-dire partagé entre le président du Conseil, Mamadou Dia, et le président de la République, L. S. Senghor de 1960 à 1962. Ce bicéphalisme aboutit à la première crise post coloniale de l'État dont l'enjeu était constitué par le monopole du pouvoir nourri comme désigné par chacun de ces deux hommes, qui ne s'accordaient pas toujours sur les questions d'orientation politique et économique. La solution à cette crise aboutit à un renoncement au bicéphalisme et à l'instauration d'un régime présidentiel de parti dit dominant (Diop et Diouf 1990:37).

Mais une profonde crise sociale, économique et politique du pouvoir culminant en mai 1968 mit fin en 1970 à cette expérience du pouvoir centralisé (Bathily 1992). Devant cette agitation, le régime sénégalais fut obligé de faire des concessions par l'adoption de solutions politiques dites de déconcentration et de décentralisation. La réforme constitutionnelle de 1970 (Sy 1969:9-28) donne le signal des changements avec la création d'un poste de Premier ministre qui montre la tendance à appliquer les techniques de déconcentration du pouvoir exécutif. La même conclusion s'applique à la réforme en 1972 de l'administration territoriale. Cette réforme qui ne peut se comprendre que si on la replace dans le cadre des stratégies de contrôle des populations après la période très agitée qui caractérise la première décennie de l'indépendance (Diop et Diouf 1990:54), touche des services spécialisés comme l'administration pénitentiaire.

La prison des femmes a vu le jour en 1972. Avant de bénéficier du régime de l'autonomie, elle était une annexe de la prison centrale de Dakar. À ce titre, de 1972 à 1974, elle recevait les pensionnaires qui y étaient écrouées, même si elles devaient purger leur peine dans le nouvel établissement. C'est en 1974, que le transfert des détenues s'est effectué entre les deux lieux d'incarcération. Son autonomie est consacrée par le décret n°86-1466 du 24 octobre 1986 (DAP 1992) abrogeant et remplaçant certaines dispositions du décret n°66-1081 du 31 décembre 1966 qui stipule en son article 5 que l'établissement pénitentiaire de Rufisque est réservé aux femmes.

Au regard du contexte de création et de signification de la MAC de Rufisque, on peut dire que la mise en place est l'expression d'objectifs politiquement souhaitables en conformité avec des objectifs de politique nationale visibles dans les résultats avec les solutions déjà évoquées à savoir la déconcentration et la décentralisation. En d'autres termes, cette volonté des autorités de prendre en charge la question de l'enfermement des femmes ne peut pas être définie comme une politique de genre en tant que telle. Donc, la mise sur pied de cet établissement ne peut se comprendre que si on la replace dans le cadre des politiques de décentralisation et de déconcentration des années 1970.

La prison de Rufisque: un nouveau cadre de référence de l'administration pénitentiaire

L'administration pénitentiaire fut réorganisée en 1972. C'est le décret n°66-1081 du 31 décembre 1966 (DAP 1992) portant organisation du régime des établissements pénitentiaires qui contient cette réorganisation. Ce texte a au moins le mérite de faire disparaître les abus les plus criants du système précédent. Ses articles portant les numéros 10, 12, 30, et 89 et consacrés aux femmes abordent respectivement :

1. la création d'un quartier spécial pour les femmes dans les maisons   d'arrêt, de correction et dans les camps pénaux;
2. la mise à la disposition des femmes enceintes d'un local séparé deux mois avant et deux mois après leur accouchement et le bénéfice de la garde des enfants âgés de moins de trois ans est accordé à leurs mères;
3. l'interdiction de faire effectuer des travaux pénibles;
4. l'obligation scrupuleuse d'instituer une garde assurée par un personnel de même sexe.

L'administration pénitentiaire est érigée en Direction nationale en 1971 par le décret n°71-877 du 30 juillet 1971 (DAP 1992). Cet acte administratif préparait certainement l'œuvre de déconcentration amorcée en 1972. Les performances attendues du système administratif sont préparées par la loi n°72-23 du 19 avril 1972 (*Journal officiel* 1972:750) qui est relative au statut du personnel de cette administration.

Ainsi, c'est dans le cadre de la réorganisation du service des prisons que les autorités ont senti le besoin de créer en 1972 la prison des femmes de Rufisque. Malgré la création de cette maison d'arrêt et de correction, les transferts des détenues n'étaient pas effectifs. Les quartiers réservés aux femmes dans les prisons de l'intérieur du pays continuaient à être fonctionnels. C'est pourquoi en 1981, le Directeur de l'administration pénitentiaire de l'époque rappelait dans une note produite à l'intention des régisseurs des prisons et camps pénaux que «les infrastructures de nos établissements ne prévoient pas de quartiers bien conçus pour recevoir des femmes détenues. Les régisseurs pour les héberger sont obligés de recourir aux moyens de bord» (DAP 1981). Il termine son texte en soulignant que l'envoi des détenues à la prison de Rufisque devait permettre à ces dernières d'être dans des conditions requises parce qu'étant encadrées par un personnel féminin et enfermées avec des personnes du même sexe (DAP 1981).

Ces textes renseignent sur les péripéties relatives au fonctionnement de la prison de Rufisque.

Présentation de la structure

C'est à Rufisque, à 27 km de Dakar se trouve la prison des femmes. Située sur la place Youssou MBargane Diop (ex-place Gabard), la maison d'arrêt et de correction de Rufisque est composée de locaux construits en 1930, occupés auparavant par un commissariat de police. L'établissement pénitentiaire de Rufisque est donc une vieille bâtisse que l'administration a transformée en prison. Il a une faible capacité d'accueil, seulement 50 places. Ce nombre est rarement atteint; il compte sept (7) cellules dont six ayant les mêmes dimensions, la septième étant plus grande. Elles sont toutes situées au rez-de-chaussée, de même que l'infirmerie, la cuisine, les toilettes, le poste de police qui sert de parloir, le bureau du régisseur et les cours où les détenues font leurs promenades. À l'étage se trouvent une vaste salle appelée salle polyvalente réservée aux séances d'alphabétisation, de coupe et de couture, les bureaux de l'adjoint au régisseur et du greffier et une chambre pour les gardiennes de service. Du fait de l'exiguïté des locaux, il n'y a pas de séparation entre les adultes et les mineures. Chaque détenue a à sa disposition une surface de 4m² et un cubage d'air estimé à 5m³. Les cellules peuvent contenir 7 à 8 personnes.

Il ressort de ces informations que cette prison n'est pas encore confrontée à l'acuité du problème de surpopulation qui se pose dans les autres prisons du Sénégal. La séparation entre les différentes catégories pénales en fait un milieu d'endurcissement pour ces jeunes délinquantes.

La collecte des données

La prison étant une institution d'accès difficile, pour s'entretenir avec les détenues, il nous fallait déposer une demande au niveau de la DAP. Nous avons obtenu sans difficulté une autorisation spéciale de 4 mois pour procéder aux enquêtes.

L'enquête qui a duré un mois et demi s'est déroulée sous forme d'entretien. Quinze (15) femmes détenues ont été rencontrées au cours de visites hebdomadaires effectuées tous les lundi. Une moyenne de quatre (4) détenues par jour a été établie pour une enquête assise sur un échantillon de condamnées et de prévenues. Les entretiens qui se sont déroulés en Wolof, tournent autour d'un questionnaire que nous avons présenté oralement aux détenues. Il compte deux items: le premier renferme des questions relatives à la biographie de la détenue. À ce niveau, les variables comme l'âge, l'ethnie, la religion, la profession, le nombre d'incarcérations, le statut matrimonial, le nombre d'enfants et le n i v e a u d'études, la situation des parents sont prises en compte; le deuxième s'intéresse aux mobiles de la détention, les relations de la détenue avec le personnel, avec sa famille, avec le monde extérieur, ses projets d'avenir, etc.

Les résultats de l'enquête

Les résultats de l'enquête auxquels nous avons abouti concernent les usagers et la vie au sein de l'institution pénitentiaire. Le vécu carcéral à la MAC de Rufisque tourne autour des activités des détenues et de leur vie relationnelle entre elles, avec le personnel et avec le monde extérieur.

Les usagers de la MAC de Rufisque: pensionnaires et personnel

Les pensionnaires

Les 15 détenues sont dans leur majorité des jeunes. Leur âge se situe entre vingt deux et trente huit ans. Treize (13) d'entre elles sont des musulmanes. Ce chiffre se justifie par la prédominance de la religion islamique au Sénégal. Elles appartiennent aux différentes ethnies du Sénégal avec cependant une prépondérance de l'élément wolof. Nous avons quatre Wolof, trois Bambara, deux Sérère, deux

Diola, deux Socé, une Lébou et une Soninké. Elles sont originaires des villes de Dakar, Thiès, Kaolack, Ziguinchor, MBour, Touba et sont domiciliées dans des quartiers dénommés Médina, Gueule Tapée, Usine Niary Tally, HLM ou des banlieues de Thiaroye, Yeumbeul, Diamaguène ou Pikine. Dans ces quartiers populaires et ces banlieues lointaines, l'insécurité, la pauvreté, la surpopulation sont la règle.

Nos enquêtées sont issues de familles dont les parents sont soit décédés, soit divorcés. Seules quelques prisonnières vivent avec des parents mariés. Issues de familles où il y a un éclatement du couple parental, livrées à elles-mêmes sans contrôle parental, avec des mécanismes de solidarité qui ne jouent plus en leur faveur surtout dans les villes (lieu par excellence de l'individualisme) et face aux nombreuses sollicitations de la vie quotidienne, ces femmes finissent par céder aux tentations. Elles commettent des infractions et se retrouvent en prison. À la lumière de ces origines géographiques et sociales, on peut dire que les enquêtées sont issues de milieux défavorisés.

Concernant leur statut matrimonial, six (6) d'entre elles sont mariées, quatre (4) divorcées, cinq (5) célibataires. Mais, trois des femmes mariées ont été répudiées quelques temps après leur incarcération. Ce qui porte le nombre de divorcées à dix. C'est dire que sur les quinze, dix ont été bien intégrées dans la société et que la plupart d'entre elles connaissent des problèmes de précarité. Elles ont au moins deux enfants à entretenir.

Ces femmes sont sans profession ou ont eu à exercer les métiers de bonne à tout faire, de vendeuse de poissons ou de légumes, de couturière, de coiffeuse. Ainsi, nous avons relevé parmi elles cinq ménagères, quatre bonnes à tout faire, cinq vendeuses, une couturière et une commerçante, c'est-à-dire des femmes aux conditions sociales modestes. Ceci explique le fait que nous ne soyons pas en présence d'une criminalité à col blanc. Sur les quinze détenues interrogées, une seule bénéficie d'un niveau d'instruction. Elle est allée jusqu'au cours élémentaire, soit un séjour de trois ans à l'école; une autre a été à l'école coranique.

Quant aux motifs de condamnation, nous avons le vol, les violations de la réglementation de la prostitution (racolage sur la voie publique, défaut de carnet sanitaire, non-inscription au fichier sanitaire), les coups et blessures, le trafic de stupéfiants, les crimes de sang tels que l'infanticide et le meurtre d'adulte. Nos enquêtées sont pour la plupart à leur première incarcération. En effet, sur les quinze détenues, on dénombre une récidiviste et deux qui ont déjà fait l'objet de plusieurs condamnations. Les prostituées sont les multirécidivistes.

Le personnel de surveillance

La MAC de Rufisque compte, au moment de notre enquête, un personnel composé de 13 femmes et 3 hommes. Ces statistiques obéissent au souci dé féminisation du personnel pénitentiaire entreprise au cours des années. La prison de Rufisque était gérée par un personnel masculin de 1972 à 1975. Mais, selon l'une des premières surveillantes, les femmes sont venues au métier (de gardienne) à la suite d'une plainte déposée par les détenues elles-mêmes contre les policiers qui faisaient office de gardiens (Diagne 1980:15). Cet incident fut à l'origine du remplacement de ces derniers par des femmes. L'arrêté n°011632 du 15 octobre 1975 du ministère de la Fonction publique, du travail et de l'emploi nomme à cet effet sept femmes à la fonction de surveillante pour une durée indéterminée. Cette nomination s'est faite en vertu de l'article 9 de la loi n°72-23 du 19 avril 1972 qui stipule que nul ne peut être nommé dans l'administration pénitentiaire (sauf en ce qui concerne le personnel féminin et les agents supérieurs et contrôleurs) s'il n'a 333 pas accompli son service militaire actif (*Journal Officiel* 1972:75). Cette rupture dans la composition du personnel découle seulement de la volonté d'encadrer les détenues par des personnes de même sexe, mais surtout de la volonté de mettre fin aux sévices sexuels dont celles-ci étaient victimes.

C'est donc le début de la féminisation du personnel. Ce processus s'est poursuivi et, en 1984, s'accompagne d'une dynamique de professionnalisation. En effet, on assiste à l'entrée en service de la première promotion d'agents féminins titulaires de diplômes de l'administration pénitentiaire et formés à l'École nationale de police et de la formation permanente (ENPFP). Le poste de contrôleur est occupé par une femme dès 1985. Mais, la professionnalisation ne concerne pour le moment que le corps des gardiennes. Conformément à cet article 9 de la loi n° 72-23 du 19 avril 1972, certains membres du personnel ont été nommés et commissionnés gardiennes des prisons pour pouvoir bénéficier des mêmes avantages que ces dernières. Cette professionnalisation limitée a préparé l'autonomie de la prison.

La vie relationnelle à la prison de Rufisque se déroule entre les détenues et gardiens, entre détenues et entre celles-ci et le monde extérieur.

La vie relationnelle à la MAC de Rufisque
Relations entre détenus et gardiens

En théorie, les relations entre détenues et gardiens sont déterminées par le décret n°66-1081 du 31 décembre 1966 portant organisation et régime des établissements pénitentiaires. Ce texte stipule en son article 90, qu' «il est interdit à tous les employés, aux gardiens et aux personnes ayant accès aux locaux de la détention d'adresser la parole aux détenues si ce n'est pour l'exécution d'un ordre ou du règlement.

Parmi nos enquêtées, seules trois ont déclaré ne pas entretenir de bonnes relations avec le personnel. Les autres soutiennent le contraire. La nature de ces relations dépend de la discipline et du respect que tout un chacun a vis-à-vis du règlement intérieur. En d'autres termes tout dépend, de l'avis des gardiens, de la personnalité et du tempérament de la détenue.

En vérité, les rapports entre les hommes (rappelons qu'il sont au nombre de trois) et les détenues sont toujours très difficiles à cerner dans la mesure où une lutte autour du contrôle du verrou se pose. Le devoir des premiers étant de le fermer et le désir profond des autres étant de le faire sauter. Pour le gardien, c'est la préoccupation répressive qui l'emporte. C'est cela qui fait dire à Jean Marc Varaut (1972:75) que «quelle que soit l'architecture de la cage ou la norme qui détermine le fonctionnement, ce qui importe avant tout c'est l'esprit qui anime le personnel de surveillance en charge du service».

C'est pourquoi s'agissant du retour à la vie normale, nous rapportons les propos d'un directeur de l'administration pénitentiaire qui disait aux gardiens: «pour ces populations vous ferez en sorte qu'elles perdent leurs mauvaises habitudes qui rendent leur vie incompatible avec celle de la société. Considérez les comme les membres de votre famille et prodiguez-leur des conseils en préparant ainsi leur retour à la société».

Les relations entre détenues

L'appartenance à un même monde de souffrance, de solitude et de désespoir est censée façonner des rapports de bon voisinage, d'entraide, d'amitié, de soutien moral et même financier à celles qui sont abandonnées par leur famille. Mais avec la promiscuité, les relations entre détenues aussi ne sont pas toujours idylliques. Des heurts sont constatés surtout entre les prostituées et celles qui sont condamnées pour d'autres infractions découlant de la représentation que ces dernières se font du métier de prostituée.

Les relations entre détenues et monde extérieur

Parmi les droits du détenu, figure celui de recevoir des visites de la part de ses proches, en particulier des membres de sa famille. Ces visites ne sont autorisées qu'une seule fois par semaine, en particulier le dimanche de huit à onze heures et quatorze à seize heures. Sur quinze détenues huit déclarent recevoir la visite des parents, mais de manière irrégulière. Par contre, cinq disent être abandonnées par leurs familles, tandis que pour les deux autres, leurs proches ne sont même pas au courant de leur arrestation; ce sont des prostituées qui vivent seules.

La représentation négative de la prison explique d'une manière ou d'une autre l'irrégularité ou l'absence de relations entre les détenues et le monde extérieur. Toutes les détenues interrogées déclarent que leurs parents ont été durement affectés par leur enfermement.

Les activités à la MAC de Rufisque

La maison d'arrêt et de correction de Rufisque marque une rupture nette d'avec la période coloniale tant du point de vue de l'amélioration des conditions de détention, que de la nécessité d'asseoir une politique de rééducation. Avec les changements notés dans le rapport au détenu, considéré maintenant comme un agent au développement, on note une certaine volonté des autorités d'œuvrer dans le sens de doter la détenue d'outils qui faciliteront sa réinsertion sociale. Ainsi, des programmes d'éducation (cours de français et d'arabe) et de formation professionnelle (couture et tricotage) leur sont dispensés.

À la question de savoir ce qu'elles comptent faire dans la vie active une fois libérées, certaines déclarent tirer le maximum de cet apprentissage pour s'installer à leur propre compte si toutefois elles disposent des moyens nécessaires. C'est pourquoi il faut renforcer davantage cet encadrement professionnel et éducatif pour que le retour à la vie normale cesse de constituer un lourd fardeau pour l'ancienne détenue.

L'enfermement carcéral: un frein à l'épanouissement de la femme

La prison participe à la marginalisation sociale. Cette situation dont sont victimes les femmes emprisonnées est inhérente à l'organisation du système pénitentiaire et à l'absence d'une véritable politique cohérente de réinsertion sociale.

La prison: une sphère publique spécifique

Si l'ambition des autorités pénitentiaires du Sénégal est de faire du détenu un agent de développement, [F.S.32] il n'en est pas moins vrai que la prison est loin d'être la première priorité de l'État. S'agissant en particulier du système carcéral, il ne faut pas perdre de vue que le droit pénal de la plupart des pays africains introduit avec la colonisation est resté calé sur le modèle occidental [F.S.33], malgré les modifications nombreuses, mais superficielles et désordonnées intervenues après les indépendances pour asseoir un régime répressif fiable (Akélé Adau 1993:4 37; O'Kubasu 1997:21).

Au Sénégal, le système pénitentiaire copié sur le modèle occidental français s'est vite révélé inadapté aux réalités carcérales du pays (Michelet 1985:476). À cet héritage handicapant s'ajoutent un manque d'intérêt des pouvoirs publics et des populations quant au sort des détenus, l'absence de peines alternatives et la trop longue durée de la détention provisoire. Toutes ces difficultés se conjuguent pour déboucher sur une crise du système pénitentiaire dans un contexte socio-économique et politique particulièrement instable (Kazooza 1997:28-33).

Les contraintes économiques réduisent à la portion congrue ou relèguent au rang de questions non prioritaires les problèmes pénaux. Ceci accentue la dégradation des milieux et des conditions de détention. Le travail de rééducation pour la réinsertion sociale de la femme hypothéquée par des contingences matérielles, humaines et financières se signale ainsi par une portée pédagogique des courtes peines qui est loin d'être évidente (Laroncle 1997:27). La prison ne présente plus aucune efficacité thérapeutique et devient un espace public incivil pour la femme détenue, c'est-à-dire un espace collectif sans qualité qui, du fait de ses caractéristiques négatives, ne favorise pas la convivialité. Répulsif et sociofuge, il n'offre aucune possibilité de déploiement normal à la sociabilité. Plus grave encore, il entrave le développement du lien social en prédisposant à des comportements incivils (Levy 1998:14).

Milieu par excellence de la violence sous toutes ses formes, la prison devient encore pour la femme sénégalaise un milieu générateur de pathologie mentale dans la mesure où le vécu carcéral est un facteur déclenchant de dépressions qui paraissent être réactionnelles aux conditions carcérales (Sène 1995:50).

L'emprisonnement, par son caractère coercitif, comporte l'imposition d'une contrainte afflictive à la femme détenue, une souffrance physique qui l'atteint directement et personnellement dans sa liberté, son honneur et ses droits fondamentaux. C'est dire avec Varaut (1972) que la prison n'améliore pas l'individu. Elle l'a rendu à la société telle qu'elle l'avait reçu, ou pire qu'auparavant.

Mieux, le rôle éducatif assigné aux gardiens et l'aspect répressif des textes réglementaires semblent incompatibles pour asseoir une véritable politique de réinsertion sociale. En plus de la personnalité qu'elle acquiert en milieu carcéral, l'extrait du casier judiciaire, preuve de l'immoralité de l'individu, le handicape dans ses rapports avec l'administration et l'ordre social une fois sorti de prison. Le casier judiciaire devient un véritable certificat de chômage (Ndoye 1992:25), l'interdiction de séjour un obstacle au reclassement social. Elle oblige la femme libérée à quitter les lieux où elle avait ses intérêts. À supposer qu'elle soit native du lieu de sa condamnation, où vivra-t-elle? Cette mesure en fait une candidate à la récidive par le biais de la rechute.

La prison de ce fait, devient sans cesse une des quadratures du cercle. Les tares du système pénitentiaire risquent de générer une micro-société de corruption (existence de bandes de trafiquants de drogue avec la complicité des gardiens), de violence et d'inégalité (existence de véritables gangs avec des chefs au niveau des cellules) (Michelet 1985: 466), une fabrique de délinquants. D'où la question que se pose Varaut (1972): «la prison pourquoi faire?». Reconnue coûteuse et peu efficace, elle demeure néanmoins la référence dans la lutte contre une criminalité intervenant dans un environnement plus ou moins hostile pour la femme qui a vécu l'enfer de l'enfermement.

L'environnement sociofamilial de la sortie de prison: un milieu intolérant

Voulet (1951:5) nous rapporte qu'«un magistrat arrivant un jour pour la première fois dans une petite ville de province demanda à une passante quel chemin il fallait prendre pour aller à la prison. Elle regarda aussitôt d'un air soupçonneux, puis indignée qu'il puisse croire qu'elle fréquentait un aussi mauvais lieu lui répondit: moi, Monsieur je n'y suis jamais allée».

La réaction de cette femme à l'idée même de la prison est assez commune. Considérée comme un lieu infamant, la prison demeure dans la conception populaire synonyme de perdition. La tradition veut qu'au Sénégal, lorsque le détenu sort de prison, il brûle ses affaires et plonge aussitôt dans la mer pour se laver de la souillure qu'il a reçue. Même quand le colonisateur a introduit la prison, on a noté la force de résistance déployée par les indigènes pour échapper à cet instrument mis en place pour les humilier. Tout un ensemble de subterfuges (amulettes, solutions ésotériques et même suicides) a été imaginé et mis à exécution par les colonisés pour éviter la prison (Thioub 1996b). La lente évolution des mentalités a pour conséquence le fait que jusqu'à nos jours, la prison demeure une honte, un tabou.

Au Sénégal, comme partout ailleurs, on assiste à un rejet de celui qui sort de prison. Les cicatrices de la répression sociale que l'on retrouve à la libération se font sentir dès que l'on veut intégrer le milieu socio familial. La première cellule sociale, la famille, repousse la prisonnière élargie. Plus de 70% des détenues interrogées à la MAC de Rufisque craignent d'être rejetées par leur entourage, une fois qu'elles seront libérées. Elles expliquent cela par le fait qu'elles reçoivent peu de visites.

Ainsi, la famille, lieu privilégié de transmission des valeurs et de réinsertion sociale de la détenue, devient une autre prison pour celle-ci car elle se heurte au mur de silence de ses membres. Au cours d'une visite effectuée à la prison de Rufisque, une femme ministre s'est posée avec beaucoup de pertinence la question suivante dans un article d'une revue locale: «bien des femmes attendent leurs maris quand ils sont en prison, mais combien d'hommes attendent leurs épouses incarcérées?». Cette boutade mérite bien une méditation.

Même si la détenue est relativement bien reçue par sa famille, l'entourage se méfie d'elle. Par cercles concentriques, c'est tout le voisinage, les proches, les relations qui vont la rejeter. Sans ressources (les détenues trouvent difficilement du travail ou pas du tout à leur sortie de prison), sans domicile, sans ami(e)s, l'ancienne détenue est exclue de la société. Elle ne peut trouver refuge qu'auprès d'anciennes ou de futures complices qui l'orientent vers d'autres infractions. La liberté devient un lourd fardeau. Cette situation fait d'elle une candidate à la récidive. Selon Varaut (1972:125) le vrai châtiment commence le jour de la libération.

Ainsi, des mesures doivent être prises pour un meilleur fonctionnement de nos prisons.

Des mesures adéquates pour un meilleur fonctionnement de l'institution pénitentiaire

La crise que traversent les systèmes pénitentiaires africains n'est plus à démontrer; augmentation des effectifs dans les prisons synonyme de surpopulation, insuffisance des capacités d'accueil, vétusté des bâtiments en sont les indicateurs. Ces caractéristiques posent un problème fondamental, celui des conditions de détention et les droits humains (Diesel 1996:37). Cette situation appelle une prise de mesures adéquates, et entre autres, une lutte préventive contre la criminalité et une réforme pénitentiaire.

Face à la criminalité, la seule réponse immédiate semble être l'emprisonnement. Mais celui-ci, comme nous l'avons déjà souligné, reste peu efficace. Cependant, pour résoudre la crise pénitentiaire dans nos pays, on doit s'attaquer à l'une des racines du mal, à savoir la criminalité. Or s'attaquer à ce fléau, c'est s'occuper en partie du développement social. Les facteurs socio-économiques sont déterminants dans le processus qui conduit à la déviance acquisitive. Plus de la moitié des détenues interrogées à la MAC de Rufisque sont incarcérées pour des motifs d'ordre économique. C'est dire que le débat sur l'emprisonnement doit être étendu à l'examen des moyens de lutte préventive contre le crime et le délit. Axée sur les méfaits de la précarité économique, cette lutte suppose qu'on cherche à connaître les stratégies individuelles de survie, de drainage de ressources vers les familles et de gestion de l'économie domestique (Bop 1995:64).

En dehors du contexte économique, l'autre facteur qui conduit à la criminalité demeure la dissociabilité, forme d'expression de la crise des familles, qui se traduit par un désengagement progressif des pères. Selon Boye (1992), l'apport des pères biologiques à l'entretien des enfants est très faible; 22,12% des pères prennent en charge l'éducation et l'entretien des enfants contre 42,48% des mères. C'est pourquoi Mucchielli (1967:3) souligne l'intérêt qu'il faut porter à la socialisation des individus au sein de la cellule familiale.

Mais les véritables solutions à la crise du système pénitentiaire demeurent dans la mise en place de sanctions non carcérales (travail d'intérêt général qui triomphe dans certains pays Raynal (1997:55-68) et de peines alternatives (la semi-liberté, le placement à l'extérieur et la libération conditionnelle) surtout pour les détenu(e)s mineur(e)s, les délinquants primaires et les femmes, ceux que Tougouri (1997:55-68) appelle les détenus vulnérables.

La réforme pénitentiaire doit aussi être axée, en dehors de ces peines alternatives, sur une révision des textes pour les adapter aux réalités locales et les articuler aux évolutions du monde contemporain. Mais, l'exécution ou l'application de toutes ces recommandations suppose la mise à la disposition des administrations pénitentiaires de moyens financiers, humains et logistiques très importants. Ce qui requiert l'intervention à la fois des gouvernements, de la société civile, des organisations des droits de l'homme, afin de permettre aux détenues de bénéficier de certains droits: droit au travail, droit à la santé, droit à des activités récréatives, etc.

À l'heure actuelle au Sénégal, de nouvelles avancées sont notées dans le monde carcéral grâce à l'action conjuguée d'organisations non gouvernementales comme ENDA Tiers Monde, Solidarité Partage, Observatoire international des prisons (OIP) et d'organismes religieux qui œuvrent en faveur de l'amélioration des conditions de détention et d'une bonne réinsertion sociale (dotation de livres et de téléviseurs aux détenues, financement de projet d'artisanat et prise en charge des formateurs dans les prisons). L'organisation de journées dites portes ouvertes permet au public de s'enquérir des réalités de la prison, de faire évoluer les mentalités et de se forger une image moins négative de la prison.

C'est dire que dans le contexte actuel du Sénégal en particulier et de l'Afrique en général, la prise de mesures pour un meilleur fonctionnement de l'institution pénitentiaire, en d'autres termes la réussite d'une politique pénitentiaire est consubstantielle au développement économique et à la démocratisation (Akélé Adau 1993:442). Ainsi ces propos d'Alexis de Tocqueville à l'égard des Américains peuvent s'appliquer au contexte africain: c'est à l'aune de vos prisons que se mesure votre démocratie.

Conclusion

Il peut paraître à première vue étrange de choisir le monde clos et séparé de la prison pour analyser les rapports hommes/femmes entre sphères publique et privée. Mais, cette étude sur les relations de genre dans la prison rend compte de la complexité de ces rapports. Au vu de l'exploitation, de l'oppression et de la violence sexuelle dont sont victimes les femmes détenues, on peut dire que les rapports sociaux de sexe sont autrement plus complexes dans la sphère publique que dans la sphère privée. Dans cette dernière, la domination de l'homme sur la femme n'est plus à démontrer. En revanche, dans une sphère publique telle que la prison que nous venons d'étudier, cette domination s'exerce aussi bien à l'intérieur qu'à l'extérieur, dans la mesure où une fois libérée, la femme fait face à beaucoup d'obstacles édifiés sur son chemin par l'homme. Ces handicaps étant matérialisés par des mesures et des sanctions qui rendent la domination invisible.

Au bout du compte, l'enfermement carcéral analysé du point de vue des relations de genre révèle encore une fois de plus la marginalisation de la femme. La prison a demeuré et demeure encore pour celle-ci le creuset d'une mise à l'écart de plus en plus importante. Le fossé entre les hommes et les femmes au sein de cette institution est loin d'être comblé comme d'ailleurs c'est le cas dans d'autres institutions. C'est dire qu'à l'heure actuelle, il est plus que jamais nécessaire de s'atteler à un combat qui aurait pour finalité de combler cet écart surtout au moment où les femmes participent de plus en plus dans l'espace public aussi bien au niveau économique, politique et social comme l'attestent les travaux récents sur le genre.

Ainsi, donner à la femme des chances égales à celles de l'homme dans le domaine de l'éducation, de l'emploi, de l'accès aux crédits et aux institutions, de la santé, c'est la prémunir contre les nombreuses tentations à commettre des crimes qui vont la conduire en prison. En d'autres, termes cela signifie que les rapports sociaux de sexe doivent beaucoup être pris en compte surtout dans le contexte actuel de démocratisation, de transitions politiques et d'ouverture des champs politiques qui ont permis une plus grande visibilité de la femme africaine.

Notes

1. ANS, 6M/191. Sénégal ancien, justice indigène, rapport sur le fonctionnement de la justice indigène, 1925-1931. En 1931, il y a 1008 condamnations de vol sur 3063 affaires jugées pour tout le Sénégal et en 1932 c'est un chiffre de 1014 condamnations de vol sur 3128 affaires portées devant les tribunaux.

2. Personnes accusées qui ont fait l'objet d'arrestation et de conduite à la police ou à la gendarmerie.

3. Toutes les femmes incarcérées à la suite des mandats de dépôt, d'amener, d'une réquisition d'incarcération de l'autorité judiciaire, les femmes condamnées mises en liberté provisoire, acquittées ou relaxées.

4. Toutes les femmes qui ont été jugées et condamnées à une peine de prison.

5. Dans cette étude il s'agit de la prison en tant qu'établissement clos aménagé pour recevoir les délinquants condamnés à une peine privative de liberté ou des prévenus

en instance de jugement.

6. ANS, sous-série 3f, Fonds Sénégal ancien. Prisons coloniales (1860-1960).
7. ANS, 3F/00092, Procès-verbal de la commission de surveillance de la prison de Ziguinchor pour l'année 1933, Ziguinchor, le 5 janvier 1933.
8. Article 2 de l'arrêté n° 478 du 22 février 1929 réglementant le service des prisons du Sénégal.
9. En effet, c'est en 1929 que l'administration coloniale a décidé pour la première fois de s'atteler à une réorganisation dans les colonies en prenant les arrêtés n° 478 et n°479 du 22 février 1929 réglementant le régime des prisons situées au siége des tribunaux français et celui des prisons des cercles.
10. ANS, 17G381-126 Rapport de Madame Savineau sur «La condition de la femme en AOF durant les années 1930», 1937.
11. ANS, 17G/381/126, op. cit.
12. ANS, 3F/00037, Lettre du régisseur de la prison de Saint- louis à Monsieur le Secrétaire général, 23 octobre 1925.
13. ANS, 3F/00112, Prison civile de Ziguinchor, procès-verbal sur l'emploi de la main-d'œuvre pénale, 1941.
14. ANS, 3F/00159, Lettre du régisseur de la prison de Kaolack au commandant de cercle du Sine -Saloum, Kaolack, le 8 mai 1929.
15. ANS, 3F/00092, procès-verbal du Comité de surveillance de la prison de Ziguinchor, 5 janvier 1933.
16. ANS, 3F/00101. Prisons des cercles: fonctionnement des prisons, punitions des évadés, effectifs des prisonniers du Sénégal, états numériques, circulaires, correspondances, 1936-1938.
17. ANS, 3F/00105. Note de l'Inspecteur des affaires administratives aux commandants des cercles du Sénégal, Saint-Louis, le 6 septembre 1943.
18. ANS, 3F/00123, Prisons des cercles: circulaires, notes, arrêtés, décisions, effectifs des prisonniers, ration alimentaire, prison de Saint-Louis, 1940-1944.
19. Idem.
20. Idem.
21. Idem.

Sources manuscrites et bibliographie

I. Sources manuscrites
A. Archives nationales du Sénégal (ANS)
1. Fonds Afrique occidentale française
Sous-série 17G: Affaires politiques
ANS, 17G/381/126: Rapport de Mme Savineau sur la Famille en AOF.
Sous-série 22G: Statistiques 1770; 1818-1959
ANS, 22G265(215), Justice française: activités des tribunaux correctionnels
Sous-série M: Justice indigène 1838-1954
ANS, M360: Statistiques judiciaires par âge et par sexe des jugements rendus par les tribunaux du Sénégal.

ANS, 6M191: Sénégal ancien. Justice indigène, rapport sur le fonctionnement de la justice indigène, 1925-1931.

2. Fonds Sénégal ancien

Sous-série 3F: Prisons du Sénégal 1840-1960

ANS, 3F/00037: Prison civile de Saint-Louis. États numériques, ration alimentaire, évasions de détenus, correspondances, 1925-1930

ANS, 3F/00092: Prisons des cercles. Commission de surveillance, visite, situation des pensionnaires, main-d'œuvre pénale, évasions et décès de détenus, correspondance, 1932-1933.

ANS, 3F/OO101: Organisation et fonctionnement des prisons, punitions des gardes cercles pour cause d'évasion de détenu, effectif des prisons du Sénégal, états numériques, circulaires et correspondances, 1936-1938.

ANS, 3F/OO1O5: Prisons de cercles, fonctionnement, décès des détenus, tenue des prisons, États numériques, correspondances, 1938-1943.

ANS, 3F/00112: Prison civile de Ziguinchor, mission d'inspection, utilisation de la main-d'œuvre pénale, construction d'une cour intérieure, procès-verbaux, 1941.

ANS, 3F/00123: Prisons, circulaires, notes, arrêtés, décisions, effectifs, ration alimentaire, prison de Saint-Louis, 1940-1944

ANS, 3F/00159: Prisons des cercles. Internement des détenus, registres d'écrou, 1928-1929.

B. Périodiques

Journal officiel, année 1928.

Journal officiel, année 1957.

C. Fonds des archives de la Direction de l'administration pénitentiaire du Sénégal (DAP).

Enquête sur la criminalité et la population carcérale année 1973, Dakar, 1974, 16 p.

Enquête sur la criminalité et la population pénale année 1983, Dakar, 1984, 9 p.

Enquête sur la criminalité et la population pénale année 1988, Dakar, 1989, 20 p.

Enquête sur la criminalité et la population pénale année 1993, Dakar, 1994, 18 p.

Enquête sur la criminalité et la population pénale année 1994, Dakar, 1995, 15 p.

Références

Akélé-Adau, P., 1993, «Prison, démocratie et sous-développement», *Zaïre -Afrique*, n°277, pp. 433-440.

Antoine, P. *et al.* 1995, *Les familles dakaroises face à la crise*, Dakar, IFAN-ORSTOM-CEPED, 209 p.

Bâ, B., 1997, «L'incarcération à Dakar (1930-1960). Étude de la population pénale et du vécu carcéral», Dakar, UCAD, mémoire de maîtrise, Histoire, 175 p.

Bâ, C.D., 1993, «La criminalité à Diourbel 1925-1960», Dakar, UCAD, 150 p., mémoire de maîtrise, Histoire.

Badinter E., 1992, XY. *De l'identité masculine*, Paris, Éditions Odile Jacob, 315 p.

Bathily, A., 1992, *Mai 1968 ou la révolte universitaire et la démocratie*, Paris, Chaka, 168 p.

Bob, C., 1995, «Les femmes chefs de famille à Dakar», *Afrique et Développement*, vol. XX, n°4, pp. 50-66.

Bodian, M.L., 1983, «La prison: un milieu pas comme les autres», Dakar, ENAES, mémoire de fin d'études, (section éducateurs sociaux) 43 p.

Boye, A.E.K., 1993, «Étude sur les conditions sociales et juridiques des femmes soutien de famille au Sénégal», Dakar, Bureau régional du Population Council.

Carlier, C., 1994, *La prison aux champs. Les colonies d'enfants délinquants du Nord de la France au XIX e siècle,* Paris, Éditions de l'Atelier / Éditions Ouvrières, 743 p.

Coquery-Vidrovitch, C., 1997, «Femmes africaines: histoire et développement», C. Becker, S. MBaye et I. Thioub, *AOF: réalités et héritages. Sociétés ouest -africaines et ordre colonial, 1895-1960.* Dakar, Archives Nationales du Sénégal, pp. 806-815.

Coquery-Vidrovitch, C., 1994, *Les Africaines: histoire des femmes d'Afrique Noire au XXIe siècle,* Paris, Éditions Desjonquères, 345 p.

Coquery-Vidrovitch, C., 1976, «L'Afrique et la crise de 1930 (1924-1938)», *Revue française d'histoire d'Outre-Mer,* Tome LXIII, n°232-233, 409 p.

Diédhou, N.C., 1991, «L'évolution de la criminalité au Sénégal de 1930 aux années 1960», Dakar, UCAD, (Mémoire de Maîtrise, Histoire) 71 p.

Diop, M.C., 1997, «L'administration sénégalaise et la gestion des fléaux sociaux. L'héritage colonial», Becker C., Mbaye S. et Thioub I., pp. 1128-1150.

Diop, M.C et Diouf, M., 1990, *Le Sénégal sous Abdou Diouf.* État et société, Paris, Karthala, 1990, 436 p.

Etta, F. Ebam, 1994, Gender Issues in Contemporary African Education, *Africa Development,* vol.XIX, n°4, pp. 57-84.

Faye, W.C., et Tine, A., 1995, «Rapport sur la prison au Sénégal», Dakar, Rencontre africaine des droits de l'Homme, 60 p.

Faye, O., 1989, «L'urbanisation et les processus sociaux au Sénégal: typologie descriptive et analytique des déviances à Dakar, d'après les sources d'archives de 1885 à 1940», Dakar, UCAD, 1989, (Thèse de 3e cycle, Histoire) 648 p.

Faye, O., 1993, «Un aspect négligé de l'histoire sociale de la colonisation: les domestiques dans la vie de relations à Dakar de 1885 à 1940. Étude d'un salariat urbain à la périphérie du monde du travail», *Annales de la Faculté des lettres et Sciences humaines de l'université Cheikh Anta Diop de Dakar,* n° 23, pp. 79-95.

Foucault, M., 1975, *Surveiller et punir. Naissance de la prison,* Paris, Éditions Gallimard, 318 p.

Guèye, M., 1997, *Justice indigène et assimilation,* C. Becker, S. Mbaye et I. Thioub, op.cit, pp. 153-169.

Guy- Petit, J. *et al.,* 1991, *Histoire des galères, bagnes et prisons XIII-Xxe arrondissements. Introduction à l'histoire pénale de la France,* Paris, Éditions Privat, 368 p.

Imam A., Sow F., et Mama A., 1997, *Engendering Social Sciences in Africa,* Dakar, CODESRIA, 131 p.

Kazooza, N., 1997, «La crise du système pénitentiaire, quelles réponses?», in *Les conditions de détention en Afrique,* Paris, Penal Reform International, pp. 21-27.

Kane, N., 1988, «L'évolution sociale à Saint-Louis à travers les archives de la police de 1900 à 1930», Dakar, UCAD, (Mémoire de Maîtrise, Histoire) 120p.

Konaté, D., 1997, «L'histoire des modes d'incarcération au Sénégal: les femmes en prison, 1925-1995», Dakar, UCAD, 1997, 175 p., Mémoire de maîtrise d'histoire.

Lagier, P.M., 1971, *La criminalité des adultes au Sénégal*, Montréal, École de criminologie, Université de Montréal, 234 p.

Laroncle, C., 1997, «Femmes derrière les barreaux», *Jeune Afrique*, n°25, novembre 1997, pp. 30-33.

Le Roy E. et Von Trotha, 1993, T. *La violence et l'État. Formes et évolution d'un monopole*, Paris, L'Harmattan, 271 p.

Levy, A., 1997, «L'espace public peut être incivil», *Le Monde Diplomatique*, n°514.

Lovett, M., 1989, «Gender relations, Class Formation and the Colonial State in Africa» in Parpart, J.L and Staudt, K.A (ed.), *Women and the State in Africa*, London, Lynne Rienner Publishers, Boulders and London.

Magassouba, M., 1977, «Le chômage: antichambre de la délinquance», *Famille et développement*, n°11, pp. 15-20.

Mama, A., 1997, *Études sur les femmes et par les femmes durant les années 1990*, Dakar, CODESRIA, 1997, 131 p.

M'Bodji, M., 1978, «Un exemple d'économie coloniale, Le Sine -Saloum (Sénégal) de 1887 à 1940: cultures arachidières et mutations sociales», Paris, Université Paris VII, 729 p., Thèse de Doctorat de 3e cycle, Histoire.

Mersadier, Y., 1976, «La crise de l'arachide au Sénégal au début des années 1930», *Bulletin de l'Institut fondamental d'Afrique noire*, Tome XXVII, 3-4, pp. 826-77.

Michelet, E., 1985, «Bilan d'une application du modèle occidental à la prison sénégalaise», *RIPAS*, n°14, pp. 455-496.

Monkangui, M., 1984, «Le divorce: conséquences sociales et méfaits à Dakar département», Dakar, ENAES, 48 p., mémoire de fin d'études, section Éducateurs spécialisés).

Mucchelli, R., 1967, *Comment ils deviennent délinquants. Genèse et développement de la socialisation et de la dissociation*, Paris, Editions Sociales Française.

Ndao, M., 1991, «Le ravitaillement de la ville de Dakar pendant la deuxième guerre mondiale, 1939-1945», Dakar, UCAD, 127 p., mémoire de maîtrise, Histoire.

Ndoye, A., 1992, «Réflexions sur la réinsertion sociale des détenues de la maison d'arrêt et de correction de Rufisque», Dakar, ENAES, 50 p. mémoire de fin d'études, section Assistants sociaux).

O'Kabasu, E., 1997, «Les prisons en Afrique», *Les conditions de détention en Afrique*, pp. 15-21.

Raynal, F., 1997, «De l'État social à l'État carcéral. Une seule punition, l'enfermement?», *Le Monde Diplomatique*, n°532, juillet, pp. 22-23.

Séne, M., 1995, «Les aspects psychosociaux et psychiatriques de l'incarcération chez la femme au Sénégal». Dakar, UCAD, 109 p., thèse de doctorat en Médecine).

Sow, F., 1993, «L'analyse du genre: une approche des sciences sociales», Dakar, CODESRIA, 6p.

Suret-Canale, J., 1997, *Afrique Noire. L'ère coloniale 1900-1945*, Paris, Éditions sociales, 430 p.

Thioub, I., 1996a, «La prison à l'époque coloniale: significations, évitements et évasions», Dakar, 22 p. ronéotypés.

Thioub, I. 1996b, «Marginalité juvénile et enfermement colonial. Les premières écoles du Sénégal, 1888-1927». Dakar, 21 p.

Tougouri, H., 1997, «Les détenus vulnérables», in *Les conditions de détention en Afrique*.

Turner, V., 1971, *Colonialism in Africa (1870-1960). Profiles of Change. African Society and Colonial Rule*, London, Cambridge University Press, 455 p.

Varaut, J.M., 1972, *La prison pourquoi faire?*, Paris, La Table Ronde, 151 p.

Voulet, J., 1951, *Les prisons*, Paris, PUF, 128 p.

7

Genre et commandement territorial au Cameroun

Ibrahim Mouiche

Introduction

Le début du troisième millénaire en Afrique en général et au Cameroun en particulier est chargé de nombreuses incertitudes que Gendreau et Le Bris (1990:98-104) qualifient de «grandes peurs de l'an 2000»: la peur écologique, la peur sociétale, la peur économique, toutes se combinant en une vision dramatisée, la peur politique. Et, finalement, la question que l'on se pose après 30 ans d'existence de l'État africain postcolonial qui a beaucoup changé, malgré ses lendemains obscurs, est de savoir si naîtra une organisation dynamique nouvelle, capable de prendre en compte les demandes du moment; surtout, comprendre que seule une issue démocratique pourrait nous permettre de relever les défis de l'an 2000. D'ailleurs, l'Afrique d'aujourd'hui ne saurait résister aux théories et pratiques politiques des décennies précédentes. Aussi devrions-nous préparer l'avenir avec ardeur! Les intellectuels devraient-ils continuer à animer le débat sur le processus de démocratisation qui a cours dans notre continent! Ceci constituera à coup sûr pour les organisations de masses une tribune où elles pourraient être écoutées (Mandaza 1994:270). Tel est le sens de l'analyse de genre qui nous concerne.

En effet, pendant longtemps, les études de science politique ont tourné autour de l'homme, ce dernier, au contraire de la femme, maîtrisant les institutions politiques formelles (Masquelier 1993:105; Randall 1992:3-4) ainsi que le relève avec pertinence, le professeur Paul Nchoji Nkwi (1993:181):

> L'exercice du pouvoir politique a toujours été considéré comme une affaire d'hommes, dans la mesure où très peu de sociétés acceptent ou tolèrent que les femmes

occupent des postes politiques même d'importance marginale. Que ce soit la Mafo de la société bamiléké, la Nafoyn du royaume de Kom au Cameroun, ou la reine d'Angleterre, elle demeure sous le contrôle des hommes. Ce qui est paradoxal c'est que, même dans les sociétés matrilinéaires, l'exercice effectif du pouvoir demeure entre les mains des hommes.

C'est la raison pour laquelle certains spécialistes des sciences sociales d'orientation féministe qualifient l'État de patriarcal et emploient l'expression «patriarcat public ou patriarcat social» pour désigner les États contemporains. Suivant le paradigme patriarcal, la dépendance des femmes à l'égard des hommes s'est muée en dépendance envers l'État . Où est la vérité La politique demeure-t-elle un domaine essentiellement réservé aux hommes, la dépendance féminine n'ayant fait que changer de forme dans les États, ou y a-t-il eu redistribution du pouvoir politique, et celui-ci, jusqu'alors concentré exclusivement entre les mains des hommes, est-il désormais partagé jusqu'à un certain point avec les femmes, dans certains pays plus que dans d'autres?

Dans quelques pays (Barbade, Dominique, Finlande et Norvège), les femmes au pouvoir sont assez nombreuses pour exercer une forte influence. À l'inverse, là où elles sont cantonnées dans leur rôle traditionnel, comme en Afrique du Nord, en Asie de l'Est et de l'Ouest, leur participation au processus de décision et l'influence qu'elles peuvent exercer sont négligeables (voir Rapport des Nations Unies, 1991:31). Par ailleurs, durant la décennie des Nations Unies pour les femmes (1975-1985), des gouvernements situés dans différentes parties du monde ont établi des ministères de la Condition féminine ou des bureaux des femmes afin d'institutionnaliser et de légitimer leur préoccupation pour le statut des femmes. Même si leurs réalisations ont connu des succès relatifs, le seul fait que de tels mécanismes aient été établis témoigne d'une reconnaissance de plus en plus grande des besoins et préoccupations des femmes (Labrecque 1994:17).

La présente étude présente porte sur l'un des défis majeurs formulés à la conférence de Beijing à savoir, l'intégration politique de la femme. L'objectif est de montrer comment le commandement territorial au Cameroun est monopolisé dans le temps et dans l'espace par les hommes, aucune femme n'ayant jamais accédé aux fonctions d'autorités administratives (gouverneurs de province, préfets de départements, sous-préfets d'arrondissements, chefs de districts ou leurs adjoints). Nous sommes aujourd'hui en présence de 773 autorités administratives incarnées, toutes par des hommes, soit 10 gouverneurs, 58 préfets, 116 adjoints préfectoraux, 268 sous-préfets, 268 adjoints d'arrondissements et 53 chefs de districts[1]. C'est ce que Rachel-Claire Okani qualifie de «domaine d'exclusion», une «exclusion absolue» (Okani 2003:278; Etoga Eyidi 2003:289).[2] Madame Yaou Aïssatou (à l'époque, ministre des affaires sociales et de la condition féminine) avait donc raison le 10 mars 1994, lors des festivités de la *Journée nationale de la femme camerounaise* pour dénoncer ce biais sexiste en affirmant avec force, que «les femmes au Cameroun sont des directeurs de sociétés, des ministres, des recteurs, des journalistes, députés, avocats, ambassadeurs, etc., mais qu'aucune n'a jamais été nommée ni gouverneur, ni préfet, ni sous-préfet ou chef de district». En un mot, la femme est parent pauvre dans le commandement territorial au Cameroun.

Tout ceci semble créditer les arguments du féminisme radical qui a une vision a-temporelle de l'oppression de la femme fondée sur le réductionnisme biologique. Pour les tenants du biologisme, toutes les sociétés établissent une distinction entre les tâches habituellement attribuées aux hommes et celles dévolues aux femmes: la division sexuelle du travail est universelle. En outre, certains pouvoirs spécifiques sont presque partout attribués aux hommes, d'autres aux femmes. Les hommes sont toujours les guerriers; ils sont responsables de la protection physique du groupe contre les menaces externes et internes; ils exercent un contrôle sur toutes les ressources importantes, y compris les femmes; les activités les plus valorisées et les mieux rétribuées sont remplies par les hommes. En contraste, les tâches féminines sont les mêmes dans le monde entier et ne sont pas aussi diversifiées que les tâches masculines: les femmes sont le plus souvent limitées aux tâches domestiques de la cuisine quotidienne, de l'élevage la prise en charge des bébés et de l'éducation des jeunes enfants, elles sont exclues de certaines activités; jamais, elles ne chassent le gros gibier (Friedl 1978:24-25; Randall 1982:12-16).[3]

Le constat étant donc celui de l'inexistence de la gent féminine dans le commandement territorial, notre problématique s'articule autour d'une question fondamentale, à savoir pourquoi cette exclusion. En d'autres termes, quels sont les facteurs qui concourent au rejet absolu de la gent féminine dans le choix des autorités administratives au Cameroun? En répondant à cette question, nous allons poser, comme gage d'une bonne gouvernance, l'intégration de la femme dans cette sphère de la vie publique.

Les déterminants de la phallocratie gouvernante dans le commandement territorial au Cameroun

Tissu conjonctif des États africains, la fonction de commandement territorial est très importante pour la structuration du pays puisque les chef-lieux de province, de département, d'arrondissement et de district manifestent l'omniprésence du pouvoir central. D'ailleurs, c'est à l'administration territoriale qu'incombe le rôle délicat de la mise en place et du fonctionnement des mécanismes de participation de la population à la vie de l'État ainsi que dans la communication entre gouvernants et gouvernés. Il convient même de souligner le rôle décisif de la fonction administrative dans le processus de création urbaine car, à quelques exceptions près, c'est l'implantation d'un chef-lieu administratif qui a créé la ville ou bien se superposant à une activité commerciale notable, lui a donné une dimension et une croissance nouvelle. Au Cameroun, le décret n°78

/ 485 du 9 novembre 1978 fixe les attributions des chefs des circonscriptions administratives. Ainsi, qu'il soit gouverneur, préfet, sous-préfet ou chef de district, le chef de circonscription administrative est le représentant de l'État et du gouvernement dans son unité de commandement. À cet titre, il représente à la fois le Président de la République, le Premier Ministre et chacun des ministres à l'exception des corps de la justice, de l'armée et de la police. Cela lui confère un double rôle politique et administratif.

Rôle politique, parce que de manière générale, le chef de circonscription administrative sert d'intermédiaire entre le pouvoir central et les administrés, plus particulièrement les élus. Il est surtout le principal agent d'information du gouvernement qu'il tient au courant de tout ce qui se passe dans sa circonscription, spécialement les mouvements d'opinion. Dans le même ordre d'idées, il informe les différentes autorités locales (en particulier les chefs traditionnels) des intentions du gouvernement. Et, malgré le contexte politique pluraliste actuel, il intervient de façon décisive dans l'activité politique du parti au pouvoir, le RDPCRC (Rassemblement démocratique du peuple camerounais).

Il s'agit là d'une survivance des pratiques du parti unique, héritées du système colonial français. Certes, au lendemain des indépendances en Afrique, l'on s'attendait à ce que dans les nouveaux États, s'instaure une spécialisation des tâches permettant à l'administration de conserver sa spécificité et son autonomie vis-à-vis des partis politiques : aux partis politiques la mission d'assurer la sélection des gouvernants, l'éducation et l'encadrement politique des citoyens; à l'administration territoriale le rôle administratif de maintien de l'ordre public, de protéger les populations, de répondre à leurs besoins matériels et culturels, de les faire participer au développement du pays en leur fournissant une aide technique adaptée. Une telle répartition correspondait au principe constitutionnel auquel les premiers gouvernants avaient donné leur adhésion officielle; elle découlait des modèles d'inspiration parlementaire qui semblaient avoir leur préférence. Elle se révéla rapidement illusoire. Elle fut rejetée dans de nombreux pays. Elle n'a guère été respectée dans ceux qui ont continué à s'y référer officiellement (Conac 1979:XXXIV).

C'est au regard de ce rôle politique que nous allons tenter de dégager les facteurs qui concourent à l'exclusion de la femme dans le commandement territorial au Cameroun, la politique restant essentiellement la chasse gardée de la gent masculine. Certes, les femmes sont omniprésentes en bas de l'échelle de la vie politique (dans les pique-niques des partis politiques, dans l'urne, au téléphone, dans les meetings, à la collecte des contributions financières, etc.), mais en même temps, elles sont très peu représentées au sommet où se prennent les décisions affectant la vie de la communauté, de l'État et de la nation (Kirkpatrick 1974; Gaxie 1978-1980). Voilà pourquoi il importe de distinguer entre les approches qui font de la participation politique une simple «influence», domaine de prédilection des femmes, de celles qui mettent l'accent sur la «gestion directe de la chose publique» où les femmes sont exclues ou peu présentes étant donné qu'elles n'appartiennent pas au «cercle gouvernemental» selon les termes de Duverger (1955). C'est dans ce deuxième cas de figure que s'inscrit le commandement territorial au Cameroun.

Sur les causes du monopole masculin de l'autorité politique, plusieurs arguments sont généralement avancés. Mais «toutes ces réponses doivent être guidées par deux questions fondamentales: soit que l'absence des femmes dans la haute sphère politique résulte des préférences des femmes ou de la dictature des hommes, ou des deux à la fois; soit que ce monopole masculin est naturel ou conventionnel tel que formulé par les Grecs. Dans tous les cas, ces réponses sont des hypothèses et demandent à être vérifiées. Elles sont exclusives et sont au nombre de quatre» selon Kirkpatrick (1974:9) qui les qualifie de «quatre contraintes incertaines» (Four Hypothetical Constraints) (Bollinger et Hofsede 1987). Ce sont les contraintes physiologiques, culturelles, celles liées aux rôles sociaux (donc en rapport avec les contraintes culturelles) et la conspiration masculine (Randall 1982:12 et ss; Friedl 1978:23-24).

Sur la base de nos enquêtes, il se dégage trois tendances lourdes dans la vie politique camerounaise : d'abord, il est clairement établi que les femmes occupent dans notre pays un certain nombre d'espaces de pouvoirs, y compris ceux qui, jusqu'à un moment, leur étaient interdits même si c'est dans des proportions insignifiantes comme nous le verrons plus loin. Ensuite, lorsque l'on interroge les femmes administrateurs civils, c'est-à-dire celles qui appartiennent au corps de fonctionnaires où se recrutent les autorités administratives, la plupart se disent victimes de la conspiration masculine et répondent à l'unisson que lorsqu'elles intégraient ce corps, c'était dans l'espoir de se voir un jour propulsées dans le commandement territorial. La voix dissonante vient des seules autorités administratives et des hauts fonctionnaires du ministère en charge du commandement territorial, dont la plupart s'appuient sur des arguments du réductionnisme biologique pour frapper d'exclusion les femmes dans le commandement territorial. Cependant, tout le monde s'accorde qu'il est grand temps aujourd'hui d'y jeter les premières cobayes. En conséquence, l'on ne peut invoquer ni l'hostilité des populations acquises aux idées phallocratiques, ni le manque de qualification des femmes, ni leurs préférences, encore moins les difficultés inhérentes au commandement territorial, à l'administration de la brousse pour frapper d'exclusion celles-ci. Si cette exclusion existe, elle ne serait qu'une résultante de la conspiration masculine. Et cela pour deux raisons fondamentales. La première est coloniale et la seconde post-coloniale. La raison coloniale est que l'administration territoriale au Cameroun est un legs de la colonisation française. Or cette institution liée au développement de l'État en Europe, plus particulièrement en France, est d'essence patriarcale. L'État postcolonial camerounais va reproduire ce modèle en l'adaptant d'ailleurs aux modes de domination sociale endogène et précolonial, préoccupé qu'il sera par les impératifs de l'«unité nationale et du développement économique», rangeant la femme dans le registre des affaires sociales et de catégorie minoritaire.

Aux origines de l'exclusion de la femme dans le commandement territorial: la colonisation française

Il serait excessif de tomber dans une généralisation à la limite abusive pour trouver l'origine de l'oppression de la femme en Afrique dans la colonisation. En effet, la relation entre le pouvoir d'État, le colonialisme et l'idéologie de genre est tellement complexe qu'une telle assertion mérite quelques réserves ainsi que l'a si bien relevé Daloz (1991:126):

> N'en déplaise aux virulentes historiennes féministes qui s'efforcent de corriger le présupposé selon lequel les femmes auraient toujours eu un statut de subordonnées dans les sociétés précoloniales, et tentent de nous faire croire que la domination «mâle» serait un phénomène davantage lié à la colonisation (....), il importe d'insister sur le fait que l'hégémonie masculine est inscrite dans l'objectivité des structures sociales et dans la subjectivité des structures mentales pour parler comme Bourdieu, depuis la nuit des temps.

Malgré ces réserves, la condition féminine dans l'Afrique précoloniale fut une réalité complexe et mouvante non exempte de contradictions où les femmes furent parfois appelées à jouer plusieurs rôles (Barbier 1993; Ba Konaré 1991). La colonisation n'a toutefois pas gommé les systèmes d'inégalité et de domination antérieurs en Afrique qui poursuivent leur devenir historique et se trouvent transposés au sein des appareils politiques et économiques de l'État (Bayart 1985). Par contre, en apportant la distinction entre la sphère publique et la sphère privée, elle a permis aux administrateurs coloniaux, aux missionnaires et aux chefs indigènes d'imposer davantage le contrôle masculin de la sexualité et du travail féminins (Staudt 1989:68-85). Ceci ne signifie pas que les sociétés africaines précoloniales étaient égalitaires, mais, que le pouvoir colonial étouffa dans l'œuf les quelques perspectives qui furent ouvertes aux femmes pour échapper à la domination masculine, son souci ayant été de créer un espace public géré par des hommes. Il importe donc pour mieux comprendre l'exclusion de la femme dans le commandement territorial au Cameroun de faire une archéologie de la nature du pouvoir masculin qui a été institutionnalisé au point de devenir le pouvoir d'État. Cet État qui est né en Europe a été imposé au reste de la planète à travers la colonisation.

L'empreinte du patriarcat dans la formation de l'État moderne européen: la distinction de la sphère publique et de la sphère privée

Charlton (1989:20-43) nous offre des développements intéressants sur le diptyque, formation de l'État européen et exclusion de la femme est de la synthèse de ses analyses que nous allons essayer de recentrer notre démonstration.

Pour cet auteur, le développement de l'État moderne en Europe est lié de façon inextricable à la distinction entre la sphère publique et la sphère privée.

Cette dichotomie n'est pas demeurée statique; elle a subi de nombreuses mutations en même temps que se transformaient les sociétés européennes. Ce qui est resté par contre constant, c'est l'absence de la femme de la sphère publique, de la délibération, de la politique, confinée qu'elle est dans la sphère privée d'où relève la famille. Cette exclusion résulte de deux dynamiques donc, l'une interne et l'autre externe qui vont amener les États européens à bâtir leurs appareils administratifs sous un prisme coercitif. D'une part, il s'agissait pour les royautés européennes d'asseoir leur légitimité intérieure en mettant à leur profit le monopole de la violence légitime, en réprimant les révoltes de certaines forces centrifuges à l'instar de la paysannerie, non sans assujettir les notabilités locales; de l'autre, il était question de se défendre dans un contexte de guerre endémique et de rivalités entre États. Cet impératif militaire va exclure la femme et la connivence sera vite établie entre la guerre et le développement des institutions administratives étatiques aussi bien militaires que civiles.[5] Des auteurs tels que Machiavel et Jean Bodin viendront à grand renfort de théories pour contribuer à l'édification de cet État guerrier et belliciste, renforçant ce faisant la dichotomie. La politique qui va se confondre alors avec l'usage de la force va devenir le domaine exclusif de l'État et celui-ci va se muer en une institution mâle.

Ainsi donc, vers le XVIIIe siècle en Europe, la femme était depuis longtemps déjà exclue de la sphère de la délibération, de la citoyenneté (en tant que sans-propriété) mais aussi de nouvelles institutions créées par les monarques pour protéger leur souveraineté extérieure et assurer leur unité nationale. L'avènement du capitalisme et du libéralisme va apporter un bémol à ce discours politique de l'époque et ouvrir une brèche pour l'émergence des premiers mouvements féministes occidentaux sans cependant créer des conditions favorables pour la libération des femmes des institutions mâles. Le capitalisme, puis le nationalisme vont d'ailleurs se révéler plus tard comme hostiles à leur émancipation. En effet, l'État libéral qui émerge en Europe au XIXe siècle est un État bourgeois, non pas seulement en raison de l'existence de la propriété privée des moyens de production, mais surtout du fait de l'unique circonstance qui fera de la bourgeoisie (par opposition à l'aristocratie), la nouvelle classe dominante dont les intérêts coïncideront avec ceux de l'État dans un contexte de représentation politique. Mais comme dans l'État capitaliste, le mâle est propriétaire, c'est la domination patriarcale qui sera restaurée, matérialisant ainsi l'un des paradoxes de l'État libéral des XIXe et XXe siècles. C'est pourquoi les femmes vont arriver dans le monde capitaliste en parents pauvres, cela, aussi bien dans le monde du travail où elles seront reléguées au bas de l'échelle (leur travail en dehors du ménage étant d'ailleurs considéré comme une aberration) que dans celui de la politique. Ni les partis politiques, ni les syndicats ne répondront avec vigueur aux problèmes de genre.

On pourrait s'étonner alors que des femmes aient pu accéder à des positions de pouvoir dans ce type de sociétés, tandis que l'ensemble des femmes se trouvait exclu de l'espace public et du champ politique. Cela est dû au fait que c'est que dans les sociétés strictement hiérarchisées, où l'accès à l'espace politique est réservé à un groupe très restreint se limitant parfois à quelques familles, mieux vaut encore confier le pouvoir à une femme que de le laisser sortir du clan. Au demeurant, il semble bien que l'enseignement des «technologies et de la politique» se transmette à l'intérieur du cercle familial (Dayan Herzbrun 1992:290).

Les femmes politiques, héritières et reproductrices de la pratique politique au masculin

C'est un mode de légitimation par les liens de sang[6] ou du lit[7] (conjugal ou adultère) qui a permis l'accès au pouvoir de quelques femmes. Il semble bien qu'aujourd'hui encore, contrairement à ce qui se passe pour les hommes, ces règles de la tradition s'appliquent toujours pour elles. Benazir Bhutto est la fille d'un Chef d'État comme l'ont été Indira Ghandi et bien avant dans l'histoire, Elisabeth I ou Marie Tudor, ou encore la princesse Fatimide Sitt-al-Mulk dont le nom signifie *la dame du pouvoir* qui, fille de Khalife, dirigea l'Empire, mais il est vrai au nom de son neveu de 1020 à 1024 (Mernissi 1990:219-245).

Dans une étude réalisée en 1988, Mariette Sineau note que 55,3% des femmes politiques qu'elle avait interviewées en France bénéficiaient de ce qu'elle appelle une «hérédité» politique, tenant pour la plupart à un lien de filiation. Le mariage, même (ou surtout) rompu par le décès de l'époux, donne, lui aussi, accès à la politique. Aux régentes du passé ont succédé les veuves: après la mort accidentelle de son mari, Marie France Stirbois a été élue en France au poste de député qu'il occupait, et ce sont deux veuves aussi qui ont dirigé le Nicaragua (Violeta Chamorro) et les Philippines (Cory Aquino). Pendant la très longue période d'emprisonnement de son mari, Winnie Mandela a joué un rôle de pseudo-veuve qui lui a conféré une légitimité politique se trouvant ravalée au rôle de compagne, sitôt Nelson Mandela libéré (Dayan-Herzbrun 1992:291; Curel 1974:164 et ss).

Si l'on étudiait de très près la biographie de toutes ces femmes, on constaterait qu'elles sont prises dans des réseaux serrés de filiation et d'alliance avec des hommes de pouvoir. Leur situation exceptionnelle dans le champ politique ne modifie en rien la condition de l'ensemble des femmes des pays auxquels elles appartiennent: c'est parfois même le contraire qui se produit: on sait par exemple que Benazir Butto a été contrainte d'accepter la stricte application de la loi islamique, la *charia* au Pakistan. Plus près de nous une chercheuse Philomena Okeke (1998:16-19)[8] dénonce au Nigeria, ce qu'elle appelle «le syndrome de la «première dame» ou la corruption administrative au féminin». La politique reste alors une affaire d'hommes. Le destin exceptionnel de quelques-unes d'entre elles n'enlève pas la règle de l'exclusion de l'ensemble des femmes. Il permet seulement d'établir que l'exercice des fonctions politiques par les femmes n'est pas de l'ordre de l'absolument impossible. Il entrerait même dans l'ordre des choses, dès lors que se trouve établi le principe démocratique qui pose le peuple souverain.

Principe démocratique, «dangérosité» et «faiblesse» des femmes, et protection de la masculinité du champ politique

Ici, l'on se trouve dans un groupe de sociétés fondées sur l'affirmation rationnelle, donc accessible au calcul, au suffrage de l'égalité des êtres humains, perçus non plus comme parties des groupes hétérogènes et hiérarchisés, mais comme sujets économiques, politiques, etc. Dans ces sociétés, espace public et espace politique se dissocient, même si le second s'engendre à partir du premier. Les femmes deviennent visibles, elles circulent à visage découvert dans les rues, et parfois même y manifestent. Elles n'ont pas pour autant accès à un champ politique qui continue à protéger sa masculinité en même temps que d'autres privilèges qui ne se donnent pas comme tels. Dès lors qu'émerge l'idée démocratique, se pose en effet la question de savoir qui appartient au peuple souverain. Égalité et exclusion (des non-nationaux, des pauvres, des «incapables», de tout port et, bien entendu, des femmes) vont devoir être pensées ensemble affirme Sonia Dayan-Herzbrun (1992:292 et ss). Pour elle, deux phases vont conduire à la marginalisation des femmes.

Dans un premier temps avant la création des partis politiques il s'agit d'établir et de maintenir le principe de l'égalité et donc de l'accès de chacun à l'espace politique tout en fournissant une série d'arguments «rationnels» pour justifier l'exclusion des femmes. Deux grands thèmes se dégagent et que l'on va retrouver de façon récurrente sur une longue période de l'histoire: la «faiblesse» des femmes et leur «dangérosité». Ces deux thèmes n'occupent pas la même place dans l'ordre des discours. Le premier qui connaît bien des modulations est parfois évoqué par les femmes elles-mêmes, et correspond à leur vécu de dominées. Aristote qui présente la particularité d'être à la fois le théoricien de la démocratie et celui de la séparation privé-public explique aussi que contrairement à l'homme libre dont la partie rationnelle de l'âme est pleinement développée, la femme est marquée par la privation: elle ne possède que la partie délibérative de l'âme, mais est démunie de l'autorité, ce qui la rend inapte à la parole publique et au commandement: «chez l'homme, le courage est une vertu de commandement, et chez la femme une vertu de subordination».

Cette faiblesse qui caractérise les femmes ne les empêche pas d'être constamment perçues comme très dangereuses. Dans tous les textes des idéologues et des penseurs de l'éthique et du politique, faiblesse et dangérosité sont intimement liées. Par leur fragilité, les femmes suscitent la passion et le désir et elles risqueraient, au cas ou elles occuperaient des fonctions publiques de faire perdre raison aux citoyens incapables de résister à leur séduction et d'occasionner un désordre insurmontable. La dangérosité des femmes est donc liée à la sexualité à laquelle on les identifie et qui fait d'elles des êtres particulièrement puissants et belliqueux. Cette exclusion hors du politique est loin d'être un rejet du féminin par les hommes, mais d'un féminin extrêmement contrôlé et qui se manifeste selon les canons définis par et pour eux.

Quand les partis vont se structurer et devenir de grandes organisations nécessitant une main-d'œuvre bureaucratique, un électorat de masse et une large infrastructure, les femmes vont y entrer pour occuper une position hiérarchique subalterne. La question qui se pose alors n'est plus celle de l'accès à la sphère politique, mais celle de l'accès à des positions de pouvoir. Il n'est donc pas étonnant que durant toute la colonisation, aucune femme européenne bien entendue n'ait été nommée dans le commandement territorial au Cameroun: il en est ainsi des Bezirkämter de l'époque allemande (1884-1916). D'ailleurs, l'impératif de la pacification des territoires et les rivalités entre les différentes puissances colonisatrices imposaient un pouvoir fort, et ce pouvoir a longtemps été militaire. Les Allemands partis, le sort du Cameroun revint à la France et à la Grande-Bretagne. Au contraire de l'«Indirect rule» britannique, la France va appliquer l'administration directe du pays avec un rôle subalterne donné au pouvoir traditionnel. Et dès 1916, dans un contexte d'antigermanisme rigoureux qu'il faut placer dans le contexte de la fin de la guerre, elle s'attachera à accroître le nombre d'unités administratives. Le général Aymerich institue alors neuf circonscriptions. Sept ans plus tard (1923), il y en avait douze divisées en trente subdivisions et trois postes, tous les chefs-lieux allemands avaient alors retrouvé une fonction administrative. En 1931, on comptait quinze circonscriptions, quarante trois subdivisions et quatre postes administratifs. Quatre ans plus tard en 1935, les circonscriptions devinrent des régions et reçurent des noms empruntés le plus souvent à l'hydrographie, à l'image des départements Français: Nyong et Sanaga, Mbam, Mungo, etc.) (Champaud 1983:68; Le Vine 1964:66-69).

Lorsqu'en 1955 le parti de l'UPC (Union des populations du Cameroun), principale force politique du territoire, va être interdit par l'autorité coloniale française, et contraint ce faisant à entrer dans la clandestinité pour engager la lutte pour l'indépendance et la réunification des deux Cameroun (français et britannique), ce sera une autre page qui va s'ouvrir avec la confrontation armée, ce qui va accroître le pouvoir coercitif des autorités coloniales, excluant toute idée de nomination des femmes dans le commandement territorial, situation aggravée par l'éloignement de la métropole et la difficile administration de la brousse, etc.

Abel Eyinga (1984:62) résume ainsi cette escalade répressive des autorités coloniales:

> Provocations vulgaires, condamnations morales, renforcement préventif des effectifs militaires et du corps de police, droit de requérir la force publique reconnue jusqu'au plus petit administrateur de brousse, perquisitions et mandats de comparution par milliers, voilà quelques-unes de mesures et des pratiques hostiles perpétrées contre les nationalistes camerounais en 1955 comme en 1949-1950 contre les militants du RDA anticolonialiste en Côte-d'Ivoire, comme en 1947 contre les nationalistes malgaches, en 1945 contre les nationalistes algériens. Leur exécution n'était pas le seul fait de l'administration, mais également celui

des satellites de celle-ci: partis administratifs, chefs traditionnels et même la hiérarchie catholique, etc.

Les indépendances africaines ne constitueront pas une rupture et le projet post colonial ne s'inscrira pas hors du contexte colonial. En effet c'est l'indépendance qui était inscrite dans l'agenda nationaliste, et non la démocratie. Dans cette perspective, la notion d'individu et par conséquent celle des droits individuels n'ont pu être posées; le peuple seul s'est trouvé réifié en sujet de droit et en catégorie politique. Il en a résulté le gommage des particularités et la femme, par conséquent, ne pouvait être prise en compte comme acteur autonome (Diaw *et al.* 1998:16).

La femme, sujet «minoritaire» dans le Cameroun postcolonial

Le régime post colonial camerounais va reproduire en les renouvelant, et en leur donnant un contenu inédit, les rapports de domination coloniale sur la masse de la population, mais aussi les grandes lignes de la domination ancestrale des aînés sur les cadets sociaux. Ce dernier point mérite d'être souligné tant il reste occulté par la plupart des analyses disponibles, ainsi que le relève si bien Bayart (1985:233-234):

> *Grosso modo*, on peut dire que la dynamique politique et sociale joue à l'avantage des anciens et au détriment des cadets. Le cinéaste Dikongue Pipa ne cède pas à une mode facile, mais révèle la texture de la lutte sociale au Cameroun lorsqu'il voit «dans la jeunesse et la femme (...) la minorité opprimée» et qu'il constate «que si la jeunesse et les femmes ont des obligations, ce sont les adultes, c'est-à-dire les hommes, qui détiennent le pouvoir». La justesse du propos est évidente quand on considère la société civile, par exemple, la répartition des terres cultivables en milieu rural, la monétarisation de la dot, l'organisation des «journées administratives». Elle ne l'est pas moins si l'on observe les appareils politiques au sein desquels les lignes de domination coïncident largement avec les inégalités anciennes.[9]

En plus, ces types de dépendance ne sont pas uniformes à travers le Cameroun. Les groupes ethniques accusent des variations sensibles suivant qu'ils reposent sur les restes des sociétés domestiques de chefferies métalignagères ou de systèmes pseudo-féodaux, ou qu'ils renvoient à des histoires particulières. Enfin, sur ces sédiments hérités du passé se déploient les inégalités nées de l'insertion croissante du Cameroun au système économique mondial, les dérobant à la vue de l'observateur pressé ou les effaçant ou au contraire leur conférant un relief supplémentaire. Et contrairement à ce qui s'est produit du temps de la colonisation, une telle stratification des lignes d'inégalité et de domination d'époques différentes semble bien désormais intervenir au détriment des «cadets sociaux» dans la mesure où elle tend à devenir cumulative et non plus contradictoire (Bayart 1985:234-235).

D'ailleurs, l'indépendance est survenue dans des conditions difficiles au Cameroun. Une bonne partie de l'Ouest, en particulier, échappait au contrôle régulier des autorités de Yaoundé. En effet, née au lendemain de la Deuxième Guerre mondiale (1948), l'UPC s'était vite affirmée comme le principal parti politique du territoire, solidement structuré et hiérarchisé, dirigé par les militants dynamiques; elle étendit très vite son influence sur le pays bassa (d'où est originaire son secrétaire général Ruben Um Nyobe), la région de Douala, le Mungo et le pays bamiléké. Interdite par le gouverneur Roland Pré en 1955 à la suite d'incidents violents dans quelques villes, elle se transforma en organisation armée clandestine. Ses deux revendications essentielles étaient l'indépendance et la réunification du Cameroun tel qu'il existait avant 1916. Elle trouva un terrain favorable dans le prolétariat urbain et dans les campagnes de l'Ouest où le manque de terres, la compromission des chefs traditionnels avec l'administration, l'émigration des jeunes sans emploi avaient suscité bien des rancœurs. La rébellion qui s'éteignit vite en pays bassa après la mort de Um Nyobe (septembre 1958) bénéficiait dans l'Ouest de la proximité du Cameroun britannique où ses hommes pouvaient se réfugier (Champaud 1983:84).

L'objectif immédiat pour le régime Ahidjo était alors la pacification, qui passait par la répression de la rébellion, exigeant un pouvoir fort en vue du développement économique et social et de l'intégration nationale, enlevant à la femme toute chance de promotion dans le commandement territorial.

Le verrouillage de l'intégration politique de la femme par l'impératif de la pacification

L'insécurité du début a marqué profondément le régime camerounais. L'édification des structures politiques fut, sans cesse accompagnée de la répression de subversions réelles ou supposées. Face à la réfutation par le fer et le feu de la légitimité du pouvoir, s'érigèrent une armée tournée vers l'ennemi de l'intérieur et un appareil policier dont la croissance, devenue sans objet, s'auto-entretint, fabriquant des ennemis du régime. Comme l'affirme Gaillard (1989:62):

> La peur régna. La peur de l'un engendra celle de l'autre. La crainte des factions et des conspirations multiplia les suspects. Chacun s'intéressant tant soit peu à la politique devint un suspect potentiel et risqua, de ce fait, l'arrestation, la torture et la détention infinie sans jugement. L'initiative devenue dangereuse, s'émoussa, la parole se fit circonspecte, chez un peuple dynamique et désert.

L'autorité administrative, hommes à poigne, s'étaient vue conférer des pouvoirs spéciaux, voire exorbitants pour maintenir l'ordre public en vertu d'un texte taillé sur mesure, la fameuse ordonnance de 1962 sur la répression du «grand banditisme». Cette ordonnance a été supprimée avec la contestation démocratique de 1990. Cependant, la logique protectrice de l'État continue à conférer aux autorités administratives au Cameroun des pouvoirs importants. Par ces pouvoirs, le chef de circonscription administrative édicte les mesures générales et individuelles nécessaires au maintien de l'ordre public. En période normale par exemple, il peut assigner un autre lieu ou un autre itinéraire à une manifestation publique ou l'interdire (art. 8, loi n°90 / 055). Dans le même sens et par avis motivé du préfet, le ministre de l'administration territoriale suspend pour une durée de trois mois l'activité de tout parti politique responsable des troubles graves à l'ordre public (art. 17, al. 1, loi n°90 / 056), dissout toute association déclarée qui s'écarte de son objet, et dont les activités portent gravement atteinte à l'ordre public, et à la sûreté de l'État, suspend pour un délai maximum de trois mois, l'activité de toute association déclarée pour troubles à l'ordre public (art. 13, al 1 et 2, loi n°90 / 053).

Ces limitations sont accentuées en période exceptionnelle par l'extension des pouvoirs de police. En effet, lorsque l'État d'urgence est déclarée sur une partie du territoire, les autorités administratives de la dite unité territoriale peuvent soumettre la circulation des personnes et des biens à des mesures restrictives, et éventuellement à une autorisation administrative; ordonner la remise des armes et munitions, des effets militaires d'habillement ou de campement et des postes de radios émetteurs-récepteurs et faire procéder à leur recherche et à leur enlèvement; interdire toutes réunions et publications de nature à entretenir le désordre, instituer des zones de protection ou de sécurité où le séjour des personnes est réglementé, requérir les autorités militaires pour participer en permanence au maintien de l'ordre public dans les formes légales, ordonner la garde à vue des individus jugés dangereux pour la sécurité publique y compris dans un quartier spécial des établissements pénitentiaires pendant une durée de sept jours pour les préfets et quinze pour les gouverneurs (art. 5, loi n° 90 / 047). Toutefois, ces pouvoirs de police administrative, qu'ils soient normaux ou exorbitants de droit commun sont soumis au contrôle du juge (Kamto 1993:225).

L'impératif de l'unité nationale et la fonction «mobilisatrice» de la femme

L'unité nationale, avatar de la modernisation de l'État a été le terrain du clientélisme politique, dès l'instant où il y a eu glissement de la fonction instrumentale de l'État vers le parti unique ou unifié (UNC—Union nationale camerounaise—puis RDPC). L'animation est inscrite comme stratégie de développement dans ce processus de modernisation et cette mission échoit à la femme ainsi que le formule l'article 47 (nouveau) des statuts du RDPC (ex-parti unique au pouvoir): «L'organisation des femmes du parti a pour but la mobilisation des femmes camerounaises en vue de leur conscientisation et de leur participation à la poursuite et à la réalisation des objectifs du parti». Seulement et pour reprendre Diaw (1998:18), «Médiatrices dans le dispositif de patronage, elles continuent à participer à la théâtralisation du politique sans en être véritablement les initiatrices. Elles ont su mobiliser les ressources de l'espace privé telles la parenté, le voisinage, la solidarité, l'amitié pour des enjeux qu'elles n'avaient point contribué à concevoir. Il y a là une logique d'assujettissement et de subordination qui exclut la femme du processus de délibération vecteur essentiel de l'espace politique et public».

Bayart (1985) a donc raison lorsqu'il fait remarquer que le régime du parti unique (sous Ahidjo) exigeait de l'élite sociale une adhésion sans faille à son projet d'unité nationale qu'il qualifie de «projet hégémonique», mais qu'il l'imposait avec plus de rigueur encore à la masse des «sans-importances» que constituaient les jeunes et les femmes: «Le projet hégémonique est un projet de société: il importe donc que les appareils officiels jouissent d'un quasi-monopole d'organisation de la société—aussi bien de la société civile que de la société politique—et que la population y soit intégrée. L'on en revient à ce point central: l'absence d'alternative garantit la naissance d'une classe dominante et l'édification de sa domination». Or, le système camerounais, c'est à dire celui instauré par Ahidjo était conservateur en ce qui concerne le personnel de l'État. Rien n'était fait qui aurait pu perturber gravement la bourgeoisie bureaucratique sur laquelle il avait assis le pouvoir. Issue de celle-ci, la classe dirigeante (hommes politiques et hauts fontionnaires exerçant un pouvoir réel) était stable, ne se renouvelant que par le mouvement naturel des générations filtrées par la cooptation.

Cette classe était peu nombreuse et essentiellement masculine, représentant «des grands équilibres géopolitiques et les microdosages ethniques». Ngayap (1983) l'a estimée à 1000 membres en 1982. Ces mille Camerounais qui comprenaient entre autres préfets et gouverneurs, allaient, venaient, montaient, et descendaient, échangeaient leurs places, sans jamais sortir du cercle. Il leur arrivait d'être hors du jeu pour un moment, mais simplement en attente. Ils jouissaient d'une grande immunité (Gaillard 1989:64). L'avènement de M. Biya en 1982 ne marquera pas un coup d'arrêt au biais sexiste. L'on n'est donc pas surpris que malgré l'existence d'un ministère de la Condition féminine qui fait partie de l'actif de son régime et qui œuvre pour un mieux-être de la femme, celle-ci demeure parent pauvre dans le commandement territorial au Cameroun. En fait, dans notre pays, la gent féminine apparaît beaucoup plus comme une catégorie «sociale» et apolitique confinée au développement économique.

L'impératif du développement économique et social et l'inscription de la femme dans la catégorie «sociale» et apolitique
Au Cameroun, la situation de la femme est restée un secteur des affaires sociales, qui en 1972 était une direction du ministère de la Santé publique, devenu en 1975 un ministère avec pour mission «la mise en œuvre de la politique de prévention et d'assistance sociale de l'individu, de la famille et de la mère». Le VIe plan quinquennal (1986-1991) élaboré sous le régime du Renouveau du Président Biya ne remédiera pas à cette exclusion de la femme de la sphère de la délibération:

La femme a toujours été intégrée dans notre processus de développement. Le Ve plan a vu la création d'un ministère de la condition féminine qui est la matérialisation de la ferme volonté des pouvoirs publics de souligner et de mettre en œuvre le concept de la promotion féminine... Le VIe plan entend promouvoir mieux que les plans précédents l'intégration des femmes dans tous les secteurs de la vie nationale. «... Il s'agira de chercher à réunir toutes les conditions pour une meilleure participation des femmes au développement dans tous les secteurs de l'économie» (L'essentiel sur le VIe plan quinquennal de développement économique, social et culturel, 1986-1991:78-79).

D'ailleurs, il a fallu attendre le congrès de Bafoussam, en novembre - décembre 1965 pour assister à la naissance de l'organisation des femmes de l'Union nationale camerounaise (OFUC) (parti dominant à l'époque qui devait devenir le parti unique ou unifié sous le sigle de l'UNC en 1966), à la faveur du sabordage du Conseil national des femmes qui regroupait, au plan national, les associations issues de l'époque du multipartisme. Lors de la fondation de l'UNC, l'OFUC fut transformée en OFUNC, sans modification notable sur le fond. Cet organisme qualifié d'«annexe» s'était vu prescrire le rôle fonctionnel de «social». C'est ainsi que pour les dirigeants, les réunions de l'OFUC ne pouvaient «revêtir qu'un caractère exclusivement social et apolitique, le militantisme politique des membres de l'OFUC ne s'exerçant que dans le cadre des cellules, comités de base, sous-sections et sections de l'UC». Cette délimitation stricte des activités (que conserveront les statuts de l'UNC après 1966) répondait très certainement au souci de conjurer la politisation de la gent féminine.

Il n'est donc pas étonnant que pendant longtemps, les études sur les femmes au Cameroun aient porté essentiellement l'attention des chercheurs sur le développement économique et social. L'on peut citer notamment les travaux de Nyeck (1987), ceux de Tsala Tsala (1988), de Martine Wanga (1988), de Mindzié *et al.* (1986), de Nguini Ntonga (1988), de Paul Kasséa (1987), etc. Seul s'inscrit en marge de cette littérature à la mode, Nicolas Ngadjui (1990) avec son étude sur *Les droits politiques de la femme au Cameroun* dans laquelle il nous offre des données intéressantes sur le comportement des femmes dans les instances des partis politiques, les instances municipales, parlementaires, et du Conseil économique et social. Mais le seul reproche fait à cette étude est son parti pris, lequel, fait finalement d'elle, un hymne à la gloire du Renouveau du Président Biya, au mépris d'une prise en compte des bouleversements politiques, économiques et sociaux des années 1980 qui ont poussé les régimes africains subsahariens aux portes de la démocratisation (Diouf 1995; Conac 1993). Dès lors, il ne pouvait que délibérément oublier de mentionner la non-représentation féminine dans les instances du commandement territorial.

De l'intégration de la femme dans le commandement territorial comme gage d'une bonne gouvernance au Cameroun

Depuis les indépendances, l'Afrique cherche son chemin vers le développement mais ne l'a pas encore trouvé; les processus de démocratisation initiés qui rencontrent tant de difficultés pour arriver à maturité en sont le signe. Il faudrait dire et redire que le chemin se trace en marchant. Il est indispensable de prendre des décisions et de les appliquer pour opérer les transformations attendues. Aujourd'hui, l'accès des femmes au travail en dehors du foyer, à l'exercice des fonctions et responsabilités dans la sphère politique place les débats concernant les femmes dans l'ensemble des évolutions que traverse le monde à l'aube du XXIe siècle (Aguessy 1995:58). Seulement, le saut vers ce siècle en Afrique prend appel sur un terrain mouvant et il est nécessaire pour les dirigeants d'assainir et de stabiliser cette base. Ils ne seront d'ailleurs jugés que sur la capacité qu'ils auront montrée à moderniser l'agriculture et à restructurer l'industrie en sorte de produire plus, mieux, à moindre coût, avec plus de souplesse pour s'adapter aux marchés intérieur et extérieur. Il leur appartient aussi de gérer les ressources du sous-sol dans une perspective à long terme et, par dessus tout de créer les emplois. Aussi talentueux qu'ils soient, ces hommes n'y parviendront qu'à condition d'obtenir de leurs concitoyens un concours franc et délibéré, à condition, d'avoir abattu les murs dressés entre les gouvernants et les gouvernés que gardent la police, la censure et plus généralement le parti et l'administration (Gaillard 1989:139).

Or, la femme joue un rôle important dans l'émergence d'une autre culture, d'autres valeurs. À partir de leur rôle social, elles ont développé un certain nombre de compétences particulièrement utiles dans une perspective de management participatif. Parce qu'elles ont appris à cultiver l'harmonie dans leur vie familiale, elles se montrent généralement plus soucieuses de vaincre les difficultés relationnelles pouvant exister au sein d'une équipe de travail. On leur reconnaît volontiers des qualités d'écoute, d'ouverture aux autres et de tolérance. Les femmes rechercheraient aussi l'établissement des relations de solidarité avec leurs collaborateurs. Ainsi, plus enclines à la délégation des pouvoirs, l'un des outils du management participatif, cette option aura pour conséquence une amélioration de l'ambiance du travail et une convivialité de nature à réduire la dimension stressante de la vie professionnelle (Etoga Eyili 2003:292). C'est donc aux femmes qu'incombe la responsabilité de civiliser notre mondialité contemporaine (Schwartzenberg 1988:330).

Exclusion de la femme dans le commandement territorial au Cameroun et crise de gouvernance en Afrique

Cette crise est due à la faillite du patriarcat public et aux difficultés actuelles de sortie de l'Afrique de l'autoritarisme et du processus de démocratisation masculine. L'on peut se demander de façon pertinente ce qu'il adviendra du développement international au moment où l'échiquier politique tant au Nord qu'au

Sud, à l'Est et à l'Ouest est en train de se réorganiser complètement. Si au niveau structurel les anciens modèles qui guidaient nos réflexions et nos actions ont pratiquement disparu et si les nouveaux modèles n'ont pas encore pris forme, la vie quotidienne des populations opprimées du globe, elle, n'a guère changé. En fait elle a plutôt empiré: guerres, famines, répression, dégradation de l'environnement font partie de l'humanité. Il n'est pas besoin d'être grand clerc pour percevoir que, parmi cette humanité opprimée se trouvent des groupes et des catégories de personnes qui, en raison de caractéristiques spécifiques comme l'ethnie, la religion, le sexe et l'âge, subiront de façon particulière les sévices d'une civilisation qui s'effondre. Parmi ces groupes se trouvent des hommes et des enfants qui, à leur tour et à leur propre niveau, subissent et reproduisent à la fois les schémas dominants de l'oppression dont le ton est donné par les structures et par les États (Labrecque 1994:2-3)

Par exemple, nous savons que les femmes des pays en développement travaillent plus, gagnent moins d'argent, ont de plus grandes responsabilités, sont moins alphabétisées et absorbent moins de calories par rapport à leurs poids que les hommes. Dans les pays et parmi les groupes sociaux dans lesquels il n'y a que peu de possibilités d'échapper à la pauvreté, les femmes n'en ont habituellement aucune. Dans des situations où l'ensemble de la population doit travailler pendant de longues heures afin de générer un revenu suffisant pour la satisfaction des besoins fondamentaux, les femmes doivent travailler encore plus. Non seulement elles affrontent l'obligation de contribuer aux revenus de la maisonnée mais elles sont aussi en charge de tout le travail de reproduction (ou du moins de la plus grande partie de ce travail); elles doivent notamment porter les enfants et en prendre soin, s'occuper des aînés et des malades, de la préparation des aliments, de même que d'une multitude d'autres tâches désignées sous l'étiquette de «travail des femmes» dans la plupart des parties du monde (Rathgeber 1990:16-17).

Donc, l'exclusion de la femme dans le commandement territorial au Cameroun n'est qu'un aspect de leur marginalisation dans les autres secteurs sociaux; elles sont aussi rares dans les sommets des industries, de l'éducation que dans la politique (ONU 1988, 1991). Et quand elles entreprennent une carrière politique, elles sont souvent chargées de «questions sociales» ou de la santé (Gaxie 1978:138; Okani 2003:274-275; Etoga Eyili 2003:288).

Aujourd'hui, le Cameroun compte 3 femmes dans un gouvernement de près de 40 ministres et assimilés, 10 députés sur 180, 2 femmes leaders de partis politiques sur 138,[10] une femme est recteur pour 6 universités; 1 vice-recteur sur 15, 4 secrétaires générales de ministère, 1 secrétaire générale d'université, 1 est ambassadeur, 1 colonel, 3 commissaires divisionnaires, 2 maires sur 336 sans oublier le directeur de la fameuse Société nationale d'investissement (SNI), etc. Quelles que soient les raisons que l'on puisse invoquer, ces chiffres révèlent le paradoxe de la participation de la femme dans les circuits du pouvoir et du développement du pays. L'on observe comme une phallocratie qui a pour corollaire l'exclusion des femmes des cercles réels de l'État. Dès lors, l'on peut à la suite de Slavenka Drakulic et Julia Slazai, deux activistes de l'Europe de l'Est parler de «démocratisation masculine» et de «démocratisation à visage masculin».

S'agissant des autorités administratives qui nous concernent, leur abus de position dominante, notamment le soutien qu'elles apportent au parti au pouvoir en matière électorale au Cameroun, constitue toujours des motifs de péjoration de la fonction de commandement territorial. Par exemple un chercheur hollandais (Kees Schilder 1993:117) avait pu recenser les multiples formes de fraude opérées par les autorités administratives dans le département du Mayo-Kani au Nord-Cameroun lors de la présidentielle de 1992 au profit du parti du RDPC: «oubli» des noms des centaines de sympathisants de l'UNDP sur les registres électoraux de leur circonscription, manipulation des listes électorales, attribution de plusieurs cartes aux fidèles du RDPC etc. Ce qui avait empêché les jeunes ayant atteint l'âge électoral de voter.

Les municipales du 21 janvier 1996, de par la marge de manœuvre dont avait pu disposer l'administration territoriale pour disqualifier et rejeter avant et après le scrutin les listes des partis de l'opposition, constituent également une reculade dans la pratique démocratique. De fait, le parti du RDPC était seul en lice dans 50 communes sans listes concurrentes. Bien que ces élections avaient été remportées à Yaoundé II et Yaoundé VI par le SDF (Social Democratic Front), l'administration avait pu opérer un «hold-up électoral» en disqualifiant ce parti au profit du RDPC. De même, les sous-préfets avaient joué à cache-cache avec les cartes électorales; les listes électorales et les bureaux de vote n'ayant été affichés nulle part comme l'exige la loi. Par ailleurs, aucune liste du parti au pouvoir n'a pu être prise en défaut, même si elle a été déposée en retard. Les autorités administratives étaient allées même jusqu'à refuser de signer des documents importants rendant ainsi certains dossiers de l'opposition incomplets (Mouiche 1996).[11]

On a cru qu'après 30 ans d'indépendance, les mentalités auraient changé et que l'échec des systèmes politiques reposant sur le monopartisme apporterait des solutions adéquates. On est loin du résultat attendu. Certains analystes sont convaincus que l'échec des politiques de développement est dû à un manque d'institutionnalisation des systèmes politiques, engendrant des maux tels que le patrimonialisme, le clientélisme ou le népotisme, etc. Les tendances à la patrimonialisation du pouvoir transparaissent dans un grand nombre d'États modernes en Afrique depuis les indépendances. Ce dysfonctionnement politique du rôle de l'État et sa finalisation fait apparaître de profondes contradictions entre les modalités rationnelles de l'exercice du pouvoir et les sollicitations de la société, à cause de l'apparition de nombreuses variantes du clientélisme, de la corruption et même de la criminalisation qui ne sont pas seulement dues à une interprétation tendancieuse de l'héritage colonial mais aussi à une permanence des comportements qu'on qualifierait de «traditionnels» (Esoavelomandroso et

Feltz 1995:7-8). Même au niveau des partis politiques, ceux-ci sont organisés de telle manière qu'une femme «normale» ne peut y occuper longtemps de hautes responsabilités; les réunions se terminent à des heures où il est socialement et culturellement indécent d'être dehors pour une femme. Il faut à la limite renoncer à une partie de sa féminité pour assurer des responsabilité politiques (Touré 1998:59).

Ainsi, conçu au moment des indépendances comme une machine efficace pour stimuler la croissance économique, l'État africain apparaît aujourd'hui monstrueux et parasitaire. À travers l'abondante littérature disponible sur la question, se dégage une image négative des classes dirigeantes issues des indépendances. Ces constats et accusations mettent en cause non seulement la centralité de l'État dans les développements passés, mais aussi ses rapports avec la société. D'ailleurs, le nationalisme économique d'État a cessé d'être l'espace démonstratif de la légitimité des élites politiques, cédant la place à un néolibéralisme, qui permet aux classes dirigeantes de négocier de nouveaux mécanismes d'aide et de détournement face à l'effondrement de ressources naturelles. Pourtant, beaucoup de recettes ont été utilisées: parti unique, multipartisme, planification économique, libéralisme, etc. Le résultat obtenu peut s'énoncer de manière simple: le décollage économique à l'horizon d'une génération ou de deux au maximum, promis au moment de l'indépendance s'est transformé, après trois décennies, en banqueroute économique et financière, autoritarisme politique et misère sociale. Parallèlement, le vocabulaire nationaliste des élites dirigeantes de la première génération a volé en éclats pour céder la place à de nouveaux discours élaborés ailleurs: ajustements structurels, vérité des prix, rééchelonnement de la dette, réduction de la masse salariale et des dépenses sociales. Ce renversement de perspectives s'accompagne de la promotion d'un personnel politique qui revendique sa légitimité essentiellement par rapport à ses liens avec les institutions financières internationales et dont la priorité semble être le traitement des équilibres externes des économies africaines (Diouf 1995:189-141).

Cette nouvelle conjoncture économique a provoqué, selon plusieurs observateurs, l'entrée fracassante sur la scène politique et économique africaine de nouveaux acteurs, exclus du jeu politique pendant au moins trois décennies: les jeunes et surtout les femmes qui réinventent, en marge de la scène politique ou au cœur des dispositifs partisans, des affiliations contraires au sectarisme des organisations ethnico-religieuses des élites politiques, afin de recréer un tissu social solidaire face aux logiques de fragmentation. Les femmes tout comme les jeunes, du fait même de leur exclusion durant la période nationaliste, élaborent désormais des activités communautaires construites sur des dynamiques d'inclusion, de contrôle et de responsabilité qui jurent avec les idiomes et du nationalisme et des nouveaux discours sur la gouvernance et la démocratie. Cette lame de fond, qui a poussé tous les pays d'Afrique noire à des changements politiques, devrait déboucher sur l'instauration d'un mieux-être pour les classes moyennes paupérisées et les couches sociales les plus défavorisées. Pourtant, les faits sont là pour amener à douter de l'avenir de ce processus de démocratisation (Mouiche 1996; Diouf 1997:140; Esoavelomanrono et Feltz 1995:7). Apparaissent donc ainsi comme étroitement liées aux exigences inhérentes à la perspective d'un développement durable et profitable pour nos populations, celle de la démocratie elle-même; celle-ci s'inscrit au cœur des mutations en cours comme la grande question de notre époque, comme une tendance à la fois universelle et irréversible de l'évolution des sociétés contemporaines. Pour l'Afrique elle-même, dont le retard est imputable pour une bonne part aux modes de gestions inefficaces et antidémocratiques qu'elle a endurés de longues années durant, elle constitue assurément une opportunité historique exceptionnelle à saisir pour se reprendre en charge avec vigueur et esprit de responsabilité et pour réamorcer une dynamique nouvelle et se mettre à l'heure et au rythme de notre temps (Guèye 1996:17; Lopes 1996; Keller 1996; Mouiche 1996).

De l'inextricable liaison entre bonne gouvernance et intégration de la femme dans le commandement territorial au Cameroun

Malgré cette lecture qui paraît sombre du processus de démocratisation en Afrique, force est de reconnaître avec Valentine Moghadam (1994:115-133, Mama 1995:40) l'évolution rapide et profonde des rôles des femmes au XXe siècle sous l'effet conjugué de plusieurs facteurs dont le recours accru à la main-d'œuvre féminine dans les économies nationales, d'abord en URSS, puis après la Seconde Guerre mondiale dans toute l'Europe, en Amérique du Nord et dans les pays en développement, les efforts déployés par les organismes internationaux, notamment par l'ONU et ses institutions spécialisées pour mieux faire connaître la part prise par les femmes dans le développement national et améliorer leur situation juridique, les activités menées par les mouvements et les chercheurs féministes dans de nombreux pays et les progrès remarquables réalisés par les femmes dans les pays nordiques, spécialement en Finlande, en Norvège et en Suède, pays où la part des femmes dans la main-d'œuvre et leur participation au fonctionnement des institutions politiques ne sont guère moins importantes que celles des hommes (Skejeie 1991).

L'effet cumulatif et combiné de cette évolution a été un dépassement de la dichotomie du public/privé, une prise de conscience croissante de par le monde du rôle joué par la femme en tant que travailleuse et citoyenne, acteur économique et politique, agent du développement. Plus précisément au Cameroun, l'on assiste depuis l'avènement du régime Biya en 1982 à un accroissement du rôle de la femme dans la société camerounaise. D'abord avec la création en 1984 d'un ministère de la Condition féminine chargé de «promouvoir les mœurs destinées à faire respecter les droits de la femme camerounaise dans la société, à faire cesser toute discrimination à son égard et à accroître les garanties d'égalité dans le domaine politique, économique, social et culturel».[12] Ensuite, l'impulsion donnée à la condition de la femme au IIe congrès ordinaire du RDPC des 17, 18 et 19 décembre 1996 à l'issue duquel les organisations des femmes et les jeunes du parti (OFRDPC et OJRDPC) sont passées du statut d'organismes «annexes» à celui d'organismes «spécialisés», l'OFRDPC étant dorénavant «chargée d'assurer leur entière intégration dans tous les domaines de la vie nationale. À cet effet, elle conçoit et met en œuvre des programmes à caractère économique, social, culturel et politique». Il n'est pas inutile de mentionner que ce congrès a fixé à 30% le quota de représentation des femmes dans les différentes institutions de l'État.

Par ailleurs, au cours des trois décennies, des progrès remarquables ont été réalisés au Cameroun en matière de scolarisation des femmes à tous les niveaux du système éducatif et, de manière plus spécifique, en ce qui concerne l'accès à l'enseignement supérieur où elles constituaient environ 36% de l'effectif total des étudiants des six universités d'État au cours de l'année académique 2000-2001. Pour ce qui est des grandes écoles, l'exemple particulier de l'ENAM (École nationale d'administration et de magistrature) mérite d'être retenu. Il s'agit d'une des filières permettant d'accéder aux grands corps de l'État et l'une des voies royales vers la nomination aux postes de responsabilité au nombre desquels le commandement territorial. Au cours de l'année 1999-2000, les femmes constituaient 26,02% de la filière Administration générale où se recrutent les autorités administratives (Etoga Eyili 2003:290).

La mobilisation politique des femmes est également l'un des indicateurs les plus significatifs de l'évolution de la condition féminine. Cette mobilisation sera d'autant plus significative qu'elle se traduira par une augmentation de la représentation féminine dans les organes politiques officiels. Seule l'introduction de dispositions contraignantes et décisoires peut contrarier les lois générales de nomination dans le commandement territorial au Cameroun. En introduisant par exemple des règles implicites ou explicites comme le quota minimal de représentation féminine adoptée pour le congrès du RDPC de 1996 ou la préférence donnée en France par le parti communiste aux cadres d'origine ouvrière ou populaire lors des promotions internes (Gaxie 1980:6), l'État camerounais peut enrayer le prisme phallocratique qui sous-tend le commandement territorial dans notre pays. D'où le rôle capital qui échoit à notre État dans la formation des politiques sociales, des stratégies de développement et des lois qui déterminent les perspectives ouvertes aux femmes.[13] Il ressort d'études pertinentes que plus que le secteur privé, le secteur public fait une plus large place aux femmes en leur offrant un travail non manuel, la sécurité de l'emploi, des avantages sociaux et de plus grandes possibilités d'avancement.

D'ailleurs, dans notre pays c'est moins les textes que leur application qui fait défaut (voir Mebada 2003:303). Cela a d'ailleurs été reconnu en 1994 dans le rapport de l'atelier sous-régional de sensibilisation en vue de la Conférence sur les femmes de Beijing (1995) dans lesquels l'évaluation au niveau du Cameroun figurent les propos qui suivent:

Lois et législation: les textes sont positifs, c'est l'application concrète qui fait problème.

Une prise de conscience: les femmes ne sont pas encore entièrement associées à la prise des décisions.

Le bilan de la situation des femmes en Afrique centrale concernant l'intégration dans le partage du pouvoir et dans la prise des décisions est encore insuffisante. C'est ainsi que l'on note la faible représentativité des femmes au niveau des hautes fonctions politiques, économiques et administratives notamment celles dites de souveraineté et de commandement.

Sous l'impulsion du ministère de la Condition féminine, une instruction du Premier ministre relative à la «participation de la femme à la prise de décision» adressée aux ministres d'État, ministres et ministres délégués est en chantier et pourrait révolutionner la physionomie de l'administration camerounaise, si elle est appliquée. En voici les grandes lignes:

Il m'a été donné de constater que la participation des femmes aux processus de décision reste faible malgré la volonté maintes fois affirmées par son excellence Paul Biya, Président de la République, pour assurer une bonne représentativité des femmes dans les structures de prise de décisions.

Par ailleurs, dans son discours de politique générale au 2e Congrès ordinaire du RDPC, le président national a assuré les femmes d'une meilleure représentativité dans les instances de prise de décision à hauteur de 30%. Ainsi, dans son discours-programme prononcé à Maroua le 02 Octobre 1997, il a promis entre autres de faire en sorte que les femmes soient représentées dans toutes les instances dirigeantes du pays.

En outre, je me suis engagé lors du «Séminaire de validation du plan d'action national de l'intégration de la femme au développement» à assurer la mise en œuvre des différentes recommandations dont celle relative à l'accès des femmes à des postes de responsabilité.

Pour permettre au Président de la République et au gouvernement d'honorer leurs engagements sur les plans international et national, je vous demande de prendre toutes les mesures nécessaires pour attribuer au moins 30% de postes de responsabilité aux femmes lors de toutes les prochaines nominations.

Conclusion

La promotion de la gent féminine dans le commandement territorial au Cameroun dépend avant tout de la volonté étatique, l'évolution de la condition féminine étant devenue une lapalissade dans notre pays. Pour ce faire, il convient de réaffirmer le principe de l'égalité des chances à l'accès à ce métier. Dès l'entrée dans les différents corps de l'État, seules les capacités réelles et l'expertise doivent être le point décisif, abstraction faite de toute référence au sexe. Les femmes doivent en outre s'affirmer comme candidates sérieuses et sans complexes pour un accès massif aux fonctions dirigeantes (Etoga Eyili 2003:299). Pour toutes ces raisons, l'État et la société civile en Afrique doivent être considérés non pas comme des forces diamétralement opposées, mais davantage dans leurs rapports dialectiques à condition qu'il existe une conscience politique féminine, que les structures associatives féminines soient plus combatives et plus intégratives, l'ensemble du monde féminin étant confronté aux mêmes problèmes. Nous ne partageons pas l'extrémisme, voire l'utopie de Konaré (1991:29-30) qui va jusqu'à prôner «des grèves étendues jusqu'aux ménages», en cas d'insatisfaction des exigences des femmes. C'est un fait, une telle attitude ne peut susciter que des répercussions dommageables pour la femme, les hommes détenant l'essentiel du pouvoir et de l'autorité dans la société.

Le cas de Bibi Titi, une activiste tanzanienne dont parle Ruth Meena (1992:2-3) en est révélateur. En effet, elle fut l'une des rares femmes à être élues au sein du mouvement nationaliste tanzanien. Portée au zénith à cause du potentiel de mobilisation humain dont elle jouissait, elle commit l'erreur cardinale de déclarer une guerre ouverte aux pratiques antidémocratiques du parti nationaliste tanzanien duquel elle se résigna même à démissionner. Cette bravoure mit fin à sa carrière politique et, comble de malheur, son nom et son rôle furent gommés du fronton de l'histoire de son pays. Pour reprendre Kirkpatrick (1974:243-244), à propos de la femme politique américaine, propos que l'on peut transposer dans notre contexte d'étude, «pour servir dans la vie publique, les femmes doivent abandonner leurs enfants et leurs maris, elles doivent passer une partie de leur vie dans la capitale des États-Unis et une autre dans les propagandes politiques; elles courent le risque de l'échec électoral et éprouvent l'obligation d'en sortir victorieuses; elles se veulent de bons législateurs, convaincantes, discrètes et opiniâtres. Ce genre de femmes ont besoin d'hommes disposés à les comprendre, et à voter pour elles. Pour assurer de fait l'égalité politique entre les deux sexes, qui amènera la femme à occuper les mêmes postes aux mêmes niveaux que l'homme, une révolution sociale et culturelle est nécessaire».

Notes

1 - Notre pays compte en effet 389 unités administratives dont 10 provinces, 58 départements, 268 arrondissements et 53 districts. Avec la réforme constitutionnelle du 18 janvier 1996, la province, unité administrative déconcentrée, va disparaître au profit de la région, collectivité décentralisée, une fois que cette révision sera appliquée; le gouverneur deviendra le délégué de région.

2 - S'agissant des domaines d'exclusion dans l'administration camerounaise, cet auteur distingue l'exclusion relative de l'exclusion absolue. Dans le premier cas de figure, l'État procède par un léger saupoudrage caractérisé par une nomination exceptionnelle qui conserve au poste ou à la branche d'activité sa nature originelle de chasse-gardée masculine. Cette tactique est de mise dans la diplomatie camerounaise où, à peine, une femme est ambassadeur. Dans la deuxième hypothèse, c'est-à-dire ici le commandement territorial, aucune apparence ou manœuvre ne vient semer le doute

et créer une ambiguïté inutile dans le temps ou dans l'espace quant au sexe du métier en question.

3 - Pour expliquer cette division «universelle» du travail, les tenants du biologisme ont recours au dimorphisme sexuel caractéristique de l'*Homo Sapiens*. Les différences physiques le plus souvent citées sont que les hommes sont plus grands et plus forts que les femmes; que l'anatomie adaptée à la grossesse empêche les femmes de courir aussi vite que les hommes; que les hormones mâles incitent au comportement agressif. Le rythme hormonal menstruel entraîne des variations dans l'acuité de la perception, dans la coordination musculaire et dans la capacité de concentration intellectuelle. En outre, la grossesse, la naissance et l'allaitement, joints à la longue période d'incapacité des nourrissons et d'immaturité des jeunes humains expliquent que les femmes soient absorbées par les enfants et qu'elles prennent moins de part aux affaires publiques, notamment la guerre et la politique. D'où on en conclut aisément que les femmes sont automatiquement et nécessairement exclues du pouvoir social public (Friedl 1978:25; Randall 1982:16-20).

4. L'on note un développement parallèle en Afrique. Par exemple, Adame Ba Konaré observe que la femme a joué un rôle politique important dans l'histoire (précoloniale) du Mali; mais qu'avec l'émergence d'États de type guerrier dont le modèle le plus perfectionné fut élaboré au début du XVIIIe siècle par les Bamanan de Ségou, la société malienne tombe dans la misogynie. Une nouvelle idéologie se crée, qui consacre la subordination de la femme à l'homme. *A posteriori*, l'on corrige le rôle joué par la femme dans le passé pour l'adapter à la nouvelle situation. Même les femmes qui ont tenu une place importante ne l'auront tenue que par rapport aux hommes (époux ou enfants) (Ba Konaré 1991:1-2).

5. Marvick et Nixon qualifient cela de *famille politisée* (politicised family). Ici, la tradition du pouvoir et du service public fait partie du quotidien et l'enfant est toujours porté à l'activisme politique, à l'acquisition des connaissances et des informations politiques. Les discussions politiques sont fréquentes et ce conditionnement est indispensable pour créer des activités politiques deux sexes (Currel 1974:164-166).

6. Le concept anglo-saxon d' «équivalent mâle» *Male equivalence* est plus convenable (Currel 1974:167 et SS).

7. Sa compatriote Amina Mama qualifie cette pratique de «fémocratie»: *Feminism, or Femocracy?* State Feminism and Democratization», in *Africa Development*, vol. XX, n°1, 1995, 37-58.

8. Mais il serait d'ailleurs excessif d'assimiler la femme à une prisonnière. Une littérature coloniale s'est montrée trop souvent partielle dans ses analyses, isolant les faits de leur contexte, s'arrêtant aux aspects les plus spectaculaires et les plus choquants aussi de cette condition féminine: les mariages précoces, les marques de soumission que les femmes doivent témoigner en public aux hommes, les corrections corporelles recommandées vis-à-vis des épouses «têtues» (mais dont les sociétés africaines n'ont nullement l'apanage), les traitements humiliants réservés aux veuves toujours soupçonnées de responsabilité dans le décès de leur mari, les mutilations sexuelles (clitoridectomie, infibulation) (Barbier 1993).

9. Partis sans envergure, qui ne se sont même pas présentés aux élections municipales du 21 janvier 1996 et de 2002.

10. L'autre volet important du pouvoir des autorités administratives demeure celui exercé en matière électorale. En effet, aux termes de la loi n°91 / 020 du 16 décembre 1991 fixant les conditions de l'élection des députés à l'Assemblée nationale, texte dont certaines dispositions sont applicables aux élections municipales, les listes électorales sont établies par les autorités administratives, en collaboration étroite avec les représentants des partis politiques légalisés présents sur leur territoire de commandement (article 20). De même, il est créé dans chaque commune arrondissement ou district, une commission chargée de la révision des listes électorales qui comprend un représentant de l'administration désigné par le préfet et qui en est le président, et, lorsque l'étendue ou le chiffre de la population le justifie, le préfet peut créer plusieurs commissions de révision des listes électorales (article 23). Il désigne également le président de la commission en charge du contrôle, de l'établissement et de la distribution des cartes électorales (article 30), le président de la commission locale de vote (article 31) et trois représentants de l'administration dans la commission de supervision dont la mission est de veiller à la régularité, à l'impartialité et à l'objectivité des élections (article 40). En outre, à la fin du scrutin, l'ouverture de l'urne, le dépouillement et le recensement des votes se font en présence du sous préfet ou de son représentant et des membres de la commission locale du vote (article 106).Et lorsque les résultats du scrutin sont consignés au procès-verbal, celui-ci est signé par tous les membres et remis à ce dernier (article 112).

11- La quatrième Conférence mondiale sur les femmes (Beijing 1995) est un autre pas important dans la recherche par les Nations-Unies, de l'égalité pour les femmes en l'an 2000. Dans la plate-forme d'action adressée à cette conférence, «l'inégalité entre l'homme et la femme dans l'exercice du pouvoir et dans les processus décisionnels» qui fut d'ailleurs dénoncée dans presque tous les panels et ateliers et par toutes les délégations, figure en première ligne (World Alliance of YMCAS Délégation Report).

Au Cameroun, l'Association camerounaise des femmes juristes (ACAFEJ) se bat pour les droits de la femme en général et leurs droits politiques en particulier. Elle est souvent assez active en période électorale dans le but de susciter chez les femmes un intérêt certain pour la conquête des espaces politiques qui leur sont aujourd'hui interdits.

12 - Même au Nigeria où les femmes ont été longtemps dominées pour ne pas dire complètement inexistantes sur les scènes politiques du pays, elles se sont mises au début de la décennie 1990 non seulement à briguer d'importantes positions de pouvoir, mais à enregistrer d'indéniables succès qui attirèrent l'attention. Plus manifestement que jamais en 1990, nombre d'entre elles avaient pu obtenir tantôt par voie d'élection, tantôt par nomination de très hauts postes de responsabilité au sein des partis, à la tête des États fédérés, des gouvernements locaux, des commissions (Daloz 1991:126-131). L'on peut seulement regretter que cet élan ait été brisé par le régime Abacha.

Au Mali, pour la première en 1991, une femme, Madame Sy Kakiatou, a été nommée gouverneur (Ba Konaré 1991:22).

Références

Aguessy, D., 1995, «Femmes et démocratie», in *Démocraties Africaines* n°1, 58-60.

Barbier J.C., (dir), 1993, *Femmes du Cameroun. Mères pacifiques, femmes rebelles*, Paris, ORSTOM/Karthala.

Bayart, J.F., 1985, *L'État au Cameroun*, Paris, Presses de la Fondation nationale des sciences politiques, 2e édition.

Bernard, J, *1974, Women and the Public Interest. An Essay on Policy and Prostest*, Chicago, Aldine Publishing Company, fourth printing.

Bienen, H., 1974, *Kenya: The Politics of Participation and Control*, Princeton, Princeton University Press.

Bollinger D., Hofstede G., 1987, *Les différences culturelles dans le management*, Paris, les éditions de l'organisation.

Ba Konaré, A., 1991, *Rôle et image de la femme dans l'histoire politique du Mali (1960-1991). Perspectives pour une meilleure participation de la femme au processus démocratique*, CODESRIA Workshop on Gender Analysis in Africa social science, Dakar 16-21 septembre.

Barret M. & Philipps A., 1992, *Destabilizing Theory. Contemporary Feminist Debates*, Cambridge, Politity Press.

Boudoux C. & Zaidman C. (dir.), 1992, *Égalité entre les sexes. Mixité et démocratie*, Paris, L'Harmattan.

Callaway B., & Creevy L., 1984, *The Heritage of Islam. Women, Religion and Politics in West Africa*, Boulder & London, Rienner Publishers.

Charlton, M. S.E., 1989, «Female Welfare and Political Exclusion in Western European States» in M. Charlton S.E., Everett J., Staudt K. (editors), *Women, the State and Development*, Albany, New York: State University of New York Press.

Charlton, M. S.E., Everett J. & Staudt K.A. (editors), 1989, *Women, the State, and Development*, Albany, New York: State University of New York Press.

Conac, G. (dir), 1979, *Les institutions administratives des États francophones d'Afrique noire*, Paris, Économica.

Currell, M.E., 1974, *Political Woman*, Croom Helm, London, Rowman & Littefield, New Jersey.

Daloz, J.P., 1991, «L'émergence des femmes politiques au Nigéria», in *Politique Africaine* n°42, pp. 126-131.

Debbasch, Ch., 1989, *Science administrative*, Paris, Dalloz, 1989, 5e édition.

Diaw A. & Touré A., 1998, *Femmes, éthique et politique*, Dakar, Fondation Fridrich Ebert, Av.

Diouf, M., 1995, *Libéralisation politique ou transition démocratique, perspectives africaines*, Dakar, CODESRIA, 8e Assemblée générale, 26 juin-2 juillet.

Duverger, M., 1995, *La participation des femmes à la vie politique*, Paris, UNESCO.

Etoga Eyili, S.B., 2003, «Pour une implication accrue des femmes dans l'administration publique camerounaise», in Amama B. (dir), *20 Propos sur l'administration camerounaise*,

Yaoundé, MINFORPA, 287-301.

Edzodzinan, Tsikata, 1991, *Conceptualising the Postcolonial State: The Experience of Gender Analysis*, paper presented at the CODESRIA Workshop on Gender Analysis and African Social Sciences, Dakar, sept 16-21.

Efoua Zengue, R., 2003, «Intégration de la femme dans l'administration publique : action politique et stratégies endogènes», in Amama B. (dir), *20 Propos sur l'administration camerounaise*, Yaoundé, MINFORPA, 253-265.

Esoavelomandroso M. et Feltz G. (dir), 1995, *Démocratie et développement: mirage ou espoir raisonnable?* Paris, Karthala.

Friedl, E., 1978, «La prééminence masculine est-elle inévitable?, in Mendras H., *Éléments de sociologie*, Textes, Paris A Colin, 23-44.

Gaillard, Ph., 1989, *Le Cameroun*, Paris, L'Harmattan, t2.

Gaxie, D., 1978, *Le cens caché*, Paris, Seuil.

Habomugisha, P., 1998, *Political Empowerment of Women in the Contemporary Uganda: Implication of the National Resistance Movement (NRM) Government*, paper presented at CODESRIA 9th General Assembly, Dakar, December 14–18.

Hirschmann, D., 1991, «Woman and Political Participation in Africa: Brooding the Scope of Research», in *Word Development*, vol. 19, n°12.

Imam A., Mama A. & Sow F. (edited by), 1997, *Engendering African Social sciences*, Dakar, CODESRIA.

Jones K.B. & Jónasdóttir A.G. (edited by), 1988, *The Political Interest of Gender. Developing Theory and Resarch with a Feminist Face*, London.

Kasséa P., 1987, «Autonomie féminine selon les milieux naturels et culturels: cas des Bamiléké et des Beti au Cameroun», thèse sociologie, Paris VII, CNRS.

Kirkpatrick, J.J., 1974, *Political Woman, New York, Center for the American Woman and Politics*, the Eagleton Institute of Politics, Rutzers University, Library of Congress Catalog.

Labrecque, M.F., (dir), 1994, *L'égalité devant soi. Sexes, rapports sociaux et développement international*, Ottawa, Dakar.

Mama, A., 1995, «Feminism or Femocracy? State Feminism and Democratization in Nigeria», in *Africa Development*, vol. XX, n°1.

Meena, R., 1992, *Incorporation of Gender Analysis in the Discipline of Political Science*, Dakar, CODESRIA.

Mies, M., 1979, *Towards a Methodology of Women's Studies*, Institute of Social Studies, n° 77, November.

Mindzie Mbarga A., Njock Nje Y., Bisseck P., 1986, *L'Institution maison de la femme: perspective d'une action de redynamisation*, Yaoundé, ministère de la Condition féminine.

Moghadam, V., 1994, «Les femmes dans la société», in *Revue internationale des sciences sociales*, Paris, UNESCO/erès.

Moller Okin, S., 1979, *Women in Political Thought*, New Jersey, Princeton University Press.

Mouiche I., «Mutations socio-politiques et replis identitaires en Afrique: le cas du Cameroun» in *Revue africaine de Science Politique*, vol. 1, n°2, décembre.

Mueller, C.M., (edited by), 1988, *The Politics of the Gender Gap. The Social Construction of Political Influence*, Newbury Park, Sage Publications.

Ngadjui, N., *Les droits politiques de la femme au Cameroun*, Yaoundé, édition Zaye, 1990.

Nguini Ntonga, J., 1988, *Tontines et promotion de la femme camerounaise*, Yaoundé, Institut national de la jeunesse et des sports.

Nyeck, P., 1987, *Le rôle de la femme dans l'économie camerounaise*, thèse de doctorat de 3e cycle en sociologie, Université Réné Descartes, Paris V, Sorbonne.

Nzomo, M., 1987, «Women, Democracy and Development» in Oyugi (W.O) & Gitonga (A), *Democratic Theory and Practice in Africa*, Nairobi, Heinemann Kenya LTD.

Okani, R-C, 2003, «Le 'deuxième sexe' dans l'administration camerounaise» in A. mama (B) (dir), 20 Propos sur l'administration camerounaise, Yaoundé, MINFORPA, 267-286.

Okela, Ph., 1998, «Nigeria: Le syndrome de la «première dame» ou la corruption administrative au féminin» in *Bulletin* du CODESRIA n°3/4/1998.

Tsala Tsala, J.P., 1988, *La femme beti entre tradition et modernité*, thèse de doctorat ès lettres et sciences humaines, Université Louis-Pasteur, Strasbourg.

Wanga, M., 1988, *Projet des femmes au crédit Cameroun*, Yaoundé, Ministère des affaires Sociales et de la condition féminine.

www.ingramcontent.com/pod-product-compliance
Lightning Source LLC
Chambersburg PA
CBHW021906020426
42334CB00013B/504